摩根传

王健平◎著　　陈润◎主编

团结出版社

图书在版编目（CIP）数据

摩根传 / 王健平著 . -- 北京：团结出版社 ,2021.5
ISBN 978-7-5126-8694-6

Ⅰ . ①摩… Ⅱ . ①王… Ⅲ . ①摩根 (Morgan, John Pierpoint 1837–1913) —传记 Ⅳ . ① K837.125.34

中国版本图书馆 CIP 数据核字 (2021) 第 051772 号

摩根传

王健平　著

出　　版：	团结出版社
	（北京市东城区东皇城根南街84号　邮编：100006）
责任编辑：	郑　纪
电　　话：	（010）65228880
发　　行：	（010）51393396
网　　址：	http://www.tjpress.com
E – mail：	65244790@163.com
经　　销：	全国新华书店
印　　刷：	三河市龙大印装有限公司
开　　本：	880mm×1230mm　1/32
印　　张：	9
字　　数：	160千字
版　　次：	2021年7月第1版
印　　次：	2021年7月第1次印刷
书　　号：	978-7-5126-8694-6
定　　价：	59.00元

丛书序

放眼全球，从优秀走向卓越

自1978年改革开放40多年来，中国充分利用全球化浪潮、国际产业转移的战略机遇，结合自身的人口红利、资源禀赋、制度创新等优势，形成全球独具竞争力的强大工业体系与巨大消费市场。与此同时，中国企业家不断学习、提升管理能力，从松下幸之助、杰克·韦尔奇到史蒂夫·乔布斯，在一波又一波学习全球著名企业家热潮中，实现了从跟随者、挑战者到引领者的跨越。

从优秀走向卓越的企业家，通常具备三大共同的优点：第一，持续学习，不断在对标中建立新的坐标，完成认知跃迁。第二，开放包容，主动吸收一切文明成果、先进技术，扬长避短。第三，敢于创新，从模仿、消化、吸收到自主创新，在准确把握市场需求的过程中拥抱变化。当今世界正经历着百年未有之大变局，外部政治、经济等市场环境都发生了深刻复杂的变化，我们更需要了解、研究全球著名企业发展的新故事、新思想、新趋势，而阅读传记就是很重要的学习方法之一。

在过去的两年时间里，由我创办的润商文化联合团结出版社、曙光书阁一起，共同启动"中国著名企业家传记"丛书的调查研究和出版工程，聚集业内知名财经作家组建团队，花费大量时间进行专题研究和创作,陆续出版了任正非、马云、雷军、董明珠、李嘉诚、周鸿祎、彭蕾、段永平等十几部中国著名企业家传记,市场反响热烈。

由此发端,我们将视野放大至世界范围,在全球巨擘中筛选值得书写的企业家传记,立足当下,为企业家、创业者、管理者留下一些可供参考和研究的文字。我们首批推出《摩根传》《埃隆·马斯克传》《彼得·彼得森传》三部作品,以他们的故事激发中国企业家释放出创造力和领导力,带领企业走向新的繁荣。

当时代的脚步迈向21世纪第二个十年,中国企业家既迎来空前机遇,又面临新的挑战:企业转型升级、品牌价值重塑、精神文化复兴。成功的企业家不仅要满足客户、成就员工、回报股东,更应该实现自我,以管理智慧、商业思想、人生哲学塑造人格品牌和企业文化,形成超越行业、引领未来的时代影响力。

"立德、立功、立言",此乃儒家追求,也是人生大道。在过去十年间,润商文化秉承"以史明道,以道润商"的使命,汇聚了一大批专家学者、财经作家、媒体精英,专注于企业案例研究与传播,为优秀企业立传塑魂。我们不仅为招商局、华润、戴尔(中国)、美的、用友、卓尔、光威等数十家著名企业策划出版过具有影响力的图书作品,将优秀作品版权输出海外,而且出版了近百部研究企业文化、企业思想、企业史的财经图书,堪称最了解中国本土企业管理和商业模式的知识服务机构之一。

一直以来,我们致力于实现文化工作者的梦想——为有思想的企业提升价值,为有价值的企业传播思想。作为中国商业观察者、记录者、传播者,我们将聚焦于更多中国标杆企业、行业龙头企业、区域领导品牌、高成长型创新公司等有价值的企业,不断推出更多优秀企业案例作品。我们推出"中国著名企业家传记丛书""全球著名企业家传记丛书",正是出于对重塑中国商业文明的使命感、责任感。

通过两大系列传记丛书的调查研究和出版工程,我们希望为更多中国企业汲取前行的智慧和力量,为读者在喧嚣浮华的时代打开一扇窗:

在这个美好的时代,每个人都可以通过奋斗和努力,成为想成为的那个自己。

"全球著名企业家传记"丛书总策划

陈润

2021 年 4 月 28 日

前　言

75岁的约翰·皮尔庞特·摩根（John Pierpont Morgan Sr.，以下简称摩根）在1913年去世之前，已是世界历史上最具影响力的金融家。其名下有庞大的交通运输帝国，包括宛如美国大动脉的铁路系统、联结大西洋两岸的航运系统等。同样属于摩根管控的，还有多次经历了混乱、低迷，却又一而再从危机灰烬中重生的华尔街。在去世之前不久，他几乎是凭着垂垂老矣的一己之力，拯救了这条街上近乎所有的金融企业，也拯救了他所身处的美国金融业。

即便仅以如此两项成就宣示于人，摩根也足够自豪地宣称，自己完美地同时扮演了今天的中央银行和投资财团所充当的角色。更不用说，在他身后，"美联储"这个精密的国家金融系统正蜿蜒伸长，其触角即将接过他王座上遗留的权杖，促使美国迎接两次世界大战的洗礼，并真正成为庞大的金融帝国。

摩根，完全可以被看作一座分水岭。以他的去世为标志，一头是旧时代金融家只手遮天的个人英雄主义时期，另一头则是以举国金融之力，构建和维护全球秩序的新时期。美国从那个旧时代中崛起，而在新时期的一百年内，他们用黄色炸药、绿色美元、黑色石油，推动其难以抑制的野心不断膨胀。直到21世纪，这个膨胀的过程虽遭受波折，但终未停步不前。

处于前后时代交叉的位置，扮演王者传承的角色，无论是摩根，还是其他任何金融家族，几乎都必然会面对身前身后的激烈评议。更重要的是，从19世纪中叶到20世纪初，正是美国从以农牧业为主的社会逐渐转变为现代化工业国家的重要历史窗口。关于治国理念与立国之本的争论，依旧在这个国家延续，南北双方、东西之间，经济形态、社会思潮的重重矛盾，在民主政治的遮羞布下不断激化，甚至演化成激烈的内战。那时，人们放眼全球，欧洲的衰落已成定局，亚洲依然处于昏暗之中，美国正迎来其躁动不安而危险无比的青春期。摩根在父亲的大力扶植下，步入金融这个领域，朝着"垄断"王座不断攀登。他选择了具有最好风光的旅行，也注定面对种种意想不到的困难，承受不绝于耳的批评和指责。

当然，从个人财富角度来看，摩根所付出和承受的一切，都是值得的。但他并不醉心于金钱本身，而醉心于金钱带来的自由。他并不因权势本身而享受，让他享受的是权势赢得的光荣。

这些自由与光荣，使他健壮体格下包裹的那颗曾属于孩童的心房，变得格外充盈而安稳。人们相信他正是从这样的体验中，获得持久的动力，这也解释了为什么终其一生，他都在维护美国利益与垄断思想。他对行业的维护、对信念的坚守、对强大的追求、对力量的捍卫，让他终于在盛年时变得不可侵犯，甚至只需一瞥，就能让他人感到强烈的内外差距。而当一次听证会将这种坚硬击碎时，他离开世界的期限，也就变得为时不远。

在和摩根走得更近的人看来，他始终像是个带着丰沛激情而不可亲近的矛盾人格体。他本质上是保守的，思想上是尊重传统的，而在行动创新和生活追求上，他甚至比许多年轻人都更加敏锐、更加灵活，更不用说他和同龄人乃至父辈的差别了。他虽然从小体弱多病，但成年后又精力充沛。他虽然爱好社交，喜逐女色，但内心却又腼腆直率，始终无法忘记年轻的亡妻。他虽然经常表现得盛气凌人，但面对那些年少有为的行业精英时，他又礼贤下士而无微不至。他虽然在商业竞争中出手凌厉，但在宗教活动中却又谦逊温和。

摩根曾说："人做事情，通常需要两个理由，一个是堂而皇之的理由，另一个是真实的理由。"然而，他种种矛盾的理由，并没有多少理由。而他所谓的"真实的理由"，并不一定就是丑陋的理由，很可能只是更加自我、更加任性的借口。在其言行举止与做人处事中，似乎永远只需要一种理由，那就是——"我愿意"。

一百多年后，随着我们对资本与资本家认识的程度愈发深入，随着我们对美国这个国家的历史、文化特点理解得更加全面，也随着时空距离拉长而带给历史的反向清晰感，我们能更加客观、公正地评价摩根其人。

但是，今天的美国经济命脉，依然被操纵在那些能左右金融投资甚至印钞量的银行家手中，他们是否有意愿和能力，在复杂的全球变化格局中，掌控好美国经济的大船？他们如何看待金融行业在这个国家的责任？又如何评价自己扮演的真实角色？他们是否能真正放平心态，通过革新与坚守,来弥补金融历史发展过程中所存在的弊端?他们又打算如何处理好与政府、舆论乃至全球人民之间的利益关系?换而言之,这些金融大鳄们,究竟是否能追及甚至超越前辈,还是注定只能仰望甚至倒退?

总之,读懂摩根,我们可以更了解美国。另一方面,可以学习其开拓进取精神,在面对困难和选择时更加勇敢。

目 录

第一章 借力家族根基

新贵的幼苗 / 003　　少年意气 / 007

萌动的野心 / 012

游学欧罗巴 / 016　　金融风暴中登场 / 022

第二章 虎父更有虎子

股票操盘手 / 031　　悲剧爱情的开端 / 035

炮火送来第一桶金 / 038　　J.P. 摩根公司初创 / 042

金市翻云覆雨 / 045

第三章 他挟轰鸣而至

铁轨上横穿美国 / 053　　初败古尔德 / 057

为卡内基注资 / 062

成熟与蜕变 / 066　　普法战争的"金主" / 070

第四章　金融界新势力

和德雷克塞尔联手 / 077　　旅行归来 / 081
新"蛋糕"的新分法 / 085　　让库克出局 / 089
危机也是机遇 / 093

第五章　垄断的起跑线

新公司与新任务 / 099　　站在独立的起跑线上 / 103
金本位，或美元本位？ / 107　　挤走罗斯柴尔德 / 113
"船长"抛来橄榄枝 / 118

第六章　基业初成

从关键交易开始 / 125
登顶中央铁路 / 129　　垄断，更要彻底垄断 / 133
接手北太平洋铁路 / 137　　海盗号俱乐部 / 142

第七章　让游戏不停歇

别有心机的调停 / 149　　整合的努力 / 155

父子之情 / 160

摩根的铁路帝国 / 164　　成为全世界的债主 / 169

第八章　时局之掌控者

白银法案的大恐慌 / 177　　"去白宫，我和总统谈谈" / 181

爱迪生的电灯之家 / 186

为通用电气"接生" / 191　　财富的巅峰 / 195

第九章　钢铁巨人之梦

新向导，指路新高地 / 203　　联邦钢铁的奔流 / 207

托拉斯绝响 / 211　　北方证券风波 / 214

让海风吹拂而过 / 218

第十章　终曲再造辉煌

麦金利轰然倒下 / 225　　麻烦的对手——罗斯福 / 229

华尔街筋疲力尽 / 234　　请摩根拯救美国 / 238

重建金融秩序 / 242

第十一章 英雄终见黄昏

"灭火英雄"与"趁火打劫" / 249

影子央行 / 253　　泰坦尼克号之殇 / 257

最后的听证会 / 261　　魂归欧陆 / 265

附录

大事记 / 269

名言录 / 271

参考书目 / 273

第一章

借力家族根基

通过观察父亲的决策行为，摩根潜移默化地受到家族商业文化的影响，其中包括强调与政府的合作、获得积极的影响力、对企业经营管理的严格监督等。在未来的日子里，这些都将成为摩根财团金融业务的突出特点。

新贵的幼苗

追踏伟大的足迹,理应溯其来处。回溯本书主角一生的起点,记忆必穿越历史云尘,如无人机般直冲而下,降临在 1836 年 3 月的美国东海岸。

1836 年 3 月,马萨诸塞州波士顿城中,初春方至,万物复兴。颇有名望的约翰·摩根牧师收到一封言辞恳切的来信。写信者名为吉诺斯·斯潘塞·摩根,他是康涅狄格州哈特福德市的年轻商人,与摩根的女儿朱丽叶早有婚约。

信中,吉诺斯说了加入豪-马瑟干货批发公司的好消息。作为公司重要合伙人,他将获得足够的薪酬和红利,为朱丽叶提供舒适的家庭生活。因此,他提议将 5 月 1 日作为正式结婚日期。"当我们准备好后,事情安排得越快越好。我盼望着这样的安排能获得您的同意。"吉诺斯以这段话作为信的结尾,传递着迫切与真诚。

摩根牧师将信笺郑重其事地放到写字台上,那里有一叠厚重的典籍和几本带有严谨手迹的笔记。写字台侧面的墙壁上,悬挂着一幅文艺复兴时期风格的宗教主题油画,这些无不显示着主人非凡的治学才华与高雅的艺术情操。

1640 年,摩根家族祖先从伦敦迁居到波士顿。此后,这个家族及其姻亲中，涌现出不少著名人物。有耶鲁大学的创办人[1]、校长[2]；也有托马斯·杰斐逊政府的副总统[3]，后来在那次后人难解的决斗中，枪杀了名声卓著的亚历山大·汉密尔顿。

约翰·摩根牧师本人出生于康涅狄格州的利奇菲尔德县。1804年，他毕业于耶鲁大学，到南方担任种植园主的家庭教师。但他对赤裸裸的奴隶制度感到厌恶，很快回到北方。为了寻找出路，他先后从事律师工作和干货零售贸易，但都以失败告终。

相比赚取财富，摩根牧师更热爱艺术。1816年，他将家中银器典当，发表了个人诗集。诗句中传递的民族情感和浪漫活力，展现出美国年轻文化土壤内萌动的先驱艺术能量，深受舆论好评。同时，摩根又研究神学，他对"上帝一位论"的坚信，非常符合哈佛神学院自由宽松的氛围。这种氛围强调自由意志、民主精神，认定所有的人都可能获得拯救，而为了个体和社会利益，所有的信徒都应有所作为。

1819年，摩根被任命为波士顿市霍利斯特教会的教长，年薪2200美元。他终于在艺术和宗教领域，拥有了钟爱一生的事业。

在霍利斯特教会成员们看来，摩根牧师对宗教有着燃烧般的热情。讲道台上的他，身高6英尺，蓝眼睛炯炯有神，让每个人都感觉自己被

---

[1] 耶鲁大学（Yale University）位于美国康涅狄格州的新港（New Haven）。1707年，以詹姆斯·摩根为首的康州公理派教会牧师代表，说服州议会允许成立一所教会学校，进而说服州法院投票赞成"特许建立教会学校法案"。该校校名源于英国商人伊莱休·耶鲁的姓，并于1718年正式定名为"耶鲁学院"。
[2] 蒂莫西·德怀特（1752—1817），生于马萨诸塞州。其母为玛丽·爱德华兹（系詹姆斯·摩根的外孙女）。德怀特4岁读《圣经》，6岁自学拉丁文。17岁毕业于耶鲁大学并成为牧师，后被选为该校校长。
[3] 阿伦·伯尔（1756—1836），生于新泽西州，天资聪颖。其母为艾斯特·爱德华兹（系詹姆斯·摩根的外孙女）。伯尔于独立战争期间投笔从戎，英勇作战，1800年总统选举中首次运用竞选班底，与托马斯·杰斐逊同票，因汉密尔顿影响，被众议院投票定为副总统。1804年，他竞选纽约州长，也因汉密尔顿而落选。

注视着。因为有遗传性的肥大性酒渣鼻,他稍一激动,鼻子就会变得通红,但他夺人的气势、华丽的语言,让谁也注意不到这一缺陷。

此时,摩根已经有了6个孩子,他的年薪虽不算低,但支撑偌大家庭的开销依然吃力。于是他在宗教工作之余,也做些颇为激进的兼职事业,包括禁酒、废奴、女子教育、监狱改革、解散民兵等社会工作,通过为之演讲和写文章赚钱来补贴家用。他的太太摩根夫人罹患类似疥疮的慢性皮肤病,经常脾气烦躁。幸运的是,女儿玛丽和朱丽叶已长大,能帮助母亲照顾家庭。

女儿不可能总是留在家里,朱丽叶最终倾心的是吉诺斯·摩根,他与摩根在兴趣、能力和性格上都截然不同。吉诺斯相貌帅气,气质出众,他习惯于领导和说服别人,为此他能果断地面对复杂形势作出正确判断。

摩根家族1636年从威尔士来到美国,定居在康涅狄格州斯普林菲尔德。经过数代传承,直到约瑟夫·摩根选择离开农场,走进19世纪初兴的美国商业世界。

此时,美国的城市化进程徐徐铺开,客栈扮演着交通干线上的节点角色,将各类城市连接起来。约瑟夫准确地抓住大好机会。1815年,他带着父亲的1.5万美元遗产,收购了一条公共马车交通线和一家客栈。两年后,约瑟夫举家迁移到康涅狄格河下游的哈特福德。在那里,约瑟夫收购了另一家客栈,作为当地社交、过往要人的聚会场所。此时,吉诺斯才刚满4岁。

吉诺斯迅速长大,他的家庭变得兴旺发达,父亲约瑟夫变得忙碌,摩根的姓氏在哈特福德越来越响。父亲约瑟夫创办了埃特纳保险公司,并投资轮船、铁路、桥梁、运河等大型企业的股票,其中大部分投资都很成功。吉诺斯也顺理成章地走上商业道路,16岁从学校毕业后,就被父亲安排到波士顿的一家银行做办事员。1834年,他21岁,结束了学徒生涯,成为摩根家族在纽约公司的合伙人,并与朱丽叶·摩根订婚。

为顺利迎娶朱丽叶,吉诺斯在纽约跃跃欲试,想要大展拳脚。但时任总统的安德鲁·杰克逊对以第二合众国银行为代表的金融业加以压制,导致银行业内的投机行为迅速发展。吉诺斯觉得此时还是应小心谨慎为好,于是选择了回到哈特福德,成为干货贸易公司的合伙人。

1836年5月,吉诺斯·摩根来到波士顿,在摩根牧师的教堂里,他和朱丽叶·摩根正式成婚。到8月中旬,朱丽叶怀孕了。

约瑟夫·摩根有写日记的习惯,但1837年,他始终没有提到自己快要当爷爷的事情,而是记录了公司的经营情况、吉诺斯的商业出差、亲家摩根牧师的来访、哈特福德的当地琐事,以及对安德鲁·杰克逊离任的喜悦。直到4月17日,约瑟夫才写道:"吉诺斯的第一个孩子,是个男孩,凌晨3点出生。"

摩根牧师和吉诺斯的生日都在4月份。这个孩子没有按传统习俗命名为小约瑟夫,而是被命名为约翰·摩根。孩子成为了两大家族的紧密纽带,将两者迥然不同的特点融于一身。他在无限宠爱中幸福生长,准备迎接新时代带来的使命。

少年意气

约翰·皮尔庞特·摩根（以下简称摩根）出生在哈特福德市区以西洛德山的厄塞勒姆大街 26 号。在父母结婚之前，祖父约瑟夫就建造好了这栋作为礼物的房屋。1837 年 5 月，小摩根刚满月，经济危机的阴影就如同神秘诅咒般再次来临。

从英格兰银行推行的信贷限制、国内农业歉收、棉花价格下跌，到对外贸易逆差等一系列因素，造成了美国历史上最严重的经济萧条，与高速上升的经济曲线迎面而撞。此后，在自诩为上帝选民的美国，几乎每隔 10 年到 20 年，就会出现类似的萧条，小摩根也将在 1857 年、1873 年、1884 年和 1893 年，不断与之重逢，并注定相伴一生。

豪-马瑟公司同样陷入萧条漩涡中，吉诺斯赶往南方，去催收客户的欠款。他紧紧盯住客户，无暇顾及娇妻幼子。在他的努力下，到 6 月下旬，南部客户拖欠的大部分债务都予以顺利解决。

萧条逐渐过去，经济开始恢复。小摩根认识的家人越来越多。玛丽姨妈会从波士顿赶来帮忙照看他，吉诺斯的姐姐露西·摩根也常带着孩子来玩。除此之外，家中佣人很多，帮着做农活、管理庭院、做饭、跑腿和收拾房间。

富足不代表健康。人们很快发现，小摩根这个孩子有着先天不足。只要天气不好时，他就会遭遇慢性病侵扰。1838 年，在他将满周岁前的两个月，他犯了第一次痉挛，随后又多次发作。祖父甚至悲观地在日记中写道:"恐怕我再也见不到他了。"

1838年不是摩根家的好年份。这一年,吉诺斯和朱丽叶也先后罹患猩红热,数月卧床不起。直到暮秋时节,孩子的痉挛终于不再发作。到年底,小摩根完全复原。但5岁时,他又因患肺热而病倒,此后还有一次猩红热在他6岁时等着他……

童年遭遇,成为小摩根一生的阴影。家人们总是经常为他的健康担心,而他自己有时也会莫名其妙地感到在生病。他的祖父母似乎预见了这一点,便从1839年开始亲自照顾他。祖父约瑟夫曾写信给外出旅行的吉诺斯夫妇说:"摩根很乖,一点儿也不淘气,言谈举止就像个大人。"

约瑟夫虽已年近60,但精力十足。含饴弄孙之余,他忙碌地为吉诺斯建造新房子。1839年11月,小摩根和父母搬到了法明顿路108号,这是祖父送给他们家的新礼物。那是一座木结构的两层楼房,屋顶是复斜式的。步入宽敞的二楼开间,推开天窗,举目四望,哈特福德城区冒起的炊烟一览无余。约瑟夫对自己送出的礼物非常骄傲,整天都在这里建造篱笆围墙、种植草莓和各类树木。

在家人的精心照顾下,小摩根逐渐长大。他有着和父亲相似的深棕色头发、淡褐色眼睛。他表情庄重严肃,目光炯炯有神,开始在家里做些力所能及的事情。到能外出的年龄,他还会和母亲一起去看望住在纽约州特洛伊的外祖父。1846年秋天,9岁的小摩根进入了切希尔圣公会教会学校上学,这里位于哈特福德和新港之间,此后又转入更近的帕维林家庭寄宿学校。

祖父的照顾只能到此为止。1847年4月17日,约瑟夫邀请所有孙子们一起喝茶,庆祝了小摩根的生日。这年7月,他在家中溘然长逝。当他离开之后,留下的遗产价值总共有100万美元,其中包括各处房地产和各大公司的股票。

小摩根含泪送走了祖父。此后,外祖父摩根牧师将更多地陪伴他成长,并更多地影响他的性格形成。只要学校放假,小摩根就会去纽约特洛伊和外祖父母住在一起。父亲吉诺斯对此非常重视，他在信中写道："明天摩根将到您那儿小住，他需要有些约束，希望您能让他每天安排一定时间读书，也别忘记学习。我真希望他能做个好孩子，别给您和他的外祖母添麻烦。"一周之后，吉诺斯给刚过了11岁生日的摩根写信，重复了这些告诫，并强调说："我注意到你上封信的拼写错误，希望你不要再犯类似错误了。"

父亲虽忙于商务，但对儿子的教育却非常关注。私下里，他对老丈人的教育理念和态度颇有指摘，认为妻兄弟们因此没有走上正道。而他自己则非常关注儿子的行为习惯培养，例如美国新教徒所推崇的勤奋、节俭、诚实、谨慎、简约等品性习惯。

为此，他抓住和儿子不多的相处时间，教授他有关历史、名人、商业和阅读方面的知识，也会带着孩子参加股东会议，带他去公司做些计算工作。有一天晚上，父子二人研究一道算数题，小摩根给出的答案和书本不同。吉诺斯最终发现，儿子才是对的。

多年的单调主妇生活，让母亲朱丽叶的脾气变得乖僻。她对孩子的批评多于关爱，在小摩根看来甚至有些啰唆。她不允许小摩根从寄宿学校频繁写信回来，因为太浪费邮资，但自己却在去信中谈论不少生活琐事。

为了更好地影响他，家人送给他一些书籍。父亲送过一本《马克·保罗知识海洋历险记》，讲述主人公在伊利运河上了解知识的故事，故事里有很多优胜者获得金钱、积分等奖励的情节。母亲则送给他《乔治·华盛顿传》，鼓励他从中学到伟大人物的责任感。后来，姑妈露西送给他《年轻人的禁忌》一书，谈到了年轻人应远离酗酒、赌博、奢华和偏离真理的危险，直到60多年之后，已是全世界著名金融家的摩根，在参加美国政府听证会时，还依然会引用其中的道理。

孩子毕竟是孩子，小摩根并不总是愿意听从父母的正面教育。1818年秋，他即将转入哈特福德公立学校，吉诺斯又谆谆告诫他说："要和那些品德端正、能够对你有良好影响的人交往。你应在心里牢记，此时正是你形成自我性格的年龄；现在有了好性格，以后就会保持。"这所学校的同学后来回忆起他的表现，说他并没有多少做学生的样子，看起来就像一头小动物，也不汲取什么教训。日后功成名就的摩根听说了这一评论，严肃而幽默地表示，自己确实不喜欢"汲取教训"。

在这里，小摩根留下了一次让人印象深刻的犯错。因为他在课堂上笑出了声，所以老师将他从教室里赶了出去。但随后他写出一封严肃的抗议书，他在信中写道："您是我的老师，而我只是一个学生，我不过是在课堂上发出的笑声大点儿，您就那么狠心地对待我……如果我愿意，我也能坐在角落里保持沉默。但是如果所有学生都像这样，您会不会觉得一整班学生都太愚蠢了……"随后，他严肃地告诫教师，最好改变教学方法，否则他将选择调换班级或者干脆跳级。这些话令教师感到无语，因为看起来根本不像14岁的孩子说的话，倒像是被激怒的学生家长。

在严肃地捍卫自身观点与利益的同时，小摩根也展现出青春期男生对异性的独特关注。他和表哥詹姆斯·古德温成为学校好友。他俩只要找到机会，就会到附近的女子中学去看女学生。一开始，他们只能远远地观看女生每天下午的集体散步，后来胆子大了，便敢接近女生队伍，送上花朵、糖果和纸条。如果碰上严肃的监护教师，他们就分开在队伍两边同时行动，避免被同时抓住。为了接近女生，小摩根偶尔还会爬到靠近女校的树梢上，和三楼的女生聊天。尽管这些事情让女生们挨了训斥，但她们依然如旧。

正是此时，小摩根养成了写日记的习惯。他的日记没有太多情感流露，反而显出对各种生活细节的关注，例如，他会在日记的每一页上，写下当年过去的天数、剩余的天数。他还会在年末的日记中，对这一年的生活进行总结，包括收入、支出、收过和寄出的信件、喜欢过的女生和居住过的地方。这种记日记的习惯并不是源于天性，很大成分来自家庭影响——父母希望他能对发生的事情进行记录和跟踪，从而对自己的生活有充足掌控。

父亲的同事也发现了小摩根的能力。起初，他们没有关注这个频繁出入公司的孩子，但不久后他超强的计算能力吸引了整个公司的注意，他经常能独立解决各类实用商业账目问题，并经得起任何老手的核算。

小摩根的文学水平也不错。他后来又转学到波士顿英语中学，在那里的数篇习作，开始流露出他日渐成熟的思想与价值观。他推崇努力勤奋，认为勤奋能将最贫困、最悲惨的人变得富裕和受人尊敬。他重视商业，认为是商业将海外各国的产品带给美国，也将美国的产品带给全世界。同时，他还关心那些与海浪搏斗的水手、枪林弹雨中的士兵和被贩卖被奴役的黑人。

少年的小摩根的确不是什么乖学生，但学业成绩和总体表现不算坏。相比循规蹈矩，他更关注如何表达自我，更在乎如何去影响和改变他人，并由此博取环境的尊重。作为殷实家境养育出的孩子，他比许多同龄人更有自信与底气。在父母的引导下，他会很好地控制这份性格特征，并将其价值留给远大的未来。

萌动的野心

1850年,当小摩根在快乐地享受校园生活时,父亲吉诺斯踏入了伦敦。

吉诺斯此时已晋升为高级合伙人,公司名称改为了马瑟-摩根商贸公司。作为公司代理人,他来到英国负责欧洲的生意。他将异国见闻写信告诉儿子,历数名人故居、山川湖泊。他的描述更多集中在伦敦商业区,包括金融中心、巴林兄弟公司、英格兰银行和皇家股票交易所。这位父亲用循循善诱的口吻写道:"(皇家股票交易所)很像你在纽约见过的交易所……但这里的交易所更为漂亮。"

吉诺斯没有忘记鼓励儿子,他勉励小摩根管理好自己的事务,因为他现在已经长大了。摩根的回信内容主要集中于公司业务的最新情况、当地的政治社会情况,也包括家里草莓花园的变化。

伦敦的经历,让吉诺斯开始认真思考未来。1850年末,他回到美国之后,不久就退出了公司,在波士顿成立了新的毕比-摩根公司。第二年,小摩根和母亲迁到这里,与父亲共同生活。他离开了熟悉的哈特福德,也不得不和同学们分开。但他并没有忘记表兄古德温,而是与他保持通信,相互交换各类最新消息,馈赠有趣的书籍、杂志和纪念品。

1852年春,小摩根再次患病。他的膝关节感染了炎症,疼到无法正常走路。父亲安排小摩根去外祖父的居住地休养,希望乡村空气能改善他的精神面貌。虽然病情有所好转,但他还是很虚弱。到10月底,父母决定干脆让他到海外去,在亚热带气候下生活调养。

吉诺斯将摩根托付给朋友查尔斯·达布尼。达布尼既是船长和商人，也是美国驻葡萄牙亚述尔群岛的领事。11月8日，摩根第一次离开自己的家，踏上海外之旅。他从波士顿乘坐横帆式三桅船"艾奥号"动身，开始穿越漫无边际的大西洋。

在海上，他的健康状况得到好转，困扰他许久的神经痛也渐渐消失。当其他7个乘客都选择躲到甲板底下时，他却总是站在船长达布尼先生身边，眺望着前行航线。在日记里，摩根记录了每天的经纬度、气压、风向和航行距离。这让他看起来不像是一位乘客，而像是一位船员实习生。

经过11天的航行，摩根抵达了亚述尔群岛，这里距离葡萄牙本土有上千公里，由3个岛屿群组成。摩根在费亚尔岛的霍塔港安顿下来，在旅馆选了一间能总览海港全貌的屋子。此时，美国东海岸已然初冬，光秃的树枝上支棱着灰色阴冷的天空。而这里却阳光普照、气候宜人，到处开满了娇美的杜鹃花和山茶花。圣诞节时，摩根还将当地特产橘子和葡萄酒作为礼物寄回波士顿。

摩根毕竟是外来者，在当地没有什么朋友。达布尼先生的领事馆是他唯一的去处，他经常去那里和领事全家共进晚餐。除此之外，他只能在周日做礼拜，或在领事官邸的图书馆、花园、台球室、马厩和操场这些地方打发闲散时间。

渐渐地，摩根的活动范围扩大了。他会跑到港口研究船只运输，了解船只的主人是谁、分别装载了什么货物、航行速度是多少、维修情况如何。通过这些信息，他学习到了国际航运贸易的基础知识，这些也为他开阔了后来影响他人生至深的全球视野。摩根也会参加当地葡萄牙人的一些舞会活动，但他并不太喜欢这里的贫苦居民，因为他发现这里的人特别懒惰，宁愿去乞讨也不愿积极修缮坍塌的房屋和破损的街道。

在岛上待的时间越长，摩根就越感到孤独寂寞。1853年3月4日，他在日记里写道："就是在今天，富兰克林·皮尔斯宣誓就职美国总统。"在这个特殊的日子里，摩根黯然神伤，他不禁想起上一届总统选举时，自己如何与父亲、师长和同学共同关注选战，为彼此不同的支持对象而激烈辩论，为最终的选举结果或欢庆或悲伤……而此时此刻，在这里，他强烈地体会到了隔绝感。虽然他想知道皮尔斯政府内阁组成人员的详情，但相隔浩瀚的大西洋，任何资讯都无法即时传达，只能等待着数十天往返一次的邮轮。

经过4个月左右的调养，摩根终于恢复了健康。他向波士顿的家人写信报告，说自己已经完全康复，原来减少的体重也在慢慢增加。摩根迫不及待地希望回国，但父母给他的指示却并非如此，而是要求他去英国。

1853年4月15日，"大西方号"轮船载着摩根离开费亚尔岛，8天后，他到达了伦敦。此时，他刚过完16岁生日。摩根迅速完成了达布尼先生委托给他的工作——拜访著名的劳埃德保险公司。第二天，他又像每个刚来到伦敦的游客那样，参观了白金汉宫、威斯敏斯特大教堂、阿普斯利大厦、海德公园和国会上议院。等到月底时，父母也来到曼彻斯特，一家三口终于团聚了，他陪母亲散步购物，陪父亲进行正式的商业访问。全家先后到莎士比亚故居、沃里克古堡、牛津大学等人文名胜参观游览。

5月中旬，全家回到伦敦。吉诺斯出席了新任美国公使的欢迎晚宴。摩根则跟随父亲参观了著名的英格兰银行。在银行门前高大的柯林斯风格竖柱下，摩根抬头仰望，心潮起伏。深夜，他伏案写下当天的日记："在英格兰银行门前，我就像是百万富翁。"

未来，摩根将成为亿万富翁，但16岁的他正忙于观察浩瀚的人类世界。

5月底，吉诺斯夫妇带他前往欧洲大陆，在德国，他觐见了普鲁士国王弗雷德里克·威廉四世，然后再到巴黎住了两周。在那里，摩根参观了罗浮宫、圣母院、植物园，觐见了拿破仑三世和皇后，还拜谒了拿破仑皇帝的墓，并到凡尔赛旅行。

法国之行对摩根的影响非常大，因为那个地方为少年的心植下了非凡的英雄梦想。8月份，他终于回到了美国哈特福德的故乡，并沉浸于学习中，努力追赶荒废了9个月的课程。到了1854年夏天，他已经开始准备毕业论文了，论文的主题就是拿破仑·波拿巴。

在当时的美国，拿破仑这个名字有特殊含义。他不只是颠覆传统世界的英雄，更代表着渴望进步、革新和扩张的精神。摩根也是其崇拜者之一，在论文中他这样赞美："在前进的道路上，似乎没有什么不可逾越的障碍……他也许会被打败，但是，他决不会因失去耐心而在困难面前退缩，决不会因胆怯而逃避任何危险。"

父母曾向摩根介绍了许多伟人的事迹，其中有美国国父乔治·华盛顿，他代表着民主精神、诚实、勤奋、自我克制；而在滑铁卢战胜拿破仑的威灵顿公爵，则象征贵族的传统。但在年轻的摩根看来，国父或保守的威灵顿，都不如拿破仑。拿破仑，才是充满着浪漫主义冒险色彩的英雄。

17岁的摩根写作时思绪翩翩不绝，一如科西嘉岛上活泼灵巧的山雀，纵然无法飞得更高更远，但却能在历史与现实的丛林中穿梭起舞。他时而充满理想主义，写下个人对拿破仑动机的评价："他个人是十足的野心家。是谋求自己的发展前途，还是国家的未来命运，他宁愿选择前者。"时而又回味自己在孤岛上的休养，体会到拿破仑当时的境遇："在许多年以后，当他躺在床上即将死去时……他又如何回想当年的辉煌岁月，自己曾是整个法兰西的偶像，是全世界的征服者。此时此刻，他究竟做何感想？"

不，摩根当然不只是在写一篇怀念法国皇帝的论文，这个少年是在借古喻今。他有了远离故土的独居体验，他见到欧洲正在传统和变革的十字路口反复徘徊。现在，他充满了对前路的期待，他相信拿破仑的名字必将拥有新的附丽，在美国乃至全世界重新发扬光大。

摩根毕业前夕的论文，后来被每一代摩根研究学者所关注和纪念。透过热烈的文字，人们看到他少年时代所萌发的野心，听到他面向世界大势而勇敢吹响的号角，也掂量出这个家族赖以传承的精神财富的根源所在。

游学欧罗巴

1854年7月,摩根从哈特福德中学毕业。他如同刚学会奔跑的年轻雄鹿,急于开始冒险生涯。但父亲吉诺斯对其果断叫停,要求他准备动身,到欧洲去学习法语和德语,以适应未来的国际贸易。

10月初,吉诺斯一家乘船来到伦敦。在这里,乔治·皮博迪正等待着他们。

皮博迪绝非等闲之辈。1795年,他出生于美国马萨诸塞州的一个贫苦家庭。11岁辍学,先后在百货公司和军队里待过。到1827年时,他在费城和纽约设立了自己的公司。1837年,他面向英国、欧洲和远东的年贸易额达到70万美元。此后,为了生意方便,他移居伦敦,在城市商业区开办了办事机构。

在伦敦,皮博迪从容地完成了角色转变,从单纯的进出口贸易商,化身为资本的娴熟玩家。他非常熟悉美国的经济需求,然后集中欧洲资金,向美国的农场主、企业和棉农提供商业信贷,获取佣金。随着其资本水池越挖越大,他逐渐成了美国各州政府发行债券的承担者,促成资本越过大西洋,源源不断地向西方流动。

到1852年时,皮博迪俨然成了金融巨子。他拥有兴旺的金融事业,在英美两国声誉日隆,拥有将近300万美元的资产。他唯一的遗憾,是没有家族子嗣。

皮博迪和吉诺斯·摩根在强调这一点时,吉诺斯皱眉沉思。他知道,从罗斯柴尔德开始，国际金融大银行无一例外采用家族管理。家族成员之间的血脉联系，能对抗金融运作背后的高风险。而皮博迪却是个地道的"王老五"，他每天工作 10 小时，不喝酒吸烟，也不度假。他能坐一个便士的公共马车，就不坐两便士的。虽然他也有情妇和女儿，但却并没有法律关系。因此，皮博迪想要邀请吉诺斯加入他的公司，成为事业上的继承者。

吉诺斯最终答应了皮博迪的邀请，并举家搬到伦敦。根据两家公司达成的协议，新公司启动资金 45 万英镑，皮博迪占 40 万，吉诺斯占 4 万英镑，还有一位英国合伙人占 1 万英镑。每个人可按股本分得 5% 的利息，并根据约定比例承担净利润和净亏损。

摩根目睹父亲完成公司合并，内心有欣喜也有遗憾，因为他自己在这件事中并没有任何贡献。当天晚上，他在日记里写道："父亲在伦敦开始了他的业务。"1 个月之后，他写日记的地点换成了瑞士日内瓦湖畔。

瑞士维卫，在清澈如少女灵魂的蓝天下，矗立着布兰克山的雪峰。吉诺斯安排摩根在这里的贝勒利乌学校进修。该校总共有 85 名学生，其中大多数来自英国和美国，大都和摩根一样学习法语和德语。

摩根起初并不适应这里，他抱怨宿舍太小、早餐不佳，而学习氛围则更糟，到处都能听见英语，缺少外语氛围。到了 1855 年，他终于融入了这里，他的成绩在班级排名第一，能直接阅读法文版的《鲁滨孙漂流记》，将英语作品翻译成为德文，还能将一些名言警句用 3 种语言表述出来。相比之下，他的数学成绩更令人侧目，可以心算开立方根，从代数、几何一直到三角函数和物理学，他的成绩都格外好。

1856 年上半年，吉诺斯觉得孩子已经完成了一定的学业任务，就决定将摩根安排到哥廷根大学，进一步提高德语水平。

此时，摩根反而舍不得离开了。他不愿意和朋友霍尔曼夫妇一家说再见。这对从美国来的夫妇旅居维卫，像照顾亲生孩子那样照顾他一年半。更不用说霍尔曼家的女孩也让他念念不忘。但摩根最终无法逃避自己的责任，4月底，他来到汉诺威以南的哥廷根。

哥廷根是一座"大学城"，这里距离莱茵河有上百公里，周围只有荒凉的草原，城中遍布学院、图书馆和书店。哥廷根大学是当时德国最大、最优秀的学院，化学和数学学科具有特殊的影响力。摩根在这里学习高等三角学和化学，每天都上德语课，业余时间玩保龄球、桌球、听花园音乐会、歌剧，参加啤酒节、舞会。

相比法语，摩根觉得德语更难学。但这却刺激了他的好胜心，他与朋友打赌，要用6个月的时间掌握它，如果做不到就放弃。他很快就找到了学好这门语言的"高级"方法，那就是和当地女生积极交谈。

为了吸引女生，摩根以每月两德元的价格请人来说话，而且经常会举办娱乐活动，还和属于当地上流阶层的人交朋友。此时，摩根不仅被善于操持家务的德国女性所吸引，也形成了他终此一生对婚姻家庭的古板看法，他写信对朋友说："我们都要进入商业领域奋斗，正是由于这个原因，我们有责任要选择那样的妻子：当我们结束工作回到家时，她们能时刻在家，为我们做好各种准备，使我们享受到幸福美满的家庭生活，她们能安心地照顾我们的家园。"

这些言论很容易被现在的人指责为"性别歧视"。但在当时的社会和文化背景下，加上摩根家族的多年传统，摩根有此婚姻观并不算奇怪。事实上，他所设想的幸福家庭构成，与其自幼耳闻目睹的母亲形象并不符合，这反而加深了他对传统婚姻模式的憧憬与期待。

在德国女生们的热情帮助下，摩根实现了目标——在6个月时间内掌握了德语。此后不久，他开始期待回到伦敦。但父亲指示他必须再在那里待过一段时间，他也只能像冬眠的熊那样忍耐无趣的日常生活，推迟参与狩猎的时间。等到了1856年8月，他果断地在威斯巴登港跳上去伦敦的轮船。

吉诺斯·摩根全家居住在伦敦王子门街第14号，那是一幢5层楼建筑，对面就是大名鼎鼎的海德公园。这栋房子背面有摩根喜爱的法国风格楼门，通过一段石台阶，他可以走过缓坡，走向一块大草坪。沿着草坪旁的展览路向前不远，就是南肯辛顿博物馆。

这些风景一时抓住了年轻人的心。不久后，他开始养成了新的工作和生活习惯。摩根每天早晨到海德公园骑马，然后到父亲和皮博迪的公司，整理之前的商业档案，阅读通讯文件。吉诺斯相信，儿子必须要从熟悉档案开始，了解将从事的业务。

通过学习，摩根深入了解了这家金融公司的业务，其主要内容是为客户买卖美国债券，提供经纪业务和综合银行业务，供客户挑选合作伙伴。此外，公司本身还开展贸易业务，并通过投资，推动有希望和前景的创业者发展。最让摩根印象深刻的，是1856年间的大西洋电报公司。

当时，纽约纸业的富商塞勒斯·菲尔德非常欣赏塞缪尔·摩尔斯所发明的电报通讯技术，认为该技术能在国际通讯和贸易领域发挥重要作用。菲尔德在取得政府的特许状之后，着力准备从英国西端到北美洲东段之间铺设电缆。经过多番慎重考察，皮博迪公司准备投资该项目。

为了确保项目回报，吉诺斯花费了整整4个月时间进行考察，他最终向皮博迪汇报说，大西洋电报公司名声斐然，如电缆能够启用，肯定会有巨大回报。同时，他也邀请了自己的合作伙伴，在美国联邦政府内外进行积极游说，以获得政府补贴和政策支持。吉诺斯还建议，皮博迪应该加入大西洋电报公司的董事会，从而确保公司经营管理的真实性和合规性。

通过观察父亲的决策行为，摩根潜移默化地受到家族商业文化的影响，其中包括强调与政府的合作、获得积极的影响力、对企业经营管理的严格监督等。在未来的日子里，这些都将成为摩根财团金融业务的突出特点。

虽然吉诺斯的眼光和方法得当，但这个跨越大西洋的通讯构建计划,还是历经 10 年时间才告成功。10 年时间里,不断发生的火灾、电缆事故、金融恐慌、自然灾害以及国际政治格局变动、美国内战等,都干扰了该项目的顺利推进。大西洋电报公司的股票价格实至名归——如同大西洋海水一般涨跌有序。最开始时,股票发行价格为 1000 英镑,后来则跌到 300 英镑,当第一条电缆铺设成功后,股票涨回到 900 英镑,但 3 周之后电缆断裂,股票价格再次下跌……

煎熬的 10 年,吉诺斯对这家公司前景一度报以希望。但项目发起人菲尔德却开始指责是皮博迪公司毁了公司。吉诺斯只能提醒他,是他最初发起了项目,并急切恳请自己和皮博迪参与其中。

到 1866 年后,这些情形都不再上演,横贯大西洋的电报电缆彻底改变了欧美之间的联系方式,两大洲之间的通讯在几分钟之内就能完成,而不是之前的数周。如此变化,对金融行业带来的影响极为深刻,因为投资者能够迅速进入和退出市场,及时了解国际新闻和行情,获取最重要的参考信息。

在 1856 年,摩根并没有意识到父亲正在从事改变金融世界的投资。这一年的假期很快结束了。10 月份,摩根回到哥廷根大学继续学习。有位教授邀请他留校,从事数学研究。这个邀请,在摩根听来就像美好的风铃声那样悦耳,它意味着对自己学业能力的肯定。但另一方面,这简单的铃声,又怎能比得上他憧憬已久的灿烂乐章?摩根相信,上帝赐予自己的数学智慧,未来自然有更大的作用。

1857 年上半年,摩根家的大公子结束了学校生涯,并能流利使用法语和德语。他选择前往欧洲南部旅行,在罗马游历了一个月,购买了许多工艺品、珠宝、香水、花瓶和画作复制品。

摩根不满足于欧洲的游历,他又萌生出对中国的了解意愿,想去这个神秘古老的国度旅游。但吉诺斯要求他立即回到伦敦北部的巴内特,在那里,他们家有座避暑别墅。

别墅游泳池前,摩根接受了人生中第一份任命。对着身材魁梧、双眼有神的儿子，吉诺斯·摩根期待满满，他有千言万语想要叮嘱，但话出嘴边，只有最简洁果断的那一句：

"摩根，你去舍尔曼商行吧。"

金融风暴中登场

1857 年,美国经济开始从萧条中恢复。商业领域的表现(尤其是铁路行业利润)开始迅猛增长。当时,一篇来自英国的专业经济分析报道就此预言道:"月圆月缺是有固定时间的,而美国相对于英国的经济优势,将像月亮的圆缺一样,到时候必然会实现。"

吉诺斯和许多美国人一样,相信总有那么一天,美国的经济表现将会超过英国,从此不必再看英国人的资本市场眼色行事。他自豪地对朋友说:"我们没有人预料到美国会有如此喜人的资本增长。总有那么一天,人们不用再焦急地关注位于针线大街上的英格兰银行的汇率,这一天已经不远了。"

如果将美国经济的复苏看作病人的康复,那么正是铁路债券提供了神奇的疗效。从 19 世纪 50 年代开始,国内铁路债券市场火热增长。曾几何时,纽约股票交易所每周交易量达到 1000 股,就算相当高了,但到此时,每周的股票交易数量已经达到上百万股。

铁路债券市场催生了投资的繁荣,使许多投资公司专门围绕铁路建设资金,提供理财服务。邓肯·舍尔曼公司是其中的佼佼者。这家公司的高级合伙人是斯科特曼·邓肯和威廉·舍曼,他们联合控制着 400 多万美元的财富,引来伦敦的高度评价。那是精明的皮博迪所投出的关注目光。

皮博迪相信,这家公司拥有足够的资本、能力和企业规模,将来可升级为大型的金融企业。他对吉诺斯说："我看好这家公司，他们拥有足够的资本、能力以及企业规模，将来能成功地经营一家大型的金融企业，它在美国几乎是唯一的。"皮博迪承诺，邓肯－舍尔曼公司能在自己公司获得无限制的信贷额度，而其他各家美国银行都没有类似待遇。皮博迪还考虑，委托邓肯·舍曼公司代理自己在美国的事务。

皮博迪没有考虑到美国资本市场的进化速度。1857年时，这家公司已经不甘心只充当皮博迪的业务前端了，他们甚至还想要在伦敦找公司，作为自己的代理。到这年7月，吉诺斯和舍曼之间的谈判终于形成了决定。由于美国资本市场的空前繁荣，大家都不愿意充当欧洲的分公司，反而想要将经营势力范围伸展到大西洋的另一边。于是，双方不再讨论谁主谁次，而是以加强企业之间的联系为目标进行合作。

这个合作方案中有条附加约定：摩根将要到邓肯－舍尔曼公司，担任办事员，同时不领取薪水。舍曼先生写信对皮博迪说："（这样做，是让摩根）在美国的银行业务中得到训练……我觉得他是一个非常有希望的年轻人。"

1836年，在经济萧条爆发前的混乱中，吉诺斯狼狈地逃离了华尔街。现在，他将重返那里的期望寄托在儿子身上。7月底，摩根去往纽约，一路上，他随身携带着重要的信函和文件，大多数是父亲所写，其中包括在开船前，父亲让人送来的便笺。他在上面谆谆叮嘱儿子要仔细检查文件，以确保安全。在便笺最末，父亲写道："我希望你能了解到，你现在正迈出的一步有多么重要，它将对你以后的生活有多么巨大的影响。你自己应保重，好自为之。向舍曼夫妇问好，后会有期。上帝祝福你，关爱你的父亲会一直为你祈祷。"

纽约，是美国过去时代也是当下时代最大且最有吸引力的城市。这里有早期荷兰移民的后代，也有法国的新教徒后代、英国后裔、德国后裔和犹太人。多种语言和文化并存于纽约繁荣的城市中，人口流动积极，商业体系广泛开放。无论人们从哪里来，都能在这里找到梦想。这一点，和波士顿的欧裔贵族文化、费城的传统家族文化、查尔斯顿的南方种植园文化，都显得有所不同。纽约人充满活力，他们中既有移民、商人、艺术家、奋斗者、实干家，也有赌徒、逃犯、骗子、海盗……成千上万的市民在此绵延数代，但他们相信迟早能凭借能力实现梦想。

摩根年方20，外表看上去还是个毛头小伙子，但他在不同的文化环境中游历、学习和生活过，知道自己最喜欢的环境。刚到纽约，他就喜欢上了这里，将这里看作事业的起点。事实证明，这里也将成为他后半生的归宿，纽约华尔街也终将成为世界金融之都。

摩根将住处定在浴西17大街45号。19世纪20年代，华尔街初兴，私人住宅被雨后春笋般的银行和办事机构所占据。富豪们看中了偏僻的格林尼治地区，建造新的住宅。19世纪40年代，由于贸易带来的车水马龙和嘈杂吵闹，有钱人开始向北面撤离。在联邦广场附近的街道上，他们建起具有意大利文艺复兴特色的楼宇和成排的房屋，道路两边树荫繁茂，环境安逸。摩根就住在这里。

每天早晨，摩根都会乘坐公共马车或步行，从17大街穿过百老汇大街的车流，到邓肯-舍尔曼公司的办公楼去。办公楼位于拉索路口的松树大街11号。办公室东侧的窗户下方就是威廉大街，那里有始建于1817年的纽约股票交易所。

摩根日复一日地走过这条路线。他总是准时地走进工位，开始一天的工作，和所有新员工那样到点吃午饭，在小憩一会后，继续完成上午未做完的事情。但邓肯-舍尔曼公司并不支付他薪水，父亲吉诺斯每个月"补贴"他200美元。他的第一个工作任务，是为公司的联络部抄写信函。吉诺斯对此很支持，为了帮助摩根提升信心，他说："我相信，只有在联络部才能接触到更多有关业务方面的广泛信息。"

在这里，摩根惊喜地遇到了查尔斯·达布尼。他是公司负责财务的合伙人。达布尼这个姓，让摩根想到曾在费亚尔岛上照顾他的达布尼一家。没错，查尔斯·达布尼是他们的亲戚。

摩根幸运地有了第一位职场导师，并从他那里汲取财务知识。摩根很快接收到来自伦敦的秘密任务，皮博迪公司希望他充当纽约方面的代理人，负责对信贷的非正式审查工作，并在纽约股票交易市场执行公司指示，为公司客户和合伙人办理利息与分红。当然，摩根也没有忘记利用一切渠道，向远在大西洋彼岸的父亲，传送美国的金融、经济和社会消息。

由于浩大的大西洋电报电缆工程距离投入尚有 9 年，伦敦的银行家们只能通过书信来获得美国方面的所有消息，在纽约的摩根便成为皮博迪和吉诺斯的重要信息来源。他的工作表现很好，到秋天时，向来严厉的父亲写信称赞他："你在所有这些事情上表现出的热情和行动，使我非常高兴。你做每一件事情都应当保持机灵和清醒，要和其他人一样，尽快获得并妥善利用所有信息。你的迅速反应，也使皮博迪先生非常高兴。"

随着对环境的熟悉，年轻的摩根迅速成熟起来。但有时候，在舍尔曼先生眼中，他似乎又太早熟了。

在邓肯－舍尔曼商行做了一年多后，摩根受命去古巴哈瓦那采购货物。当轮船停泊在繁忙的新奥尔良港时，摩根决定下船转转。此时正是盛夏，天气炎热，太阳正无情地吸干地面上的一切水分，整个新奥尔良似乎都弥漫着水蒸气，人人都感到面前黏糊糊的。

摩根刚下船，就看到一位穿着不错的中年男子，正忧心忡忡地在码头旁转来转去，逢人就说什么，又被人不断拒绝。男子颓然地坐在街边，埋头抽起了烟斗。

出于好奇和友善，年轻的摩根决定去打听一下。

"先生，怎么了，遇到什么麻烦了吗？"摩根问道。

这位中年男子将无力的眼神聚焦起来，打量着摩根，大约发现他气度不俗，眼神里又有了亮色。他拍了拍身边的一个小皮袋，看上去是刚从船上带下来的货物样品："要不要看看我的咖啡豆？这可是上好的巴西货。"

听说和生意有关，摩根来了兴趣。他蹲下身子，打开小皮袋，抓起一把咖啡豆仔细闻了闻，然后又碾碎一颗，观察豆子的干燥程度。半响,他不动声色地说:"先生,您这是遇到麻烦了吧,请告诉我怎样帮您。"

这话显然触动了男子的心事,他重重地吸了口烟斗,叹息着吐出烟雾,抱怨起自己时运不济。原来,他是位船长,咖啡是从巴西运过来的。货物到了新奥尔良,美国的买主却已破产跑路了,满船的咖啡豆眼看就会变质,船长急得只能在码头逢人就推销。

摩根略加思索,决定自己掏定金,用商行的名义买下这批咖啡。他将咖啡样品带到商行在新奥尔良港的客户那里兜售,并向邓肯和舍尔曼先生发去电报,解释这次交易机会的难得,无法先行报告。

舍尔曼先生没说什么,邓肯对摩根这种行为非常恼火。他认为,一个员工就应该老老实实按指令办事,即便再好的机会,也要先由领导定夺之后再行通知。邓肯越想越来气,立即发电报给摩根,要求他不得使用商行名义做这笔生意。

摩根没想到自己的一腔热情遭到了否定。他的倔脾气上来了,决定不再使用商行名义完成交易,而是从父亲那里拿到资金和许可,买下船上所有的咖啡豆。

事情果然如他预料的那般顺利。由于这一年巴西咖啡豆大幅减产,市场上咖啡价格成倍飙升。摩根很快将手中的咖啡豆推向市场,赚到实习生涯中的第一桶金。消息传来,父亲对他连连称赞,听到消息的邓肯、舍尔曼也发自内心地赞许这个年轻人。不过,邓肯还是认定他有些目中无人,对他只能限制性地加以任用,避免惹出麻烦。

历史给予摩根的适应时间,窄小得就像纽约楼房背后林立的消防楼梯。这位未来的金融大亨,出生在经济大萧条中,也很快将面对人生的第一次金融危机。

在整个19世纪50年代,美国铁路公司以狂飙突进的速度发展。从大西洋沿岸向西到五大湖地区,总共铺设了长达2.2万英里的铁路轨道。铁路交通线和随之跟进的电报系统,就像不断延伸的神经元,让美国逐渐拥有完整的经济大脑,将对财富的追逐欲望转化成现实行动力。此外,加州新发现的黄金矿脉、宽松的信贷政策、物价上升、市场需求扩大、股票和土地领域的疯狂投机行为等,都吸引了来自欧洲的资本。所有投资者都明白一道简单算术题的答案:投资英国国内债券,利润只有5%,而投资美国铁路债券,利润能达到10%。该选谁出手,是不言而喻的。

顺着铁路涌入北美土地的,不只是外国商品,更有外国金钱。1853年时,欧洲方面总共控制美国价值大约2.22亿美元的债券,占全美所有股票和债券的19%。美国经济依赖外国资本的程度,与对海外市场的依赖程度已并驾齐驱。

吉诺斯经历过上一次经济萧条,在狂热投资的气氛中,他隐约感受到了风暴将临的紧张感。从1856年开始,随着克里米亚战争结束,俄罗斯粮食重新进入欧洲市场,美国农产品的海外客户需求减少。与此同时,为了阻止资金向外过多流出,英格兰银行大幅抬高短期贷款利率,并开始撤回投向美国的资本。作为连锁反应,中小投资者开始将其持有的美国股份售出,拿回伦敦去赚取更安全的回报。吉诺斯就此预言,1857年的秋季,美国金融市场将面对新一轮季节性的考验。

10月,风暴果然降临了。美国铁路公司开始走下坡路,相关的债券和股票价格一跌再跌,贷款方开始要求偿还资金,借贷方迫于资金压力无法偿还,许多企业陷入举步维艰的境况中。尤其是位于美国东北地区的大城市,损失最为惨重,有将近20万人在毫无准备的情况下失业,其中纽约城就有4万人。

1857年至1858年的冬天,美国东部尤其寒冷。走投无路的失业工人铤而走险,闯入煤炭工厂抢夺燃料。更多失业者集合起来,抗议经济危机,继而发生暴乱。宗教界只能无可奈何地呼吁人们保持理性,举行数千人的集体祈祷活动。新闻界将矛头对准华尔街,指责他们应当对经济危机承担责任,而企业、银行或外国市场都不在其中……

吉诺斯写信给儿子说:"你的商业生涯,一开始就遇上了多事之秋,就让你现在所见到的一切,给你留下永不磨灭的印象吧。在通往致富的道路上,有多少人都是因为急于求成而倒下了!"他同时也提到,英格兰银行积极向信誉好的企业贷款,控制了金融危机,而美国金融界却哀鸿遍野，看不到真正的领军人物，只有各自保命的平庸者。

此时，皮博迪公司的几家美国客户均告破产，其英国方面的债权人开始设法收回贷款。邓肯-舍尔曼公司也遇到了麻烦，很多债务人拖欠他们的债款，公司又拖欠皮博迪公司的债款。到11月时，吉诺斯开始坐不住了，他发现公司的巨大债务款项已达到230万英镑，折合1150万美元左右。如果英格兰银行不能批准给予借款，皮博迪公司将面临破产。

吉诺斯积极行动自救。在纽约，摩根与公司领导们一起等待消息。按约定时间，本应由位于加拿大新斯科舍岛的码头发来电报，通报皮博迪公司的营业进展。但直到11月下旬，依然渺无音讯。邓肯和舍曼感到迷茫和焦急，最终决定派摩根到纽约电报局查找信息。

摩根急迫地赶到电报局，才知道保密消息被加拿大方面的代理扣留了，因为代理不清楚内容，担心消息被舆论知悉而产生不利。摩根又找到哈利法克斯方面，终于拿到电报内容："GP公司已经从银行收到了10个亿，并一切安好。"

GP公司，指的正是乔治·皮博迪公司。摩根反复确认了消息内容无误，连忙跳上马车，向公司赶去。当他来到公司办公楼前，发现已经有人群聚集在这里，几乎每个人手上都抓着一张报纸，上面用醒目的加粗字体写着《皮博迪公司已停止支付 即将破产》的标题。

摩根无暇过问，他推开那些企图拥上来的小报记者，穿过脸色慌张的讨债人群，挤进了公司办公室。舍曼先生马上投过来期盼的眼神，摩根将电报放在了他的桌前，大声说道："先生们！公司没问题了！"

第二章

虎父更有虎子

　　吉诺斯始终对私德标准要求很高。他坚持认为,银行家既然掌管着投资人的钱财,就必须远离任何破坏名誉的言行。只有获得了正直和诚实的声望,才能得到物质与道德上的回报。通过卑劣手段获取财富,不仅毫无益处,还会带来可怕的结果。他将这些思想谆谆告诫给儿子,并总结说"我觉得你不会辜负我的期望"。

股票操盘手

身处伦敦的吉诺斯身心俱疲,在繁忙的半个月内,他和皮博迪先生调动了一切能够动用的资源,终于从英格兰银行拿到了80万英镑(合400万美元)的贷款,并由13家银行负责担保先期付款。当一切妥当后,吉诺斯向儿子发出电报,却怎么也没想到会出现信息延缓带来的真空。

面对电报,舍尔曼先生如获至宝。他立即抓起纸张,张罗着召开新闻发布会,澄清一切有关公司无法偿付的谣言。到第二天,写字楼门前的人群变得稀稀拉拉,第三天、第四天,最终,人们全都安心了,不再聚集在这里。

摩根长舒一口气,为自己及时赶到而庆幸。他多少有些不平地告诉父亲,舍曼先生并没有更早地决定去寻找这封电报,如果自己知道这件事,肯定会立刻提前行动。

通过对这次事件的处理,摩根更加坚定了事业原则,他相信,重要而紧急的事务,必须亲自掌管。同时,他也看到在跨国贸易时代,信息正发挥着怎样的重要价值。一条准时的信息可能拯救一家公司;同样,一条延误的信息,也可能毁灭十几年的苦心经营。

相比摩根,父亲受到的冲击更大。与初出茅庐的儿子不同,吉诺斯曾幸运地从20年前的经济大萧条中逃出,至今仍心有余悸,却没想到有生之年还会再碰到金融风暴。尽管局势已被扭转,但他还是在写来的信中沮丧地抱怨,说自己的声誉遭到无法洗清的玷污,22年辛苦打造的个人形象毁于一旦。

摩根鼓励起絮叨的老父亲。他将自己搜集到的报刊上的正面报道寄给父亲看,并劝解父亲不要理会那些负面新闻。他甚至学着父亲曾经的口吻,劝说父亲:"您现在一定要暂时休息一下,努力从业务中摆脱出来,到处走走以得到缓解和放松。到一个彻底忘掉焦虑的地方去吧……"

吉诺斯当然舍不得去休假,他忙碌着消除金融危机的冲击。到1857年底,皮博迪公司的债务总额已有一大半获得抵消。到1858年3月时,公司偿还结清了所有紧急贷款,巨额债务款项也全部成功获得延缓。皮博迪公司终于扛住了金融危机,开始复原。看到情势确实像儿子所分析的那样发展,吉诺斯的情绪逐渐变得正常起来。

在纽约,邓肯-舍尔曼公司的信誉也开始恢复。到1858年4月,公司的信贷业务被评级机构认为是"可靠、良好"的。许多中小金融机构在风暴中纷纷沉没,但摩根家却凭借实力与幸运,再次坚持到了下一局游戏。

从大时代背景来看,美国经济危机的阴影,一直笼罩至1858年岁末。此后,经济便开始再度扩张,铁路建设获得了持续发展。到1859年时,有将近2600万美元的资金开始回流美国。随着产品价格的降低,美国工业品出口情况不断回暖,美国产品在海外市场的竞争实力重新增强。

此时,摩根已经21岁了。他穿戴欧洲款式的服饰,能随意在多种语言之间切换表达,除了个人形象改变,他的生活习惯也全面融入上流社会。闲暇时,他去戏院和歌剧院欣赏艺术,结识名流。他参加各种绘画收藏展览,这些展览的赞助者大都是社会精英。摩根的第一本纽约通讯录上,出现了越来越多的家族名称,其中最多的是著名企业家和金融家。

交游让摩根获得了新的投资目标。这一年,他以每股63美元的价格,买下了5股太平洋邮轮公司的股票。原因是这家公司所从事的邮递业务,获得了政府的巨额补贴,被市场所看好。对摩根而言,这种投资纯属兴趣试水,但吉诺斯却并不同意。作为父亲,他现在恢复了原有的威严:

"我不希望你投资股票,或者在那方面费心思。许多人从事股票投机都破产了。我希望你能静下心来,专注正常的商业事务……"

虽然只有数百美元,但吉诺斯并不放心,他专门咨询了太平洋邮轮公司的创始人。然后劝说儿子到 5 月份就能卖掉股票,获利 10%。但摩根根本没有听进去,他觉得父亲不愿冒险,于是又买了 10 股该公司的股票。

随着股票价格抬高,摩根不断买入,直到一年后,他发现自己亏损了 1400 多美元。

看着账本上的红色数字,摩根苦笑着耸耸肩。他并非不心疼这些钱,但在他看来,任何交易都有成本。学习投资,本身也是一种交易,是获取经验的交易。

不久之后,摩根就在密歇根中心铁路公司的股票上赚回了损失。但他可能由此看透股票的真相,此后,他接受了父亲的劝告,终身远离终端市场的操作。

1858 年 3 月,邓肯-舍尔曼公司宣布了摩根的任命,不再要求他为联络部工作。吉诺斯立刻写信表示祝贺,告诫他应该忠实于责任,铭记上帝正察看他的一切行为。

吉诺斯始终对私德标准要求很高。他坚持认为,银行家既然掌管着投资人的钱财,就必须远离任何破坏名誉的言行。只有获得了正直和诚实的声望,才能得到物质与道德上的回报。通过卑劣手段获取财富,不仅毫无益处,还会带来可怕的结果。他将这些思想谆谆告诫给儿子,并总结说"我觉得你不会辜负我的期望"。

在父亲的鼓励和督促下,摩根继续在公司无薪工作了一年。到 1859 年 9 月,他在这里业已"实习"了两年。父亲觉得他通过了考验,也获得了成长,决定让摩根从这里辞职。

正式的告别函中,公司感谢摩根的工作表现,夸奖他"不知疲倦地勤奋工作、富有热心和忠诚,具有可贵的品格",并认为"他已经具备了实际能力,能胜任公司里各个部门的工作"。

除了应有的称许外,公司合伙人也提出了坦诚的忠告。他们说,摩根从父亲那里继承了追求完美的个性,虽然表面上温文尔雅,但性格深层却多少缺乏耐心。为此,邓肯、舍曼和达布尼在告别函中如是建议:"在观点上和行为上,要保持平和的心态,才能获得更好的回报。要用温柔和良善对待同我们打交道的那些人,我们才能获得确保成功的商业资本。"

　　在回函中,摩根为夸奖而高兴,同时也为批评而感激。带着内心充盈的责任感,他动身开始下一段商业路程。

悲剧爱情的开端

事业上不断成熟的同时,摩根也收获了真正的爱情。这段情感让他铭记终生,在一定程度上影响了他未来的性格,让他变得更加果断坚决,甚至是冷酷无情。

摩根初恋故事的女主角,是阿米莉亚·斯特奇斯,人们都亲切地称呼这个姑娘"咪咪"。

1858年夏天,摩根恰好在科普斯旅馆度周末,这里位于哈德逊河畔西点军校附近。他住在这里,主要是为了看望威廉·奥斯本一家。奥斯本是伊利诺伊中心铁路公司的总裁,从19世纪50年代开始,皮博迪公司就为奥斯本的铁路公司债券进行担保,摩根一家也顺理成章地和他成为朋友。奥斯本家里永远都高朋满座,唯独一位客人吸引了摩根的注意力,她就是奥斯本的妻妹咪咪。

咪咪具有独特的自然女性气质,足以吸引血气方刚的摩根。她身材小巧,脸庞甜美,棕色的浓密头发总是在修长的脖颈后面挽成可爱的发髻。她是众人眼中的美女,在纽约选美舞会上荣获了"美女皇后"的桂冠。

咪咪23岁了,她比摩根大两岁。她不仅外形可人,还擅长歌唱和弹奏钢琴,能讲德语和法语,在纽约下东区的威尔逊女子工业学校里教授女工缝纫课。她笃信上帝,早在13岁时就跟随家人参加了经过改革的老北方教会,还曾将传教小册子翻译成英语。

咪咪的父亲做贸易起家，大女儿弗吉尼亚嫁给奥斯本后，两家人在资金和人脉上进一步扩张，使奥斯本的铁路生意蒸蒸日上。1857年的经济恐慌中，铁路交通运输量锐减，伊利诺伊中心铁路公司的债券价值急剧下跌，是皮博迪和吉诺斯·摩根的公司，帮助奥斯本渡过难关，也让摩根和早已相识的咪咪关系更进一步。

到1858年秋季，摩根时常带上家人，去纽约看望咪咪的父母。吉诺斯非常喜欢咪咪这个女孩子，觉得她确实是很好的儿媳人选。1859年春末，吉诺斯热情地邀请咪咪一家去欧洲，并陪同这家人畅游了英国、法国、意大利和奥地利。当摩根离开邓肯·舍尔曼商行后，他就立即赶往伦敦，和咪咪一家人见面。

11月份，这对小儿女每天都在伦敦游玩。摩根带着她到英国国家美术馆、南肯辛顿博物馆、水晶宫等地参观，还带她去购物。到月底，摩根陪着这家人乘坐"波斯号"穿越大西洋，回到了纽约。摩根很快开始时常去看咪咪，以致纽约城中传言，说两人已经订婚。但摩根郑重其事地告诉表兄吉姆，说这是没有任何根据的传言。他还说，如果真有此事，表兄肯定是最先知道的人。

摩根虽然很喜欢咪咪，但此时他对事业的兴趣更大。12月底，一个非常寒冷的夜晚，他匆匆离开纽约，为完成皮博迪公司交派的任务，向南去往费城和巴尔的摩。在这些地方，他看到种种激烈的辩论场面，政客们甚至会带着刀枪，去议院的会议现场，就蓄奴制存废问题而发生厮打和斗殴。

摩根敏锐地感到，内战的阴影开始来到这个国家。他的父亲是联邦主义者，他自己也同样如此。他担心美国民主制度所面对的深刻危机，并对国家未来感到担忧。他甚至对表兄吉姆写信说，自己为议院会议的场面而感到颜面扫地。

此后，摩根又到了里士满，并最终抵达新奥尔良。他在那里拜访客户，观察南方棉花市场的价格和运输情况。整个冬天，他都待在这里，直到1860年5月才返回纽约，并和咪咪又度过了一段快乐的时间。到

8月中旬，他下定决心向咪咪求婚，获得美人应允后，他为咪咪在蒂凡尼买了订婚戒指，并商量在1861年10月正式举行婚礼。

然而，病魔悄然来到了这对爱侣身边。1862年1月，寒冷的冬天，咪咪因严重的咳嗽而病倒了，这次她足足病了几周。摩根总是在她身边照料。有时，咪咪身体情况允许，他会陪她出去散步。

这段时间内，父亲并没有代替摩根去决定进入任何公司工作。他只是在53号交易所拥有一间办公室，做父亲指派的工作。对摩根来说，这可能是幸运的，因为此时美国正在走向分裂。

亚伯拉罕·林肯在1860年11月当选为美国总统，他代表的共和党联盟坚决反对奴隶制度，导致长期以来存在的南北双方的矛盾冲突达到白热化。在1860年底，已经有7个南方州宣布脱离联邦，包括南卡罗来纳州、密西西比州、佛罗里达州、亚拉巴马州、得克萨斯州、佐治亚州、路易斯安那州。

1861年2月，上述7个州联合起草了《邦联宪法》，开始了美国的正式分裂。吉诺斯·摩根对此愤恨不已，他痛心地写信给儿子："当前的事态，无论其结局如何，我总是觉得我国的荣誉已荡然无存了……"

4月12日，南方军队在萨姆特堡打响战争的第一枪。这里位于南卡罗来纳州查尔斯顿沿海，是北军孤悬沿海的岛屿要塞。两天后，南部邦联的旗帜在这里徐徐上升，美国内战正式打响。无论对整个国家，还是摩根家族而言，这都是必然到来而意味深长的新开端。

炮火送来第一桶金

摩根身边的亲友中，许多人都对当时主持大局的林肯不抱太多信任。和当时北方的许多政商大亨一样，他们觉得林肯看起来焦虑而阴郁，缺乏领袖应有的自信气质，再加上他瘦削的身形和一把大胡子，更显得难以应对内战的巨变。

摩根受到这种观点的影响，他没有选择像朋友们那样，参加去往前线的志愿兵团。尽管很多受到良好教养、生活考究的年轻男性都选择了作战，但摩根却异常理智，他甚至和父亲一样，感到合众国政府在内战中也负有部分责任。

尽管如此，摩根还是积极完成本职工作，向华盛顿的作战部门提供来自伦敦的贷款。在一次为联邦筹款的义卖中，摩根购买了许多名画的仿制品，这似乎预示了在他未来波澜起伏的商业人生中，将始终与艺术收藏打交道。

1861年夏末，南北战事正酣，摩根却参与了一项生意。这次生意将在很长时间内为摩根这个姓氏带来争议。

4月份时，北军在前线战力不支，急需枪支供应。商人阿瑟·伊斯特曼发现，在纽约曼哈顿岛南端外海的总督岛上，有个联邦仓库，内有5000支霍尔·卡宾枪。这种来复枪采用后部装药，是美国与墨西哥战争遗留的物资。

伊斯特曼虽然没有做过什么大生意，但却对军械和火器非常熟悉，他自认这是一桩好买卖，于是向北军提出，要将这批业已过时的枪按照战争需要进行改造。但是，北军军械官觉得，这批卡宾枪根本没有价值，改造只是徒劳无益。伊斯特曼提出，自己把这批卡宾枪买下来。北军仓库随即开出每支3.5美元的售价，但伊斯特曼却没有足够的货款，事情就此耽误下来。

7月份，北军战事进一步吃紧。白宫命令西线的弗里蒙特将军加强进攻，将军的代理人斯蒂芬斯听说了5000支卡宾枪的事情，便和伊斯特曼签订合同。合同约定前者以12.5美元的价格购买枪支，预付款为2万美元。讽刺的是，斯蒂芬斯也没有足够的现金。他便进一步加价，通知弗里蒙特将军，这些卡宾枪可以用每支22美元的价格卖给西线军，弗里蒙特同意了。

这批枪形成了古怪的生意链：伊斯特曼需要支付北军仓库1.75万美元买入卡宾枪，再以6.25万美元卖给斯蒂芬斯，斯蒂芬斯又再以11万美元价格卖回给北军。但这两个人谁都没有足够的资金，去启动这条左手进、右手出的生意链。

8月上旬，斯蒂芬斯找到了摩根。他拿出弗里蒙特将军的订单作为担保，摩根同意借给他2万美元。8月7日，3个野心勃勃的人一起来到总督岛的军火仓库。摩根分别给两个人借款，总计2万美元，相当于垫付了斯蒂芬斯需要付给伊斯特曼的定金。

同时，摩根还和斯蒂芬斯约定，如果他在20天之内未能接到将军支付的枪款，摩根还将会另外借给他4.25万美元，用来偿付伊斯特曼。此外，卡宾枪在未改造完成前，会全部以摩根所有的名义，留在北军仓库中，作为所有贷款的抵押。

改造进展缓慢，直到8月底，才有2500支枪作为第一批的交货，送到位于路易斯安那城的弗里蒙特将军手中。此时，摩根退出了这笔交易，吉诺斯·摩根之前的一个合伙人代替他的位置继续交易。9月份，所有交易结束，扣除所有预付款、利息和佣金之后，摩根在其2万美元的贷款项目上所赚的钱超过5500美元，利润率超过25%。

这次高额利润的交易，引起有关方面的关注。到 10 月上旬，国会派出了调查委员会，了解军火供应领域牟取暴利的事情，并冻结了所有的军火款项支付事宜。1852 年，这个调查委员会汇报称，"任何一个心智健全的国家公职人员"，都不应该以 11 万美元的价格，购买另一个国家公职人员刚以 1.75 万美元卖出的一批军火，即便正处于内战情况下，这批卡宾枪要价 22 美元也很不合理。

斯蒂芬斯辩解说，总督岛军火库认为这批枪支没有什么价值，可以用 3.5 美元出售。但远在 1000 英里以外的弗里蒙特将军却认为，这批枪在改造之后，完全能达到 22 美元。这只是两方面对价值的认识不同而已，是所有自由贸易的基础。他们就这次交易，向最高法院提出诉讼，要求政府支付剩余尾款。

在与此相关的一系列舆论声音中，并没有摩根的声音。他没有解释自己为什么当初参与这笔交易，中途又退出，最终却拿到了高额利润。他的支持者们后来推测说，摩根起初很可能只是将贷款看成是纯粹的商业合同，认为其中既存在某些风险，也的确有利润。而直到中途，他才发现了真相，也就无法继续容忍交易了。

但事实上，摩根的贷款从一开始就用了弗里蒙特的电报订单作为担保依据，他也和伊斯特曼、斯蒂芬斯一起到了总督岛军火库，购买这批卡宾枪。因此，这种"不知者无罪"的论断，看起来更像一种开脱。更彻底的真相是，摩根从头到尾都清楚这笔交易的性质是什么样的。

摩根中途退出了交易，最合理的解释是他即将要和咪咪在 10 月成婚，并准备离开美国，到欧洲去。因此，他希望在此之前将账结清楚，挣到应有的利润，就此摆脱风险。他是如此想的，也是如此做的，在事情引起调查之前，就已经全身而退。

摩根确实无暇生意，他的情感生活正遭遇巨大不幸。那年夏天，咪咪因罹患呼吸系统疾病而病倒，她不断寒战发热、胸部疼痛，咳嗽也非常厉害。咪咪告诉摩根，自己没有希望成婚了。摩根安慰着她，并表示要趁蜜月带她到地中海去疗养。

婚礼前一周，咪咪的病情更加严重，却还在担心自己的婚礼。1861年10月7日，婚礼终于在纽约举行。这天阳光明媚，晴朗无云，摩根蓄了一撇小胡子，看上去更加成熟。咪咪穿着象牙色的波纹丝绸婚纱，但她的脸色比婚纱的颜色还要白。在特意缩短的婚礼仪式上，她始终蒙着面纱，以便不让别人看见她过于瘦削的面部。有时，她甚至虚弱地要靠在摩根的手臂上，以支撑自己纤弱的身体。

婚礼结束后，夫妻俩前往欧洲度蜜月。摩根悉心照顾咪咪，在巴黎，他曾背起她，爬上了整整7段楼梯。咪咪非常感动，她写信给父母："他负担的真是太多了，现在我无法报答他。"随后，他选择在尼斯停留，希望这里的阳光和气候能让咪咪有所好转。

但咪咪的健康状况并未好转，反而开始恶化。到1862年2月时，吉诺斯开始催促儿子去伦敦洽谈商业上的事情，咪咪的母亲则赶来照顾她。

摩根离开的日子里，咪咪被病魔逐渐拽向深渊。吉诺斯要求儿子能在伦敦多住几天，但摩根还是急切地返回了尼斯。2月16日，星期六，他累得筋疲力尽，到达了尼斯。咪咪非常开心，用枯瘦的双手抱住了丈夫，热情地亲吻他。

第3天上午，咪咪陷入弥留，摩根赶到她身边时，她正好咽下最后一口气。摩根跪在她身边，悲伤地呼唤她，但再也无力回天。

摩根将咪咪的《圣经》保留下来，在《新约》部分开头处，他写道："1862年2月17日星期一早晨8时30分，法国尼斯附近的圣乔治斯别墅，阿米莉亚·S·摩根去世。她走得很平静。"在结婚前送给咪咪的祷文手册上，摩根又加了一行字："愿你的灵魂得到安息。"

此时，摩根24岁，失去了年轻的新婚妻子。

J.P. 摩根公司初创

对咪咪的死讯，吉诺斯大吃一惊。但他凭借对儿子的了解，认为小伙子会尽快走出来。因此，不久之后，他就催促儿子抓紧时间动身回到纽约，在那里，业务已经堆积如山，表兄吉姆·古德温忙到要崩溃。

吉诺斯并不清楚，摩根这次受到的打击实在太大了。他原本希望和岳母、妻兄在国外待到4月份，以从失去共同亲人的伤痛中摆脱出来。但严父的催促、现实的压力，不断要求他立即回国，摩根也希望通过重拾工作状态来忘记痛苦。他回到纽约后，和吉姆一起住在欧文路，并未回到21大街，因为那里的宅子原本是他为自己和咪咪租的婚房，现在物是人非，那里只会让他更加痛苦不堪。

5月，咪咪的葬礼正式举行。在象征告别的仪式结束后，痛苦逐渐淡化，摩根开始回归到事业和生活中。

美国内战已临近转折点，摩根和表兄吉姆发现良机，联合成立了一家公司。早在10年前，这对表兄弟就曾设想过"古德温－摩根公司"，玩过模拟性质的商业游戏。现在，他们这个新公司被命名为"J·摩根公司"，其业务主要是买卖政府债券和外汇，并将美国的政治经济动向对伦敦进行汇报。

由于内战几乎中断了南方的棉花出口，也大大缩减了铁原料进口。导致外国投资者选择抛售美国的有价证券。1860年，美国的铁路工程达到1500英里。1864年，这个数字骤降至574英里。吉诺斯对风险感到害怕。他只和声誉良好的客户往来，严格发放抵押贷款。这导致皮博迪公司的股票和证券业务开始亏损。

但摩根并非没有机会。由于联邦政府的支持、战争带来的刺激，一些特殊行业变得越来越发达。联邦军队的规模不断扩大，屠宰业、纺织业、制鞋厂和银行业因此不断发展。摩根发现了伊利诺伊中心铁路、伊利铁路和纽约中央铁路繁荣昌盛的运输量，他向在伦敦的父亲汇报说，由于北军开始扭转局势，未来这里的市场潜力不可限量。

在关注国内经济的同时，新生的摩根公司还在摩根领导下，投入到政府债券销售中去。1862年9月中旬，摩根前往华盛顿，拜会了财政部长萨蒙·蔡斯，围绕发放政府债券的问题进行讨论。此时，联邦政府面对越来越大的战争费用压力，财政部门迫切需要更高效、更巨大的体制。

由于此时的摩根羽翼未丰，蔡斯最终没有选择他做总代理，而是选择了费城的杰伊·库克代理销售政府债券。随后，皮博迪公司成为了二级市场的债券代理，主要通过摩根在纽约进行发行，他总共为合众国政府完成了100多万元的借贷业务，从中获利近9万美元。

大量工作，确实让摩根逐渐摆脱了丧妻之痛。但由此产生的巨大压力，让他患上了严重的头痛症。朋友和医生们劝他暂时休假。9月份，他到纽约州东部的萨拉托加温泉疗养。10月份，在他结婚纪念日当天，他赶往费尔菲尔德处咪咪的墓地献花。这年秋天，他终于搬回了西21大街的宅子，在那里，他的房中摆满了有关咪咪的纪念品。

从此时开始，林肯执政的美国政府在坚持与南方作战的同时，出台了一系列相关措施，不仅促进经济发展，还着手将州府的权力集中到联邦政府手中。他们出让了大片国有土地，用于建设铁路、鼓励移民，通过了《宅地法案》，制定了完备的大学土地赠予制度。为保护北方工业而对进口加收关税，采用纸币形式大量发行美元，出售政府债券进行大量借债，创建对财政部负责的联邦特许银行等。

这些巨大变革，将会让摩根家族受益匪浅。但在此时，他们并未充分意识到这一点。吉诺斯和摩根父子的注意力被 1863 年 3 月国会通过的《兵役法案》所吸引。法案规定，所有 20 至 45 岁身体健康的男子都应服役。吉诺斯考虑，将儿子留在华尔街继续开展联合经营是非常重要的，于是在他的授意下，摩根交纳了 300 美元，以免服兵役。

1863 年 7 月，公司经营日渐起色，摩根终于回到真正的生活中。他和几个朋友组成了远征队，从西点启程，乘坐火车和马车，到达位于阿迪伦达科的乔治湖，并乘帆船驶过尚普兰湖。他们从伯林顿横跨福蒙特州，来到了新罕布什尔州的怀特峰。在那里，摩根畅游、扬帆、骑马，一天之内便相继攀登了加农峰和拉斐特山。随后，他赢得了攀登华盛顿山比赛的冠军。

经过这样的修整，摩根重整雄风。他管理和父亲的共同账户，同时也经营着自己的个人事业。他发放短期贷款、买卖外汇、代理证券交易、进行商贸投资。他在纽约摩根公司的股份净利开始不断上升，从 1862 年的 3 万美元上升到 1863 年的 5.8 万美元。在内战最激烈的时候，摩根的收入几乎翻了一番。此时，有些人经营得比他还要好，据说 1843 年全美国也只有 20 个左右的百万富翁，仅仅 20 年后在纽约就有上百个百万富翁。

看见儿子的事业蒸蒸日上，吉诺斯为他感到骄傲。但吉诺斯又担心摩根发展得过于顺利，并非什么好事，很可能隐藏着未曾发现的危机。很快，摩根用新的一轮冒险，证明了老父亲的担忧并非空穴来风。

金市翻云覆雨

摩根的冒险,源于对美元和黄金之间微妙关系的破解。1862年,为支付庞大的战争费用,美国国会通过了《法定货币法案》。法案规定,绿色纸钞可以作为美元的货币流通,这是由美国政府发行的第一种现代意义纸币。此后,美元与黄金的双币本位制得以确立。即便如此,两者之间没有法定关系,也没有固定的兑换价格。

黄金属于稀有贵重金,天然是外资的媒介,它的价值受到国际市场的影响。而纸币则没有内在价值,只要美国政府需要,他们就能随时印制。因此,黄金与美元之间的汇率,必然会受到政治事件的高度影响。

1862年,摩根向伦敦的报告指出,统治着外汇市场的黄金,现已成为证券交易所里的投机价值所在。它就像最具投机性的股票那样变化多端:如果联邦军队战绩不佳,投资者就会抢购黄金,导致金价上扬;如果捷报频传、和平有望,囤积者就会抛售黄金,导致金价下跌。毫无疑问,摩根相信,自己找到了黄金投机的成功路径。

帮助摩根开始黄金投机的是一位年轻人,他名叫爱德华·克查姆,他的父亲是华尔街的投资经纪人。克查姆与摩根有同样的冒险精神,摩根与他非常投机,两人很快就找到了共同的话题——黄金。

1862年夏天,克查姆建议,摩根可以先同伦敦的皮博迪公司联系,通过双方共同付款的方式秘密买进黄金。等黄金到手后,将其中的50%汇向伦敦,剩下的50%放在自己手中。当黄金流往伦敦的消息流传出去,而内战中的北军进展不利时，金价无疑会暴涨。时机一到，就可以将留下的50%用最高价格抛售出去，从而大赚一笔。

摩根同意了这个计划，他开始和克查姆共同执行，两个年轻人用联合账户收购黄金。到10月份，他们已经积累了总价值200万美元的黄金。这个"秘密"进行的计划很快就"走漏"了风声，到处都在流传伦敦皮博迪公司在美国收购黄金的消息，导致黄金价格开始上涨。

当然，聪明的媒体很快就解读出了这次非比寻常的金价飙升。《纽约时报》报道说，没有任何正当理由来解释这次金价暴涨。这次涨价和军需品粮食棉花市场的变动毫无关系，看上去就是一种巧合。经过调查，《纽约时报》作出结论：正是摩根操纵了这次金价暴涨。

幸运的是，克查姆并没有暴露。纽约其他经纪人开始继续抛售黄金的时候，克查姆将它们全部买下。与此同时，销往伦敦的黄金价格也不断上升。

尽管《纽约时报》对此次金价飙升大为抨击，但华尔街相关的投机群体正在狂欢，根本无意去搭理这样的谴责。摩根和克查姆的计划，仍然在不断推进中。

这一天，摩根向克查姆透露了一个消息："我的朋友，我又在交易厅租下了一个房间。"

"不就是那个锁着大锁的房间吗？里面有什么秘密吧？"克查姆两眼放光地问道，他看起来早有耳闻。

摩根邀请他走进了这个房间，里面的繁忙情形，将克查姆吓到了。只见好几台忙碌的电报机，机器正在不断滴滴作响，戴着耳机的员工正埋头收发信息。摩根将为首的员工介绍给克查姆。

"我来介绍一下吧，这位就是史密斯先生，从现在开始他已经是我们公司的电报首席经理。"

摩根选中的这位史密斯有着特殊价值。他曾经是陆军部的电报局接线员，懂得专业的电报收发技术。更重要的是，史密斯的好朋友温尼尔上校，是格兰特将军的电报秘书。通过这层社交关系，史密斯就能比其他任何人都要提前知道前线的军事发展情况。

克查姆对摩根的这种操作手法佩服得五体投地。在19世纪，电报犹如今天的移动互联网，谁掌握了这种先进的信息分享工具，谁就拥有绝对的领先优势，可以精准地打击对手，而对手却毫无反抗能力，尤其在黄金市场的交易中，精准的情报就意味着金钱。

不久之后，电报体系就显示出了它的威力。1862年10月28日，北军马克利兰将军的波多马克部队，向弗吉尼亚州的威灵顿发起进攻，南方政府方面的李将军只得将部队向南撤回。

事情发生5分钟后，摩根就知道了消息。紧接着，他又收到了从华盛顿白宫内线发来的电报。电报告诉他，在选举后的11月5日，林肯总统决定总司令马克利兰由班赛特将军接替。随后，摩根又收到伦敦方面发来的电报，电报上说，南军用来突破北军海上封锁线的炮舰，是从英国买入的。为此，英国政府被美国再三抗议。现在林肯总统和国务卿已通过驻英大使，向英国发出了最后通牒，要求立即停止为南军造船。

摩根让史密斯查询传闻，确定了其真实性。不久后，他得知英国政府已屈服于美国政府的最后通牒，停止为南军制造炮舰。但前提是美国政府必须为此支付100万英镑的赔偿费。

这些消息，证明黄金的价格即将达到顶点，皮尔蒙特和克查姆开始抛售。这次，他们总共赚了13万美元，每个人各得6万多美元。

虽然其他公司也曾有过类似企图，但他们最终却以失败而告终。华尔街后来将这次行动看作内战时期的一次突袭。它并未使市场严重混乱，而是巧妙地劫富济贫，从其他投资者那里获得了利润。因此这次黄金市场投机也并未损害摩根家族的声誉，不少华尔街的大公司甚至称赞这两个合伙人很有才干，做成了最好的生意。

摩根赌博性质的行为，让父亲勃然大怒。父亲威胁说，要和摩根断绝商业联系。父亲反对他这么做，理由与其他批评家的指控并不相同。舆论批评摩根，指责他为了谋取私利操纵金价，对货币市场造成了混乱。但父亲从中看出的是摩根的性格缺陷，认为他肆意妄为，行动草率，贪婪成性。

吉诺斯查看了摩根 1863 年操纵黄金市场前公司的盈亏账目。他发现，家族中的两个年轻人在开创公司第一年，就总共盈利 9 万美元。其中吉姆为 2.9 万美元，摩根为 5.8 万美元。吉诺斯怒气冲冲地说："难怪他们生意如此兴旺，他们还没遇到麻烦。他们总想着多赚一点，所以不顾一切地去投机。"

吉诺斯说，他有时感觉儿子为了利益，甚至都不顾自己在伦敦的生意。他对儿子很失望，甚至产生了不信任。他说，如果一个人在投机中两次失手，那么他就不是一个可靠的人，别人就不应该把生意委托给他，更不用说保护与照管这些利益，而他自己也不会相信这种人。

吉诺斯最终说："我决定从 4 月 1 日起，将我们的全部生意从你那里撤出。"显然，摩根采取的经营路线，已经令父亲气愤至极。

当然，吉诺斯并没有将伦敦生意全部撤出。作为父亲，他也不可能真的和儿子断绝生意上的来往。1864 年秋天，他为桀骜不驯的摩根找到了年长的合伙人，以对其严加管束和制约，这种制约将维持 20 年之久。吉诺斯·摩根找到的这个人，正是查尔斯·达布尼。他曾经在邓肯-舍尔曼公司教导摩根学习会计业务。摩根和达布尼先生是一对忘年交，有着很好的合作交情。

1864 年 11 月 15 日，原来的摩根公司解散。同一天，达布尼-摩根公司在华尔街 53 号交易厅内开张营业。

新公司总共有 35 万美元资本，摩根和吉诺斯每人各投入了 10 万美元，吉姆和他的父亲总共投入了 12.5 万美元，达布尼投入了 2.5 万美元。利润分配上，摩根和达布尼各享有 40% 的利润，吉姆则享有 20% 的利润。达布尼依靠个人的名声与威望占据了公司的主导地位，他并不需要投入大比例的现金,就能拥有约束摩根的力量。

吉诺斯终于放心下来,他高兴地对朋友说:"纽约的新安排是非常正确的,对于摩根和吉姆来说,他们再也找不出比达布尼先生更为合适的人选了,没有人比他更值得我们信赖。"

第三章

他挟轰鸣而至

　　实际上，许多人都看到了铁路发展带来的巨大经济利益。任何人只要与政府有一定的关系，能拿到用地批文，并能通过金融界发售证券，就可以投入到修筑铁路的事业中。这导致铁路经营市场发生了激烈的竞争。竞争者甚至不顾铁路运行的基本原则而并行筑路，为了争夺客源和并购线路，投资者们肆无忌惮地对铁路证券进行幕后的市场操纵，打压对手在资本市场的表现。

　　对于这样的竞争局面，摩根既感到厌恶，又跃跃欲试。他似乎对统一行业，有着与生俱来的渴望与自信。他相信，只要自己投入其中，就能通过不断压制所有阴险的竞争对手，让整个行业的局面得以平衡，将其中的乱象消灭殆尽。

铁轨上横穿美国

1865年4月,美国内战宣布结束。4月9日,罗伯特·李将军在弗吉尼亚州宣布投降。5天后,林肯总统被刺杀。5月底,南方邦联总统杰弗逊·戴维斯被逮捕,南方军最后一支军队宣布投降。

南北战争结束,国民经济开始回暖,社会大环境也开始趋于安定。社会整体环境的稳定让企业家们信心大增,经济活力也随之踊跃起来,一个澎湃的时代就此拉开序幕。这个时代后来被称为"美国的镀金时代"。十几年间,全美修建了数千英里的铁路,成就了当时世界上最为庞大的铁路网,拓展着美洲大陆西半边的实际面积,丰富的自然资源被挖掘,国内经济也伴随着市场整合获得空前繁荣。

1866年,大西洋海底的电缆铺设成功,信息在欧美之间的传递变得更快。

1869年5月,中央太平洋铁路公司从加利福尼亚向东修建的铁路,与联合太平洋铁路公司向西修建的铁路,在大平原上的犹他州顺利接轨。

这些消息震动了远在伦敦的吉诺斯·摩根。此时,皮博迪退休了,他已正式接手公司的所有业务,将公司更名为J.S.摩根公司,着手打造能满足其未来目标需要的事业版图。

内战结束后,摩根的大妹妹萨拉嫁给了银行家乔治·黑尔·摩根,他是银行家乔治·丹尼森·摩根的儿子。他的叔叔是纽约州前任州长、现任参议员。这个家族同样来自波士顿,和摩根的摩根家族没有直接血缘关系。不过,通过姻缘结合,摩根家族增添了新的血液。很快,乔治也加入了达布尼-摩根公司。

1867年初,摩根的二妹嫁给了奥尔特·伯恩斯,他是银行家里瓦伊·莫顿的合伙人。新婚之后,伯恩斯夫妇居住在伦敦,经营着莫顿-伯恩斯公司。摩根的小妹妹朱丽叶,则是兄妹中最不安分的人,最后她嫁给了传教士约翰·德摩根,他是莎拉丈夫乔治的弟弟。

1866年,摩根自己再次结婚,新娘名叫范妮·特雷斯,是一位律师的女儿。同年,摩根的长女路易莎出生。1867年,范妮又生下了小约翰·摩根。小摩根是摩根唯一的儿子,日后他将继承父业,接管摩根公司,进一步扩充基业。到第一次世界大战时,他还会为美国政府承销债券,并将公司扩大,改名为摩根斯坦利公司。

新婚一年,摩根已生儿育女。不过,他很快发现自己和妻子在许多地方截然不同:他喜欢城市的喧哗热闹,不会厌烦新的体验、新的朋友;而范妮却偏爱乡村的生活,她喜欢壁炉旁宁静的夜晚、沉默安宁的读书和少数密友的低声聊天。摩根追求时尚的喧哗生活节奏,令她神经紧张,她也因此经常需要接触乡村生活来放松,摩根却因此倍感受到冷落。

为拉近夫妻关系,也为了解迅猛发展的美国西部,摩根夫妇开始了横穿美国的旅行。

摩根渴望这次远行,尽管他经常去往欧洲,但他自出生以来还未曾见过美国西部。他所占有股份的银行,从储户手中吸收来大批资金,其中大部分都以贷款形式发放给了西部的铁路建设。

摩根深知,西部铁路为货运体系提供了廉价、迅速、全天候的长途运输手段,创造出全国范围的巨大市场,也开辟了万里荒原,给美国经济发展带来新希望。为此,大量资金消耗在西部铁路建设中,四大铁路公司(宾州铁路公司、伊利铁路公司、纽约中央铁路公司和巴尔的摩俄亥俄铁路公司)的初期投资费用,是1700万美元到3500万美元不等。

在当时，这已经是非常庞大的数字了，其中大部分来自债券和银行机构。因此，西部铁路建设和运营情况，与整个国家金融市场的变化息息相关，更和摩根的事业发展紧密相连。

1869年7月5日下午5时，摩根夫妇、摩根的表妹玛丽·古德温、妻姐玛丽·特雷西，共同从泽西市启程，乘坐普尔曼豪华车厢公司的"明尼苏达"号列车，开始了向西横跨北美大陆的旅行。

摩根是铁路业的重要投资人，普尔曼豪华车厢公司的高管约翰·克里勒全程陪同。这趟列车的车厢确实足够豪华，到处是长绒地毯和座椅、枝形的玻璃吊灯、厚实的窗帘、精心制作的实木天花板与墙壁。家人们对这样的奢靡感到新鲜与好奇，唯一遗憾的是，此时的豪华列车还并不具备餐车。

7月7日，一行人到达芝加哥。在这里，4个人看望朋友、出席宴会、观赏歌剧、参观农场，并去了肯塔基州的莱克星顿。随后，他们继续向西而行。这条贯穿大陆的铁路线，实际上是由数家相互竞争的公司分别修建而连接的，既没有标准轨距，也缺乏整体统一的规划，不同铁路公司的车辆，在各自负责的铁轨上运行。每走过一段旅程后，乘客就必须中途换车，随车的货物也必须在中途卸下和重装。尽管摩根一家地位重要，但他们还是不得不像所有乘客那样，在换车时无聊地等待几个小时。

在伊利诺伊州，他们乘坐火车跨过了密西西比河大桥。在爱荷华州，他们又渡过了密苏里河，进入内布拉斯加州。在该州的哥伦布，他们甚至在火车上看到一群印第安人，骑着捕获的战马，高举大刀长矛，与另一群印第安人展开战斗。

当火车进入犹他州时，这行人乘坐公共马车，抵达盐湖城，拜望了摩门教会领袖、犹他州首任州长布里格姆·杨。随后，他们换乘中央太平洋铁路公司列车，穿过内华达，抵达加利福尼亚的萨克拉门托。此时，他们已经从美国的东海岸，辗转抵达西海岸，嗅到了太平洋海风的味道。

在北加利福尼亚，摩根畅游田园、沿海山脉和矿区。他对这里的气候与西海岸之间的差异感到惊喜。在旧金山，他们终于住进了别墅，又有了新鲜的水果、正式的宴会和专业的医生。但即便环境改善，在摩根太太眼中，这趟旅行依然有些无趣。

她没有咪咪那种渴望共同冒险的兴奋，由于身体不适，也不怎么参加丈夫的日常应酬。不过，这丝毫没有影响摩根的兴致，他还参观了旧金山的唐人街、矿山、葡萄园，等等。直到 8 月 21 日，他们终于离开这里，踏上返程之旅。

摩根为这趟旅行兴奋不已。他风尘仆仆地穿行 6000 英里，亲身感受兴起的铁路事业为全美各州社会生活带来的变化。他确信，未来的铁路行业宛如这趟旅程，既充满困难，但也同样具有光明前途。

实际上，许多人都看到了铁路发展带来的巨大经济利益。任何人只要与政府有一定的关系，能拿到用地批文，并能通过金融界发售证券，就可以投入到修筑铁路的事业中。这导致铁路经营市场发生了激烈的竞争。竞争者甚至不顾铁路运行的基本原则而并行筑路，为了争夺客源和并购线路，投资者们肆无忌惮地对铁路证券进行幕后的市场操纵，打压对手在资本市场的表现。

对于这样的竞争局面，摩根既感到厌恶，又跃跃欲试。他似乎对统一行业，有着与生俱来的渴望与自信。他相信，只要自己投入其中，就能通过不断压制所有阴险的竞争对手，让整个行业的局面得以平衡，将其中的乱象消灭殆尽。

初败古尔德

1869年9月初,摩根结束旅行回到纽约。他开始着手经营纽约州北部的一条短途铁路。这条铁路名叫阿尔巴尼—萨斯奎哈纳铁路,人们将它简称为AS铁路。

AS铁路位于纽约州的首府阿尔巴尼,经过宾夕法尼亚州州境北侧的宾加姆顿。这条铁路并不长,只有142英里,但地理位置非常重要。它连接了通往宾夕法尼亚州煤矿区的四大铁路干线,帮助宾夕法尼亚州煤炭市场打开了通往新英格兰和伊利诺伊州的大门。

宾加姆顿并非无足轻重的小城市。自古以来,它是煤炭的集散地,有不少铁路干线经过这里通往各煤炭产地。因此,AS铁路的战略意义进一步升级,成为东部工业城市与煤炭产地之间的重要联系纽带。它南接伊利铁路,西达美国中部重镇芝加哥,从匹兹堡而来的钢铁、从产油区而来的石油,都可经过这条铁路抵达纽约。

有两家铁路公司对这条铁路虎视眈眈,其中之一是伊利铁路公司,他的创始人名叫乔伊·古尔德。在华尔街,古尔德可谓臭名昭著。作为年轻投机者的代表,古尔德被人们送了个绰号"华尔街魔鬼"。他身材高大,满脸胡须,作风硬朗,善于运用阴谋诡计。再加上他的事业伙伴吉姆·菲克斯强壮凶狠,敢于威胁敲诈,伊利铁路公司更是所向无敌,风头不二。

和伊利铁路公司同时看上AS铁路的,是纽约中央铁路公司,老板是范德比尔特。范德比尔特属于老派企业家，拥有大量的财富，他不齿古尔德的为人和生意，更不想在 AS 铁路争夺战中输给这样的人。

当摩根和家人们横穿美国的时候，古尔德与他的合伙人菲克斯已开始在资本市场大肆收购 AS 铁路公司的股票。他们打算一旦获得控股权，就让自己人进入董事会，并不断在公司高管团队中任命新的成员，进而取得对整个 AS 铁路公司的控制权。但是，这一次他们并没有像以往那样顺利成功，因为他们面对的对手是 AS 铁路公司的总裁约瑟夫·拉姆齐。

当古尔德大量收购 AS 铁路公司股票、收买股东，以得到更多股份时，拉姆奇也早有准备，他向盟友大量发行公司账户上的原有股票，然后将这些账簿偷偷埋藏到当地的公墓中。这样，古尔德和菲克斯就难以实际上控制整个公司，即便从法律上也缺乏对应的资格。

古尔德和菲克斯恼羞成怒，他们通过纽约州高等法院法官乔治·巴纳德，企图吊销拉姆齐 AS 铁路公司的总裁资格。拉姆齐毫不示弱，他找到了阿尔巴尼法院的法官里弗斯·贝卡姆进行上诉。双方竭力争夺 AS 铁路的控制权，但最终还是贝卡姆提前拿到执行令，宣布了判决结果。

法律上没有占到便宜，古尔德改变了进攻方向。几天后，菲克斯带领一群暴徒，砸烂了 AS 铁路公司的阿尔巴尼办公室，结果被警察关进监狱。在装模作样地接受处罚之后，菲克斯终于拖够时间，从曼哈顿拿到了巴纳德法官的执行令。他带上手下卷土重来，拿下了 AS 铁路公司设在宾加姆顿的总车站，抢到一列火车，随后向着阿尔巴尼方向开进，"吞并"了沿线上的各个车站。AS 铁路公司为了保护自己的地盘，只好启动转轨器，迫使列车出轨。最终，双方在哈博斯维尔隧道展开火拼，使用了棍棒、石头和刀枪大打出手，纽约州长不得不下令由州民兵组织来暂时接管铁路。

随着事态扩大，舆论开始关注 AS 铁路的争夺战。朝野一致担心古尔德的流氓行径最终得逞，与他狼狈为奸的巴纳德法官也遭受谴责，面临被弹劾的风险。表兄吉姆建议摩根应该及时表态，支持拉姆齐。因此，当摩根回到纽约不久，就在合伙人达布尼的支持下，成为了 AS 铁路公司的董事。同时，岳父路易斯·特雷斯律师和助手塞缪尔·汉特，也成为其坚定的盟友。

对摩根的支持，拉姆齐代表原董事会感激不已。他决定专门为摩根家族发行 3000 新股，摩根、达布尼和两位律师将持有这些股份，进入股东名单。这既是对古尔德的有力反击，也是对摩根家族的欢迎。

摩根对拉姆齐的态度很满意。在两位资深律师的策划下，他以自己的名义提出一份无懈可击的上诉信。当时，美国各级法院的运行制度并不完善，时常由于主审法官变换而不断推翻原有判决。古尔德和菲克斯也推出了自己阵营的代表人选，跃跃欲试想要维持原判，继续打造通向主宰 AS 铁路公司的权力道路。但是，在这一回合中，他们注定要败给与拉姆齐联手的摩根。

两个月后，纽约州高等法院的判决宣布了斗争结果：原有判决撤销，AS 铁路公司的拉姆齐胜诉，摩根开始掌握公司主导权。

法律上取得胜利后，随后就是企业内部控股权的争夺。摩根团队进行了周密安排，他们先是继续以达布尼－摩根公司的名义，增加收购 AS 铁路公司股份。随后，又和所有支持拉姆齐的股东联系，确保这些股东会参加 9 月 7 日举行的股东大会。

在股东大会上，摩根亲自监督投票。由于拉姆齐之前的胜诉，原先摇摆不定的股东纷纷加入阵营，最终的投票结果显示，摩根顺利当选为 AS 铁路公司的副总裁。虽然名义上只是副总裁，但摩根在公司内的实际话语权已高过了拉姆齐。

股东大会结束后，摩根决定，将 AS 铁路公司出租给特拉华·哈德逊运河公司，年利率为 7%，租期则长达 99 年。

摩根的这个决定，在当时令普通人难以理解，特拉华·哈德逊运河公司，同样属于古尔德阵营。将 AS 铁路公司几乎是变卖给他们，又有多少好处呢？为什么摩根不将公司租给古尔德的竞争对手，例如拉克瓦拉矿业公司等企业？

今天看来，摩根确实可谓老谋深算。他知道，在生意场上不该有所谓长久的朋友，同样不该有所谓长久的敌人，真正长久的只是利益。虽然自己击败了古尔德和菲克斯这伙"铁路掠夺者"，但他并不打算一手掌控 AS 铁路的具体运营，作为未来的金融资本大鳄，摩根家族所看重的绝非具体产业得失，而是持续、稳定的投资利益回馈。没有什么人能比古尔德集团更擅长从 AS 铁路的经营上赚取利润，甚至拉姆齐的经营才能也无法与之比肩。既然如此，先打败古尔德，再将战利品租给他，无疑是摩根最明智的选择。

从数字估值上，后人看到这个不寻常决定的起因端倪。当时，特拉华·哈德逊运河公司同意接受 AS 铁路公司 700 万美元的估价，并每年支付 7% 即 49 万美元的租息。而此前，AS 铁路公司一年的经营额包括成本在内，才达到 45 万美元。选择这笔交易，摩根不需要再花费成本去管理经营 AS 铁路，就能坐拥更多收益，他又怎么会因为私人感情或者对方形象问题，而放过这一大好机会？

无论如何，战果都是丰盛的。摩根家族第一次接触美国铁路兼并业务就初战告捷，引来了更多关注。当时的媒体如此评价说："摩根作为一个企业统治者，同当代最具有实力、拥有各种手段的金融资本家对抗，并取得了他的胜利，由此奠定了此后纵横于商业舞台的坚实基础。"

父亲吉诺斯对这次商业斗争的成功非常满意。此前，摩根的投机行为曾让老摩根愤怒，但现在的他，为了保护 AS 公司股东的利益，巧妙选择了战略战术，击败了阴险狡诈的古尔德，在拿到公司之后，又反手租赁给曾经的敌人，坐享长期收益。摩根在整个斗争过程中的表现，显得成熟、理性、游刃有余，他早已不是当年利用信息差赚个几万美元的年轻人，而是有立场与原则的金融家。

摩根的变化，与其个人事业的发展有很大关系。根据当时颇有名望的 RG 邓恩公司调查报告显示，摩根的个人资本净值已达到 60 万～70 万美元，这个数字相比其父亲的 500 万～800 万美元资本净值还相去甚远，但在年轻金融家中已属一流。

摩根的财富增长曲线逐渐向上攀升，他个人对商业、社会的看法也不断成熟，行事手腕越发娴熟。这一切，都让他在铁路领域初次出场，就荣获了赢家的光环，引发全美的关注。

尽管如此，摩根性格的底色却没有变。很快，他就想摆脱父亲曾为他设置的羁绊，去寻找更大、更自由的舞台。

为卡内基注资

AS铁路争夺战的胜利,是摩根真正独立取得的第一次商业竞争胜利。尽管这次胜利多少有着对手战略性退缩的因素,但吉诺斯还是对儿子的表现很满意。与此同时,也有一些负面声音传到了吉诺斯耳畔。声音的核心内容只有一个:摩根翅膀硬了,想要将父亲给他安排的人全部从公司中赶出去。

在AS铁路争夺战之后,他就着手将其妹夫乔治从公司里赶走,因为他们几乎对任何事情都持相反看法。他觉得达布尼也没有什么用了,因为此时的他不需要一位老师身份的合伙人来瓜分利润。甚至对表兄吉姆·古德温,摩根也表现出距离感,他开始个人私存父亲从伦敦发来的商务信件,因此连吉姆也无从得知老摩根在书信中的工作指示。

吉姆对这些情况感到不满,他直言不讳地写信给吉诺斯,希望他能从企业经营和血脉关联的角度,同时引导摩根有所改变。但吉诺斯并没有给他以正式答复,在摩根和吉姆两者之间,他显然还是更信任前者的能力与态度。不久之后,吉诺斯觉得暂时将问题搁置起来还不够,他反过来警告外甥吉姆说,不管遇到什么风波,都不应轻举妄动,而是要帮助摩根。

暂时安定好摩根这边的人事问题,吉诺斯继续精心策划了一系列风险投资活动。其中最为后人称道的,是代表家族与安德鲁·卡内基的初次合作。

卡内基有着传奇般的奋斗历程。19～20世纪之间,他的名字,在美国几乎是"白手起家成为富豪"的含义代表。与摩根这种代际相传的家族不同,卡内基的父亲只是普通的苏格兰裔纺织工人。12岁时,他跟随父母移民到美国的宾夕法尼亚州,后来进入了宾州铁路公司工作。由于勤勉、忠诚和能干,1858年,他在24岁时,就荣升为公司驻匹兹堡分部的主管。在这个位置上,他更加长袖善舞,在10年间积累了价值40万美元的资产,其中还包括一家桥梁建筑公司。

1869年,卡内基打算用这家建筑公司,承接跨越密西西比河铁路桥的工程项目。对这座新大桥,他抱有很高的期待,他相信这座桥会比其他大桥更坚固。由于具备宾州铁路公司的强大背景,卡内基的建筑公司赢得了项目合同。

卡内基招募了最好的设计师,给他们充分的工作权力。最终,设计师拿出的项目规划相当庞大,大桥桥墩会沉入湍急河底280米深,3个重型金属拱架会构建在桥墩上,支撑起整座大桥。计划公之于众后,很多人并不看好,他们语带讽刺地评论道,卡内基想要完成这样的项目,估计起码要耗资700万美元,费时700年才能建成。

这种批评充满了典型的美国味道,显得尖刻夸张。但其中不乏真实成分,那就是卡内基必须为这座大桥准备充分的资金。

1870年3月,为获得资金,卡内基将项目计划交到了吉诺斯手中。两人初次见面,卡内基就充分展示出其耿直坦率的特点。他没有张口就谈项目投资和收益,而是坚定地宣称,这座大桥一定会成功,会利用技术体现美国人的聪明才智,并能在交通上成为横跨大陆铁路干线上的"收费站",促进所有相关产业的发展。

卡内基的秉性,非常对吉诺斯的投资胃口。他最终决定,以85%的发行折扣,买下卡内基价值高达100万美元的大桥债券。

吉诺斯的判断完全无误。当卡内基有了充足资金后,大桥建造的质量和速度突飞猛进。他没有用700年,而是只用了4年,就让这座伊利诺伊-圣路易斯铁路大桥正式通车。尴尬的是,尽管铁路通车,但经济大环境却不如人意。美国正在迎来又一次经济萧条,铁路交通运输量直线下降。卡内基的建筑公司无法从大桥中获得收益，他们只能再次从其他银行贷款，偿还应该付给摩根家族的利息。尽管如此，吉诺斯还是认定卡内基的眼光和才能。他没有放弃卡内基，而是继续为他贷款出资，帮助他建造其他的桥梁和铁路项目，以期尽早收回成本、实现盈利。

有吉诺斯这样的"金主"支持，卡内基得以不断对铁路经济的深入研究。他逐渐意识到，与铁路密切相关的冶炼企业，蕴藏着更多机会。钢产品不仅可运用于铁路，其持久耐用的特性，迟早必然取代铁，而获得大规模运用。于是，卡内基利用利润，加上吉诺斯的贷款，开办了数家大型钢厂，并迅速提高产量。

1876 年，卡内基写信给吉诺斯报告商业项目进展，他不无炫耀地说："目前，我们已经获得了巨大成功。之前我每一项乐观的预料，都得到了更多证实。现在，我们生产的钢轨，每吨成本还不到 50 美元。"

卡内基确实有足够的资本来支撑他的炫耀。他已经在这个行业内取得了最低成本，能随时在必要的情况下，通过低价抛售产品来抢占市场。尽管美国政府的关税政策保护着这一新兴工业，卡内基还是底气十足地向外界宣布，即便关税完全废除了，欧洲的钢轨还是不可能运到美国西部来参与竞争。

卡内基通过吉诺斯获得了最初的资本。不过，钢厂的优势在于投产后不必像铁路那样，不断注入大量资金。卡内基很快在这个行业赚取了丰厚利润，并逐渐摆脱了对金融贷款的依赖。到 1876 年时，他又为美国建国百年庆典的"费城百年博览会"承办了半个展区。两年后，他获得了布鲁克林大桥的合同。到 1885 年，全美国工业所使用的钢材，大多出自其钢厂，卡内基一时成了钢铁行业的垄断霸主。

卡内基在钢铁行业链条上探索时，还是会和摩根这个姓氏发生联系。当时，他打算创办第一家轧钢厂。由于信任，他又一次找到了摩根家族，不过，接待他的已经变成摩根。

卡内基在摩根的公司存有 5 万美元。但他提出，摩根家族之前还曾经代理出售过他在一条铁路中的股权,价格为 1 万美元。因此,能直接划入他名下的股本是 6 万美元。

摩根毫不介意,并解释说,公司算错了他的账目,还要赔付他 1 万美元以表歉意,总共股本是 7 万美元。

卡内基并不打算接受这样正式的道歉,他说:"您能不能看在我良好祝愿的份上,拿回这 1 万美元?"

但摩根斩钉截铁地说道:"不,不能。"

多年后,已经退休的卡内基将这件事写进自传,说明这件事给他留下了深刻印象。他说,自己就是在此时决定,今后无论是在什么样的竞争场合,都不会和摩根家族对抗。尽管此后摩根和卡内基的名字,还会再次被金钱和生意联系起来,尽管卡内基尊重传统睿智的吉诺斯,却对摩根个人有所看法,但是,镀金时代中最杰出的两个名字,由于彼此的信任和尊重,产生了良好而长远的私人关系。卡内基既是摩根家族投资的受益者,也是他们代际继承的见证人,正是对国家与社会的责任感和对财富梦想的追逐,将这些精英紧密连接,共同描画出千变万化的美国梦。

成熟与蜕变

1869年秋季后,摩根将大部分时间花在 AS 铁路的争夺战上。直到年底,AS 铁路的命运才最终敲定。此时,摩根的个人财富更为殷实,家庭环境也发生了重大变化。他购买了自己的第一幢房子,位于纽约东 14 大街 6 号,这里紧挨着富豪威廉·范德比尔特的宅邸,与纽约的大部分宅邸格局类似,拥有狭长形的起居室、卧室和宽敞的客厅。摩根和妻子买了全套的名贵家具、纯毛地毯、大烛台、观赏鱼和风景画,将房子布置得舒适宜人而充满温馨。

摩根享受着金钱带来的人生乐趣,但也懂得如何避免被金钱拖入命运的泥沼。尤其是美国金融界随后发生的事情,更为他上了深刻的一课。

1869年夏,古尔德集团开始将商业注意力从 AS 铁路争夺战中转移出来。古尔德并不想和摩根家族迎面冲撞,因此只是让菲克斯在股东会中搅局,而他自己,则投入到黄金市场投机中。古尔德想方设法接近了当时的美国总统格兰特,并从他身上打开投机的捷径。

格兰特总统来自俄亥俄州的农村地区。他的父亲是一位普通的鞣皮工匠,而他自己则毕业于军事士官学校。内战时,他作为北军将军,立下赫赫战功,并因此积累了政治威望进入白宫。但在政治上,他堪称毫无经验,导致政坛风气日益下降,贪污腐败案件层出不穷。在工业上,他自知不是财阀们的对手,采取了放任态度。但对于农业,他自认非常了解,因此相当热心。

古尔德抓住格兰特总统的脾性，建议他禁止黄金买卖。古尔德的理由冠冕堂皇：为了让美国的谷物能更好外销，应该让华尔街的投机者们无法投机黄金。这样，来自欧洲大陆的批量资金，必然会流入美国的谷物市场，也就大大拓宽了谷物的销路。

格兰特是资深的军事将领，但对商战，他几乎一无所知。其实，古尔德的建议计划绝非出于爱国，而是为了从中获取自己的地盘。他密谋首先大量购进谷物，其次再散布美国谷物将大受市场欢迎的信息，引发谷物的运输热潮，这样，自己的铁路系统就能大赚一笔。随后，他还要趁低价在华尔街购入大批黄金，等格兰特下达黄金买卖禁令，自己又能从暴涨的黄金市场大赚一笔。

古尔德不断收购黄金，导致金价迅速上涨。菲斯克也不甘落后，同样购入黄金，但菲斯克最终将死在自己的老搭档手中。

随着黄金价格疯涨，格兰特总统逐渐清醒过来，他担心黄金不足导致经济恐慌，于是启动政府出面干预程序，准备在市场上大量抛售黄金。古尔德率先察觉到白宫的这一政策变化，但阴险狡诈的他，没有向任何人透露消息，对老搭档菲斯克也守口如瓶。蒙在鼓里的菲斯克不断买入黄金，但灭顶之灾随即到来。9月24日星期五，黄金市场的买入需求量高达2.5亿美元，部分银行开始出售黄金。随后，白宫发布消息，宣称美国财政部也将要出售黄金。古尔德也开始兴风作浪，不断抛售黄金……

当天中午，黄金价格开始迅速下跌，随后的两周内，黄金价格暴跌导致华尔街的恐慌，成为历史上"黑色星期五"的最初来历。在这次黄金危机中，众多金融机构和投机者损失惨重，其中包括曾拥有500万美元资产、25年经营历史的洛克伍德公司的破产，也导致许多中小银行的消失。勉强逃过一劫的银行，也或多或少面临信誉受损的风险，银行家和债券发售人不得不调整利率，确保自身生存。

巨大的利益损失重压下，许多投机者将复仇箭头瞄准了古尔德集团。破产负债的人们孤注一掷，手持武器，到处追杀古尔德和菲斯克。

尽管菲斯克本人在这次金融投机中偷鸡不成蚀把米，也遭到古尔德的摆布而损失惨重，但人们认定他是古尔德的帮凶，因此他也成为报复的对象。

不久，菲斯克在一家饭店被愤怒的追杀者击毙。对于一个始终相信暴力、敲诈、暗箱操作的野蛮投机者而言，这恐怕是最具讽刺意味的结局。

格兰特总统对本次黄金风暴负有不可推卸的责任，他随后卸任并隐退，开始周游世界各地。后来，他也学着去炒股票，但他并不适合金融投机，最终赔得倾家荡产，在癌症折磨中离开人世。

摩根端坐在真皮座椅上，平静地目睹着这些纷扰杂乱的景象，任其一幕幕如电影般闪过。在这次黄金动荡中，达布尼－摩根公司一片平静，按照他的要求，公司既没有在黄金暴涨时盲目跟进，更没有在暴跌时蒙受损失。摩根早在1864年就已经接受了教训，虽然在那次对黄金市场的操纵中，他获益匪浅，但父亲的教诲还是使他决定远离这种冒险投机。因此，他不仅避免了像华尔街上其他人那样蒙受损失，而且获得了AS铁路的控制权，更重要的是，摩根家族稳重可信的市场交易态度，从此取代了之前对他的批评声音，逐步形成了摩根在美国金融界个人声誉的底色。

摩根成熟了，但此时他却忽然萌发了急流勇退的想法。其中很大原因来自社会环境，而部分原因则来自家庭。1870年7月19日，他的第三个孩子朱丽叶·摩根出生了，他喜欢孩子们，希望能将更多时间花费在家人身上，也包括关心与自己爱好兴趣并不一致的妻子。与此同时，他更有些厌倦生意场接触到的种种乱象。

此时的美国，到处都弥漫着金钱与贪腐的味道。铁路业主对执法者光明正大地行贿，商人和承包商与议员们眉来眼去，法官们则分成不同派系，背后分别是不同的"金主"。这些乱象之下，则是商界无处不在的尔虞我诈和共同欺骗，合伙人之间钩心斗角、相互提防，而当他们面对共同的客户或竞争对手时，又像豺狼那样联手合作，追腥逐臭……

摩根对类似现象感到不解，他认为全社会道德水平的低下，加上美国政府与司法系统的效率问题，带来了这些混乱局面，并尤其集中体现在铁路和金融界。

　　摩根的健康状况也不容乐观。他脸上时常会出疹子，鼻子也开始变大，还曾经晕倒过几次。他对自己的身体不满意，进而感到生活乏味枯燥。他开始逐渐对文化活动感兴趣，例如，他开始作为圣乔治教堂的世俗代表，参加主教集会。他也和合作者共同筹建美国自然历史博物馆，这个新博物馆将建立在纽约中央公园的东侧。

　　为了排解压力，摩根时常写信给父亲抱怨。吉诺斯表示理解他的想法，但他暂时还无从提供解决方案，因为这位摩根家族的领主，正忙于一桩新的重大生意——普法战争。

普法战争的"金主"

在欧洲,吉诺斯领导的 J.S. 摩根公司,长期面对着罗斯柴尔德公司和巴林兄弟公司的竞争。这两家公司各自赢得了多次担纲国家财政经营重任的机会,并从中收割了利润与商誉,积累了丰厚的政治影响。相比于以家族形式延续多年的这两家公司,吉诺斯·摩根只是从无儿无女的皮博迪手中继承了他的公司,显得略逊一筹。他几乎无时无刻不在梦想如何获得反超的机会,以便将公司业务的基本盘拓展得更大,将更广阔的金融领土,交给儿子摩根。

1870 年,吉诺斯拿下政府融资订单的机会终于到了,这将是他一生中的高光时刻,也会在日后影响到摩根的事业高度,进而奠定整个摩根家族的腾飞基础。

这一年 9 月 2 日,普法战争全面爆发。随着战争推进,普鲁士军队在色当击败了法军,俘虏战前高傲自大的拿破仑三世和麦克马洪元帅。随后,普军乘胜追击,包围了巴黎城。巴黎方面则宣布废除帝制,建立了七人防御委员会领导民众包围巴黎。其余部分政府官员撤退到图尔,在梯也尔领导下,成立了第三共和国政府。

随后的日子里,巴黎被 25 万普鲁士军队重重包围,这座孤城表现得异常坚强,不仅没有投降,反而在寻求贷款组建军队。事实上,此时的法国有足够对抗普鲁士人的物资和武器,他们只是需要一笔庞大军费以征兵组建军队。

但法国向谁贷款呢？

从普鲁士统一之后，铁血宰相俾斯麦就始终将法国看作最大的敌人，法国每一步融资几乎都被他运用多种手段横加阻挠。由于巴林银行和普鲁士有着密切的业务关系，此时的法国临时政府想要向其贷款，势必难如登天。罗斯柴尔德银行则认为法国胜利无望，更不愿意放款。

法国临时政府风雨飘摇，放眼欧洲找不到愿意放款的银行，此时，吉诺斯进入了他们的挑选行列中。

多年来，吉诺斯在欧洲金融圈屈居于罗斯柴尔德和巴林家族之后，等待着世纪级别的机会。他深信，这就是自己想要的机会。

吉诺斯相信，普鲁士的目标是为了通过崛起，实现对德意志的统一。因此，俾斯麦的计划并不是将法国置于死地。更何况，法国本身的抵抗力也很强大，不说别人，就是那个坐热气球逃出巴黎的律师甘必大[1]，也非常了不起。这样的传统强国，即便战败，也不可能永远一蹶不振。更何况，吉诺斯研究了法国的金融历史，他发现，自从大革命以来，法国历届政府从来没有拖欠债款的记录，这强化了他借款的信心。

机会永远属于有准备者。在之前对法业务中，法国临时政府首脑梯也尔与吉诺斯有过一面之缘。很快，梯也尔的电报放到了吉诺斯的桌前，吉诺斯立即启程前往图尔城，会见了梯也尔的特别代表。

会晤地点定在一家严肃、安静而保密的酒店，光线昏暗，帷幔低垂，仿佛昭示着法国所面临的前途。代表首先通报了当前形势，表明政府已经在和普鲁士方面进行和谈，对方暂时不会阻拦贷款事宜。

吉诺斯沉默地听完，点了点头，直截了当地问道："那么，梯也尔先生认为，本次需要我们帮助发行多少国债？"

"大概是 2.5 亿法郎。"特别代表说道。

---

[1]莱昂·甘必大：法国第二帝国末期和第三共和国初期著名共和派政治家，资产阶级共和党人，曾担任过国防政府成员，后担任内阁总理和外交部长。他为建立和巩固第三共和国作出了重要贡献。

吉诺斯着实惊讶了几秒钟，但这个数字并没有完全超出他的想象。虽然数额有点儿大，吉诺斯依然有信心将其拿下。

"就这么定了，2.5亿法郎！"吉诺斯果断地接下了这个任务。他知道，如果自己过分推脱或讨价还价，法国政府就很可能跳过自己的家族，将机会给予下一个幸运儿，而这恰恰是他不想看到的事情。

特别代表本来准备了一番讨价还价，但此时却对事情的顺利表现得无法相信。他愣了一愣，问道："摩根先生，您愿意以什么样的条件，完成这个发行任务呢？"

吉诺斯知道，自己只要开出不算太苛刻的条件，对方就会同意。他稍一思考，说道："年利率6%，发行指数[1]为85%。"

果然，特别代表很快带来好消息，梯也尔同意了这次国债合作。

摩根很快知道了这个消息，他为父亲的成功感到惊喜。2.5亿法郎，相当于当时的5000万美元，在那时这几乎是一个天文数字。即便是当初法国将整个路易斯安那州的广阔土地卖给美国，也只要价1500万美元。摩根相信，为了赢得家族的未来，父亲无疑是投入了一场巨大的赌博中。但他更相信，以父亲谨慎的性格，没有必胜的把握，父亲不可能轻易出手。

吉诺斯通知儿子，准备设法将法国国债的一半，推向美国和加拿大加以消化。吉诺斯又指示说，如此大的销售数目，对家族而言负担过重。为此，必须要将国内金融机构联合起来，成立辛迪加[2]，形成法国国债承销组织，以集体销售这笔国债，同时分散参与者的风险。

---

[1] 债券发行，可分平价发行、溢价发行和折价发行。折价发行指债券发行价格低于债券票面额，但偿还时应按票面额偿还本金。发行指数85%，是指折价15%后发行。

[2] 辛迪加是一种垄断组织形式。参加辛迪加的企业在生产经营和法律地位上保持独立性，但在商业上，则受制于整体而不能独立行动。各参加者虽然名义上能脱离辛迪加，但事实上已很困难。

摩根对此非常赞同，他立即开始着手联系北美多家银行，打造这一肩负特殊使命的辛迪加。

消息传出后，从伦敦到纽约，各种反对的声音来势汹汹。不少人认为，摩根父子将承销法国国债的风险通过辛迪加形式，分散给多数的投资金融家，再进一步分散给普通大众，简直是用心狠毒。如果最终国债销售和还款顺利，赚钱的将是以摩根家族为主。但是，国债万一出现风险，辛迪加就会引发巨大不良反应，危害程度会显著增加，受损的将是大多数人。

舆论压力在增大，时局发展看起来也对摩根不利。最初，拿到军费的法国军队似乎即将打破普鲁士军队对巴黎的包围圈。但随后，贝赞恩上将带着他的17万士兵，对普鲁士不战而降，俾斯麦得以抽调更多军队围攻巴黎。

1871年1月，在坚持了4个月后，巴黎终于向俾斯麦投降，接受了苛刻的战败条件。3月，群情激奋的巴黎民众攻入凡尔赛宫，建立了世界上第一个无产阶级政府，即巴黎公社，梯也尔慌不择路，逃出巴黎。

伴随着法国局势的动荡，摩根父子所销售的债权，看起来几乎要变成废纸了。这些债券原本面值为85元，现在已经跌到55元。

吉诺斯·摩根不为所动，他不相信自己研究已久的预测结果会是这样。对英国、普鲁士以及欧洲各国态度的分析判断，让他坚信法国必然会重建。于是，他开始要求摩根在市场上大量买入，只要是法国国债，无论是何种价格，都全部吃进。为此，摩根几乎将手中能动用的资金全部投入了进去。

吉诺斯的分析准确无误，他对法国国运的赌博成功了。5月，梯也尔带着凡尔赛的法军反扑进入巴黎，公社被残酷镇压。法兰西第三共和国局面重新稳固。金融阵线上支持法国的摩根父子，成为该国上下倍加尊重的人物。自然，原来的国债债券价格也大幅回升，父子俩赚得盆满钵满。

1871年6月，法兰西第三共和国政府再次提出，用5%的利润，借款 21 亿法郎，承销机构依然是吉诺斯的公司。这一次，欧洲银行家们看清楚了局面，不愿错过好机会，在短短几天之内，债券就被认购一空。

1875 年，法国第三共和国政府开始按照票面价值，兑付 1870 年发行的全部债券。不到 5 年的时间里，摩根父子总获利数额有 150 万英镑之多。

在普法战争中，摩根家族凭借突出的战略眼光、稳定的运营心态和老练的操作手法，受到了罗斯柴尔德、巴林这些大家族的认可与尊敬，终于开始真正跻身于欧洲财富家族之列。

第四章

金融界新势力

尽管如此,这次与库克的对抗与合作,还是彰显了摩根的成长。无论家人、朋友,还是对手,都目睹了摩根在35岁时,就有了和美国总统、财政部长以及老一辈金融巨头进行谈判的地位和实力,并真正坐到了代表国家利益的餐桌旁,面对金光耀眼的"蛋糕"举起刀叉。相反,父亲却只能跟随其后,甚至还要听儿子的安排。这样的变化,让所有人在吃惊之余,也对摩根另眼相看。

和德雷克塞尔联手

曾为摩根计算个人资本净值的邓恩公司，是美国当时著名的商业征信机构，专门为投资者搜集并提供感兴趣的情报。这些报告大到一家企业的股权构成、策略变动、资本增减，小到企业家的家族背景、成长履历、个人爱好，几乎无所不包，将其罗列起来，俨然是美国商业界的百科全书。

在评价摩根时，邓恩公司的报告内容表现出两大内容倾向：一方面是赞誉的，称赞摩根"性格优秀、能力出众、精明强干、感觉敏锐"，家中总是"车水马龙、高朋满座"；另一方面，报告认为他"时常固执己见，有时候在细枝末节方面行为乖僻，表现出特有的傲慢态度，有可能使其本人乃至家族都不得人心"。

报告中赞誉的内容，让吉诺斯·摩根满心欢喜。无论是权贵还是平民，没有人不希望孩子受到由衷称赞。但后一部分，显然击中了老父亲敏感的心脏，因为其中每个字都指出了摩根的性格问题。

早在邓肯－舍尔曼商行时，两位大合伙人就对摩根提出批评，认为他和同事相处时态度过于"尖锐和褊狭"。这曾经让吉诺斯感到忧心忡忡，生怕儿子由于类似的问题，在事业发展过程中遭遇问题。

今天，摩根的生意越做越大，他的脾气却并没有好转，反而加快了他清理人事的速度。父亲并未支持摩根越来越专制的动向，但他同样表达出微妙的默认意味。于是，摩根直接宣布结果。

1871年初，查尔斯·达布尼正式宣布自己将在7月1日从公司辞职，摩根立刻以非常官方的形式，通知了妹夫乔治·摩根和表弟吉姆·古德温。令他们感到震惊的是，在通知此事后，摩根也顺势提出，自己也退出公司。

摩根退出公司的理由很简单，即外部需要和健康原因。他表明，虽然自己不愿意，但有人强烈敦促他必须采取行动，从现在的责任与生意中退出，至少是暂时退出，以便得到一段时间的休息。但摩根对"有人"的解释语焉不详，他并没有说这个人到底是负责他健康的医生，还是关心他的家人。他只是强调，自己在公司中与合伙人存在冲突，而他也没有必要继续工作下去。在镀金时代中，很多美国的其他"富二代""富三代"们根本不去管理企业，他们将大把的时间和金钱花费在狩猎、赛马、游艇、旅游、宴会、欢饮上，那些愿意打理企业、追求商业梦想的人，绝大多数都是卡内基这样的平民子弟。摩根则是那种少见的富豪继承者，在家族影响和宗教信仰的支配下，他反对一味安逸闲暇的生活，即便早已财务自由，他依然具有强烈的工作责任心和动力。但如果总是既要面对公司的内耗，又要迎接来自伦敦的强大压力，他似乎也想要做出姿态，放弃原本的责任与束缚。

吉诺斯不希望儿子在此时退出。为了能在更大范围上建立金融事业版图，他热切地渴望能在美国市场上有进一步的作为，而不能就此收缩。在宏伟版图架构下，他在纽约的"自己人"注定不可动摇，只能是摩根，即便牺牲乔治、吉姆这样的角色，他也并不在乎。但吉诺斯的底线是，他必须要找到真正能代替达布尼的合伙人，继续履行制衡摩根的使命。

1871年初，很偶然的情况下，吉诺斯发现了自己所需要的人选，他便是来自著名的费城金融家族的德雷克塞尔。

德雷克塞尔三兄弟出生于奥地利裔的天主教家庭，三兄弟分别是弗朗西斯、安东尼和约瑟夫。作为私营金融家，他们经营着国际贸易业务，不仅在纽约和巴黎拥有分公司，和德国也有良好的贸易关系。这个家族的资产净值大约为700万美元，与吉诺斯·摩根的实力大致相当，在美国的公司年平均利润达到 35 万美元，也和摩根平起平坐。

1870 年底，45 岁的安东尼·德雷克塞尔击败了费城的对手杰伊·库克，拿下了宾州铁路公司的订单。此时，他需要寻找更具备实力的合作人选，以便在欧洲拓展贷款资源。由于在此之前，他和吉诺斯·摩根的公司有过生意往来，非常认可其实力，于是向摩根家族抛出了橄榄枝。吉诺斯立刻抓住机会，建议两家公司联营，凭借双方分别在费城和伦敦建立的强大根基，共同构筑在欧洲和美国的联合事业。摩根，将是这次联营中一枚关键的棋子。

1871 年 3 月，阳春初至，万物萌生。摩根收拾退意，来到宾州的费城。在安东尼·德雷克塞尔的宅邸里，他见到了比自己年长 12 岁的主人。经过双方一番讨论并由吉诺斯授权，决定成立德雷克塞尔－摩根公司。这家公司设在纽约，由摩根担任高级合伙人，安东尼·德雷克塞尔、约瑟夫·德雷克塞尔以及另一位银行家洛里斯·鲁滨逊，都将作为合伙人参与公司管理。

吉诺斯的这一招相当高明。吉诺斯知道摩根翅膀越来越硬，总是想把他拴住并非好事，与其让他和身边的合伙人内耗，不如索性让他独当一面。同时，吉诺斯选择的德雷克塞尔兄弟，无论是家族名声还是个人能力上，与现在的摩根都堪称匹配。双方的距离既不至于近到让摩根喘不过气，又不至于远到失去对其制衡，更不会导致德雷克塞尔打着摩根家族的名义随意行动。这样摩根就能获得更大的自主权，而家族的金融生意也将拥有新的强力合作者。

摩根高兴地接受了新的合伙关系，对父亲的安排也非常感激。终其一生，摩根从不否认自己对父亲曾有过的依赖，他告诉别人："如果我在自己的人生旅途中取得了什么成就，我最应该感谢的就是父亲的朋友们所给我的支持。"[1]

---

[1] 卡罗索著：《摩根人》（Moragns），第 142 页。

父亲告诉他，他将和德雷克塞尔三兄弟在费城、纽约进行密切合作；但父亲同时又告诉他，他必须服从自己的命令。作为奖励和安慰，摩根可以先休假一年。

当摩根回到纽约之后，他更清楚地告诉吉姆和乔治，自己即将退出公司，并将对公司进行清算。实际上，摩根保留了真相，他没有说出父亲正在实施的新联合计划，而是抓住自己在两个月前的"事先告知"大做文章。为了让这个决定看起来更合理，他流露出很不情愿的姿态，表示自己离职并非为了个人，而是为了"那些与我最亲近的人，我必须尊重和保护他们的利益"。这句话看起来是指其妻子儿女，但也可以理解成他父亲的银行业务。当然，他也强调，自己需要休息，"即便为此冒着牺牲我过去十年和你们一起努力取得的业务成果与地位，也在所不惜"。他甚至满怀忧虑，表示怀疑自己是否还能再次以过去那种满腔热忱，投入到事业当中。

这样的一番演说，即便没有真正打动心有疑虑的乔治和吉姆，也让他们确实无话可说。不久之后，吉诺斯批准了摩根的辞职，公司进行了清算，乔治·摩根和吉姆·古德温分别进入新的岗位。

德雷克塞尔－摩根公司，在 1871 年 7 月 1 日，正式于华尔街 53 号交易厅举行了营业仪式。摩根则依照与父亲的约定，和其家人出国度假，休养一年。即便如此，他的心思依然时不时飞回国内，飞回公司，他知道，新的合伙生意并非注定坦途。

旅行归来

1871年7月中旬,摩根偕全家人乘班船"斯科特"号,横渡大西洋来到伦敦,住进王子大街13号的公寓。在这里,他可以轻松地俯瞰绿树如茵的海德公园。

摩根休息了好几天。他有些紧张而焦虑,睡眠也不太好。他的身体状况在伦敦并没有好转。

此时,父亲吉诺斯的业务依旧忙碌,他忙着处理销售美国政府债券、铁路公司债券,还接受着美国企业购买铁轨汇票的承兑,等等。这种紧张气氛,使摩根依然感觉身处工作中,无法完全放松。

很快,摩根夫妇和孩子们乘坐联运火车去往巴黎。在这里没多久,摩根难以忍受城市的嘈杂,于是他又和家人收拾行李,去了著名的温泉疗养地卡尔斯贝德。在那里,摩根得到了医生的建议,他学着长时间健步行走、在温泉中洗浴、节制吸烟和喝酒、确保充足睡眠、按摩和矿泉水饮用疗法,等等。做完这些,摩根感觉自己好多了。

不久后,全家人又来到了奥地利,参观了因斯布鲁克、维也纳。秋季来临时,他们向南穿过博拉里,进入意大利。11月之前,他们抵达罗马。在这里,摩根决定去埃及过冬。1872年1月,他包下一艘尼罗河上传统的三角帆船,开始沿河而上的旅行。但这种船行驶缓慢,让摩根很恼火,于是他们换乘了一艘汽船,驶达了第一个大瀑布,随后返回。

正是这次旅行，让摩根对埃及这片古老而神秘的土地产生了良好印象。此后，他还将多次返回这里，并称这里为"我心爱的埃及"。

希腊历史学家希罗多德早在公元前 5 世纪就记述过埃及，1789 年拿破仑入侵后，欧洲人开始关注这个国家，并随即开始了漫长的艺术品盗取过程。到 1871 年时，苏伊士运河已经开通，美国探险家托马斯·库克组织队伍，沿尼罗河上溯而行，开始了在埃及的第一次远征。摩根就是在这样的背景下抵达埃及的。

在这里，摩根乘船穿过了草木丰茂的尼罗河流域，河流两岸泥筑的村舍、星罗棋布的苜蓿地和大麦田、成群走动的鸭鹅，仿佛上千年来都没有变过。摩根家人还参观了古代金字塔和皇宫神庙的遗址，游历了吉萨、孟菲斯、卡尔奈克和底比斯这些著名旅游地点。

这年 4 月，摩根和家人重新回到巴黎旺多姆广场的布里斯托尔饭店。这家饭店是当时巴黎最高档的饭店之一，拥有私人餐厅、客厅和浴室。在这里，家人们为摩根庆祝了 35 周岁生日。从此以后，摩根每次来到巴黎，都会选择下榻在布里斯托尔饭店。

5 月初，摩根回到伦敦，陪父亲住了一段时间。6 月份，他陪父亲去了德国维尔德巴特温泉区，进行了最后一段时间的调整。8 月，他携带家眷，重返纽约家中。

纽约的家，此时已完全变了。在 1871 年出发前，摩根看中了福尔斯高地的一家大庄园，并委托人买下。这个庄园始建于 1859 年，房舍属木质结构，位居一座小山丘上，俯瞰哈德逊河。河对岸，居住的大多是上流阶层，被称为"富豪之地"，而在庄园这边，则缺乏时尚感。整个农场的面积有 368 英亩，包括畜棚、牛奶场。

随后几年，摩根将这里逐渐改造成为典型的英式乡村庄园。户外，他让人清理了乱石和树丛，铺设了宽阔的草坪，从山坡一直延伸到河边。在那里，他让花匠种植了成千上万株水仙，与房屋周围的遍地杜鹃交相争艳。他在庄园设立了网球场、马厩、犬舍、池塘、菜窖、暖房、葡萄园、果园、花园，还有专用的马车库。

摩根在房子里到处都装饰了油画和英国式家居，还有绽放的鲜花、盆栽植物、波斯地毯，以及妻子范妮喜欢的朴素感很强的轧光印花棉布。

除了家的变化，办公地点也发生了改变。

1873年，德雷克塞尔－摩根公司位于华尔街23号的新办公楼落成了。这栋大楼为白色大理石建筑物，共有6层，向西面对着纽约证券交易所，向北面对着美国国库分库大楼。这栋新大楼很快被华尔街的人们取了昵称，称为"拐角"（Corner）。这个单词在证券市场的行话中又指"垄断"，听起来颇具深意。

旅行归来，安顿好庄园，摩根身心健康、精力十足，他很快投入到新的工作中去。这一次，他的竞争对手将是大名鼎鼎的杰伊·库克。

1821年，杰伊·库克出生于俄亥俄州的圣度斯基。他的家族早在1638年从英国移民到美国，定居在马萨诸塞州。从美国独立战争到后来的美英战争，库克家族都有过长期的服役史，彰显着家族一贯强烈的爱国传统。

1839年，库克加入了克拉克－道奇公司。仅仅一年之后，他就凭借鉴别真假银行券的过硬技术，成为公司里不可或缺的专家。同时，他还担任了费城《每日记事》的货币市场专栏写作者，这让他成为具有新闻写作名气的金融从业者。凭借此时积累的经验和关系，库克在南北战争时期成立了自己的商号，为政府组织发行债券募集资金。

库克有过人的金融才能，也有强烈的爱国主义倾向。更重要的是，这位文采斐然的投资者，很懂得售卖爱国主义情怀。他的成名之作，就是仅在南北战争初期就为宾夕法尼亚州政府发行了300万美元的债券，此时，宾州政府已经负债高达4000万美元。尽管战争的阴影依然笼罩在美国大地，库克却动用了大批宣传资源，到处鼓舞北方群众和海外侨民购买债券。每购买一份债券，犹如赢得一枚爱国勋章，宾州政府债券的发行，就是在这样亢奋的基调上获得了巨大成功。

随后，库克更进一步，承担了联邦政府战争债券发行的承销机会。他以同样鲜明的家国民族情怀，再次将政府债券倾销一空，自己也赚得盆满钵满。其中最漂亮的一招,在于他并没有将希望寄托在欧陆市场,而是全力开拓德裔美国人的购买力。库克知道,这些德国移民基本上集中居住在美国北部,南北战争打响后,这些移民非常希望北方取胜,进而推行工业革命。因此,他们才是最热烈购买内战债券的精准客户。

两次成功的表演,让库克营建了强大的政府关系人脉,在民间也有着良好口碑。

库克木秀于林,让美国金融界的成员相当不满,以摩根为首的银行家们,开始谋划打破他的垄断。随着旅行结束,重新调整了状态的摩根,很快就要着手与库克之间的斗争。

新"蛋糕"的新分法

1872 年,美国联邦政府打算发行新的债券,这为摩根挑战库克提供了机会。

在内战期间,联邦政府财政部为了让债券更具吸引力,给出 6% 的高利率利息,并做出 5 年之后开始支付利息的承诺。内战结束 5 年后,财政部想要减轻高达 28 亿美元的国债负担,于是国会决定以 4% 和 5% 的利率,发行新债券来偿还旧债券。1870 年,4% 和 5% 利率的新债券开始出台。

新债券的销售收益,将直接进入国家银行,当存款达到一定数额后,财政部就会用这笔资金回购战时债券。通过这种方式,联邦政府不但能减少原有债券的支付利息,还能帮助建立国家黄金储备,用于恢复单一货币本位制。

1870 年的这笔债券,并没有交给库克单独承销。财政部长乔治·鲍特韦尔选择了数百家不同的机构和银行代理,摩根父子的银行名列其中。当时,所有代理商都发现经营其他业务赚钱更多,而联邦政府债券的销售佣金又太低,因此大多兴趣索然。销售时间结束后,在美国只卖出 2000 万美元,在英国也只认购了 8000 万美元。

销售业绩并不理想,鲍特韦尔只得再次启用库克。库克使用的方法与吉诺斯销售法国国债如出一辙,即组织跨大西洋的辛迪加,共同销售并承担风险。其中参与的多家银行,都是鲍特韦尔所信赖的银行。很快,在库克的领导下,金融辛迪加圆满完成了任务。

这次承销债券的成功，让库克和财政部的关系如同锦上添花。他的辛迪加犹如从地平面升起的铜墙铁壁，散发着灿烂金光，环绕在华盛顿四周，不可一世。一时之间，似乎他和美国总统格兰特之间，都须臾不能分离了。

1872 年 11 月的总统大选中，格兰特获胜而留任白宫，库克抓住这一机会，建议格兰特再次发行债券。格兰特欣然同意，他将前任财长鲍特韦尔派到参议院，离职之前，鲍特韦尔大笔一挥，决定追加发售 3 亿美元的国债。毫无疑问，在完成桌下的各种交易"勾兑"之后，一大盘新鲜美味的"美式蛋糕"，又一次放到库克面前。

这次，库克想继续独吞这盘"蛋糕"已经变得困难了。摩根、德雷克塞尔和盟友利瓦伊·莫顿等人，都想从盘中分一块"蛋糕"。论起关系，他们同华盛顿也交情匪浅。格兰特总统从 1867 年开始，就是乔治·皮博迪南方教育基金的托管人，和摩根家族多有联系，而德雷克塞尔则直接负责管理他的个人投资财务。吉诺斯·莫顿早在波士顿打拼时，就认识了财长鲍特韦尔，也曾盛情款待过总统及其夫人。

围坐在"蛋糕"前的饕餮老客，变得越来越多，并自然而然地分成了两大阵营。

一边以老谋深算的库克为代表，他与伦敦的赛里格曼兄弟公司、罗斯柴尔德父子公司，共同承揽本次发售业务。

一边以摩根牵头，阵营中包括德雷克塞尔 - 摩根公司、莫顿 - 布利斯公司，此外还有他父亲的 J.S. 摩根公司，以及伦敦的巴林兄弟公司。

两大辛迪加虎视眈眈，都想独揽本次销售业务。这让白宫里的格兰特总统一时犯难。摩根频繁在华盛顿活动，动用各种关系，劝说政府不要将所有的债权承销业务都交给库克，而是应该参照之前情形，将之分配给众多银行家。他直接拜访了即将卸任的财长鲍特韦尔，又请德雷克塞尔组织了费城银行家同盟，在国会众议院筹款委员会的意见听取会上不断游说……

到 1873 年初，平分"蛋糕"的方案终于折中形成了，由两大阵营联合，组成超级辛迪加,共同发售 3 亿美元债券,利率为 5%。

方案谈判过程中,摩根不断用电报向伦敦传达进展,听取父亲的意见。为了通讯保密,欧美金融机构之间都使用密码发送电报,并赋予不同单位以密码代号。例如,在摩根家族中,摩根的代号叫"维也纳""活性炭""燧发枪""腌猪肋"等,他在纽约的公司代号为"漂浮物"。伦敦由吉诺斯掌管的 J.S. 摩根公司的代号则为"吹笛手"。这些电文都由办事员加以翻译,形成直白文字,但也可以在电报上标注特殊字样,表示由收报者亲阅。

然而,到签约前的一刻,由于库克不断催促,摩根已经来不及完成这样的电报汇报,只能擅自做主签订协议。

吉诺斯对儿子的"胆大妄为"感到不满,他说:"我们知道你们的行动是出于好意,但是在取得有关各方的一致同意之前,你们不应该采取行动。因为你们并不确定参与各方是否会认可条件,巴林兄弟公司就可能会对你们的行动不予认可。如果真是这样,你们的处境就会非常艰难。"

吉诺斯担心的事情,实际上并未发生。无论是对方的罗斯柴尔德公司,还是本方的巴林兄弟公司,都认可了这个协议。毕竟,美国国会批准承购债券的银行总共能获取千分之五的佣金,这意味着 3 亿美元的债券能带来 150 万美元的利润。而且,国会允许银行将债券的销售收入保存 3 个月,而不必支付利息,如果销售短期完成,还能获得 450 万美元的奖励。因此,总的利润在 600 万美元左右。如此诱人的"蛋糕",当然值得所有参与方的同意。

即便如此,吉诺斯还是很不高兴,他开始要求摩根解释,为什么谈判时主动让步,允许库克首先发售债券。在吉诺斯看来,摩根家才应该排在第一顺序,而不是现在这样落于人后。

摩根表示,形势本该如此,库克在这次国债发售中,确实拥有合法的领导地位。这不仅因为有财政部在背后撑腰,更因为他过去的资历和名声,因此,摩根能和他并驾齐驱,共同发售债券,已经是自己做得最好的成绩了。

父子俩围绕国债发行问题所产生的争论,不久以后看来并无太大意义。第一期国债的发售显然不顺利,到 2 月底,认购债券登记停止,这个貌似强强联合的超级辛迪加,总共也只销售了 5000 万美元债券,距离 3 亿美元的目标还差很远。由于经济形势的变化,很多投资人都选择到其他渠道购买利率更高的证券。这些国债最终全部销售完,已经是 3 年之后的事情了。

尽管如此,这次与库克的对抗与合作,还是彰显了摩根的成长。无论家人、朋友,还是对手,都目睹了摩根在 35 岁时,就有了和美国总统、财政部长以及老一辈金融巨头进行谈判的地位和实力,并真正坐到了代表国家利益的餐桌旁,面对金光耀眼的"蛋糕"举起刀叉。相反,父亲却只能跟随其后,甚至还要听儿子的安排。这样的变化,让所有人在吃惊之余,也对摩根另眼相看。

与此相反,当国债销售受阻,杰伊·库克不得不面对自己失败的结局。

让库克出局

在所有参与1873年国债销售的金融机构中，库克的情况最为特殊。此时的他，与南北战争时面对的情况已天差地别。

库克背负的压力，源自1869年开始的北太平洋铁路公司融资项目。

北太平洋铁路，起于五大湖畔的苏必利尔湖，终于美国西海岸普吉特湾。该铁路横跨数州、工程浩大，可谓是个大胆的计划。库克本人非常看好该计划，也清楚由于规模庞大、技术复杂，需要投入巨额资金。但这条铁路毕竟潜藏了未来巨大的利润空间，这让惯于面对挑战的库克心向往之。

虽然库克下定决心想要推动这条铁路建设，但在国内，他能找到的合作伙伴却寥寥无几。这些银行家或者畏惧风险，或者缺乏热情。库克知道，想将设想变成现实，就必须借助海外投资的力量。1869年，他派出了合伙人前往伦敦，和罗斯柴尔德家族进行沟通，希望后者能买下一笔数额巨大的铁路建设债券。

当时，欧洲汇集着全世界最充裕的资本，这些热钱通常都流向欧洲本地，而不是远隔大西洋的美国铁路，更何况是一条前途未卜的路线。罗斯柴尔德家族最终拒绝了库克的要求。

库克随即求助熟悉的联邦政府，请求政府能授予土地许可证和债券担保。凭借对媒体舆论的熟练操控，库克说服国会通过了法案，批准北太平洋铁路横跨大西北。法案允许这条铁路获得一大片政府授予的土地，其横跨几个州的边界，总面积之大令人咋舌。

有了土地，就能开始发行债券。库克将融资规模定在 1 亿美元，并为此开始新的宣传攻势。他通过报纸宣布，北太平洋铁路将是一项伟大的工程，它将让西部荒原上崛起无数城镇，将让来自欧洲的人民、货物和先进理念，传播到美洲大陆的每个角落。为了能将债券推销出去，库克的宣传愈来愈离奇。他设计出了种种离奇荒谬的话术内容，欺骗来自欧洲的移民投资者。在到处可见的广告画上，本应横穿荒漠大平原的铁路两旁，无端冒出了硕果累累的果树林；铁路明明经过的是小城镇，却被妙笔生花的记者描绘成了繁华的大都市；甚至远在明尼苏达州的小城杜鲁斯，都被说成了"无盐之海的顶级城市"……[1]

库克的这些做法，引发了摩根的厌恶，也引起了行业舆论的质疑。虽然摩根同样喜欢金钱的味道，但他不屑于这种鼓唇弄舌的虚伪做法；即使从理智上说，他也认为这种骗术无法长远，最终只能祸及自身，甚至殃及同行。

摩根的判断没有错，库克描绘的那些梦中天堂，几乎不可能实现。从 1869 年开始，北太平洋铁路公司的管理运营每况愈下。铁路建设费用比预期超出很多，被迫停工。同时，库克在西北进行的大量投资也陷入僵局，其中没有一项能支撑起他的现金流。

库克原本将期望放在承销新国债上，但他没想到被斜刺里杀出的摩根阵营瓜分走了一半，而剩下的另一半也销售不佳。

更重要的是，当库克开始陷入绝境时，所有人都打算袖手旁观他的破产。无论是欧洲的银行家，还是吉诺斯·摩根，或者是摩根本人，一致决定还是延缓债券的销售，而不赞成使用库克那种铺天盖地宣传的闪电式销售方法。从理论上来看，闪电式的销售方式更适用于美国，而不适用伦敦。但问题关键在于，库克一贯的行事风格违背了行业规则，他必须被清理出金融界，为后人腾出位置。

---

[1] 索贝尔著：《华尔街的恐慌》（Panic on Wall Street），第 167 页。

1873年，绝境中的库克打算用再一次短期贷款来重启铁路的施工。但时过境迁，此时，世界经济危机的阴影已经笼罩全球，欧洲人更不愿意在海外进行投资。库克的失败难以避免了。

在此之前，摩根早已做好了充分的准备。虽然他积极与库克竞争国债销售权，但他并没有忽略应有的防守。从1869年到1870年之间，南北战争后的全美经济发展曾有所停滞，随后开始复苏。但摩根发现了很多新的预兆，这些预兆都像天边隐约的乌云，让他似乎看见瓢泼大雨的景象。

最明显的预兆，是华尔街对铁路公司融资势头的迅猛发展。从1868年开始，银行和金融机构对铁路公司的投资成为风潮，不仅听起来诱人，实际上也有利可图。但摩根清楚铁路公司普遍投资不足或者过量抵押，北太平洋铁路公司所具备的问题，其他公司一样也不少，而铁路公司的所有者和经营者则老谋深算，将投资者狠狠拖到了坑里。甚至很多铁路公司只需要操纵资产评估，就能将之作为依据发行新的公司股票，从而扩充手头的资本，并直接导致股票掺入越来越多的水分。

在摩根眼中，1873年的夏天越来越像曾经的1857年。

铁路业的泡沫再次被吹大，同时刺激了钢铁工业的发展，引发更多的过热投资。西部新开发出大量土地，使农民种植更多粮食，小麦供过于求，导致粮食价格下跌。此外，美国的证券市场被国外投资者所持有，引发证券价格上涨，加之欧洲对美国农产品需求下降，造成了美国黄金的大量流失。

如果问题只是停留在经济层面，尚不至于酿成危机。但自从1869年以后，公众反复为一系列政坛丑闻所冲击，首当其冲的是格兰特总统任职期间的好几起贪污受贿丑闻。这些都让包括摩根在内的众多商业人士感到厌烦和担忧。

沉闷的雷声从华尔街隐约传来，密集的雨点开始捶击人们燥热的心房，让人愈发感到烦躁不安。1873年9月的第二周，纽约仓储与证券公司最先宣布破产，这家公司是密苏里、堪萨斯和德克萨斯铁路公司的融资者。因为一旦铁路公司资不抵债，这样的融资公司必须宣布破产。

随后宣布倒闭的则是另一家铁路公司的融资者——凯尼恩-考克森德公司。

9月17日，曾经风光无两的库克已回天乏术。9月18日，库克抱着最后的希望，召集了几家纽约银行的老板，向他们说明问题，请求他们伸出援手。但是，他们冷漠地拒绝了提供贷款帮助。不到中午，库克在纽约的分公司宣布破产。

几天后，库克在费城的母公司宣布破产。后来看来，这只是金融行业中落下的第一颗雨滴，仅仅在堤坝上砸出了轻微的坑点。很快，华盛顿第一国民银行由于向库克公司提供了过多贷款，也陷入了困境，由此引发了一系列连锁反应。

接连传来的坏消息，让整个美国金融体系堤坝上，蔓延出了不断增长的缝隙。多家银行没有事先通知企业，就纷纷要求提前归还贷款，这造成越来越多的中小企业陷入危机。听闻了消息的储户由于担心存款，纷纷前往银行挤兑，大多数银行的业务几乎完全瘫痪。

情况愈演愈烈，很快影响到证券市场。9月20日，纽约股票交易所从创立以来第一次被迫闭市10天。

库克的名字，被无情地从华尔街抹去了。与之一同消失的，还有5000家商业公司、57家证券交易公司。时人如此描述华尔街的情景："很自然，情绪激昂的焦点位于宽街和华尔街的街角，人们挤在财政部分部的台阶上，看着喧嚣激动的人群塞满了宽街……"

在这次危机之前，华尔街几乎充满着田园风味。那时，鹅卵石铺就的街道上街灯比周围许多房屋还要高。圣三一教堂是最高的建筑，六层的德雷克塞尔-摩根公司大楼仅次于其。然而，正是从库克破产引发危机之后，许多人都开始认为华尔街充满罪恶，正是这里的金钱梦，腐蚀了原本质朴的美国人。

1873年9月的金融崩溃，在这一代美国人心中留下了深刻印象。后来专门从事金融事务的记者亚历山大·诺伊斯回忆说："对我父母和外部世界而言，1873年9月的金融崩溃，如同一块里程碑，令人难以忘怀。而对于半世纪之后的人们来说，令人难以忘怀的则是1929年10月的恐慌。"

危机也是机遇

1873年的经济危机,奏响了杰伊·库克的退场曲,也拉开了摩根的登基帷幕。

19世纪50年代到70年代,正值银行业的力量兴起之时,摩根父子联袂在世界金融业舞台上扩张着家族势力。此时,恰逢欧美铁路业和重工业的迅猛成长期,新兴产业迫切需要资金,犹如青春期的少年对碳水化合物、蛋白质、钙质和维生素的需求那样,猛烈而持续。在农业时代,面临资金需求时,产业习惯于向当地富裕的个人或家庭寻求借贷。但此时,只有银行的实力才能满足这种需求。

不仅如此,银行家能配置重要而稀缺的信贷资源,通过银行家的批准认可,投资者能对那些原本名不见经传的公司产生充分的信任,由此,银行家逐步深入到公司的经营中,而公司也明智地选择与银行家联合,甚至最终被银行所控制。

当后人回顾这一历史时期,发现各个行业整体发展情况并不稳定。一方面是狂热的增长,另一方面,许多行业乱象迭出,许多操盘手、"推销"大师甚至骗子,在市场浪潮中日夜狂欢,即便是那些真正想要做一番事业的良心企业家,也缺乏与之对抗的管理运营能力。后者只能选择信赖银行,为自己的实力做背书,而银行家也随时做好了参与经营公司的准备。

由于对公司有着重要影响力,摩根这样的银行家族,逐渐像欧洲封建时期的那些领主一样,养成了自己的统治风度和法则。后人将这套行事规则称为"银行家准则"。这套准则最初发源于伦敦,由皮博迪传递给吉诺斯·摩根,再由父及子传到纽约,还将在未来整整一世纪的时间严格执行。按照这一准则,银行家并不主动推销生意、寻求客户放贷,而是坐等客户带着足够证明其实力的介绍材料上门。银行业不主动开设分行,不接受那些尚未与前任银行结算清楚的新客户。可以看到,这套准则强调的是不主动公开竞争,包括不大肆宣扬、不价格竞争,也不挖客户、抢市场。然而,这种表面的温文尔雅的背后,隐藏了鲜血淋漓的险恶竞争关系。

摩根置身于这样的竞争中,但却能丝毫无损。他抓紧机会,等着时代飓风将杰伊·库克从金融地图上轻易抹去后,和德雷克塞尔-摩根公司一夜之间脱颖而出,成为美国联邦政府融资的重要服务者。从这次危机开始,摩根将不再只是华尔街的配角,而会逐步成为这里的主宰。摩根对此非常高兴,他自满地写信给父亲说:"我相信,这个国家再没有其他事情,能带来这样的结果了。"

由于在欧洲有游历和工作的经验,加上与伦敦公司的紧密联系,摩根很早之前就看到了美国金融行业的整体脆弱性。他发现,这个国家并没有中央银行,国家无法有效增加货币供应,更谈不上向濒临破产的公司提供现金。当经济泡沫和投机行为日渐泛滥时,大量的缺乏风险控制的债务,会带来短期经济繁荣,股票价格会一路攀升,直到超出其合理股价,最终引发金融危机。此外,美国还始终严重依赖欧洲资本,尽管这些热钱有可能在一夜之间就消失殆尽。

摩根提前认识到这些,并采取了积极的防范措施,他自己的生意因此毫发无损。他向父亲汇报说:"我们一切都可高枕无忧,利润丰厚。但是,将来的情况尚难预料,重要的是,应该对任何突发事件做好准备。"[1]在这一次金融危机中,摩根和德雷克塞尔公司与其他大多数金融机构相比,所受的冲击要小得多。不仅如此,甚至在经济恐慌最严重时,他还向德雷克塞尔骄傲地报告:"无论费城和纽约发生了什么,我们都不必担心。昨晚,银行账上将近150万美元。"

此后,摩根的女婿哈伯特·萨特利曾给他写过一本内容翔实的传记,甚至根本都没有提到这次危机。书中写道:"1872~1881这段时间过得平淡、宁静,是正常的商业时期。"这段话可能确实反映了摩根家族此时的感受,他们平静地从事着往昔早已布局完成的银行业务,从国际市场获得充分收益,用以应付来自国内市场的冲击。此外,摩根父子还尝试着担当非官方中央银行的角色,他们向某些经营情况安全的银行提供现金,还从英国引入资金,从而缓解经济危机引发的通缩。

与此相反,白宫的主人们正面对着经济危机带来的压力,不过此时他们还没有像后来的联邦政府那样,想到去依靠摩根解决问题。

格兰特总统带着他的新财政部长理查森离开华盛顿,到纽约去和金融巨头们讨论危机的解决办法。他们特意选择了纽约财政分局的负责人希尔豪斯,来到第五大街饭店,与当时华尔街资历最老的金融家范德比尔特,讨论了很长时间。范德比尔特不太愿意全力提供帮助,他说,如果政府需要3000万美元来救市,自己可以用纽约中央铁路路线或其他路线的债券,总共提供1000万美元资金。最终,格兰特决定用略微不同的方式,解决这次危机,范德比尔特买入2000万美元政府债券,以此将货币投入到市场中予以稳定局面。

在种种努力下,华尔街证券交易所在10天后恢复了交易,但全美国还是陷入了经济衰退,持续时间将长达6年。这一阶段中,美国将近一半的铁路公司破产、327家银行破产,煤炭产量、生铁产量暴跌,外

---

[1](美)琼·施特劳斯(Jean Strouse)著;王同宽等译.华尔街之子-摩根[M].北京:华夏出版社,2004.10.

国投资者从中总共损失了6亿美元。

美国有史以来的第一次大萧条，暴露了这个国家政治、商业、金融结构中的危机，也凸显了不同阶层与利益集团之间多元化的矛盾。美国人开始意识到，相比于原本被积极关注的制度之争、公民权利等问题，货币问题、生产问题，才是保障国家日常安全的当务之急。

在此之前，那些看似成功的企业家很少考虑经营行为对政治与社会带来的具体影响，更谈不上从道德角度考虑商业行为。他们更像是封建时代的领主，守在祖辈传承下的"城堡"内，从城墙内向外眺望，寻找出击机会，借以扩大"城堡"的领地，再将之建设富强。至于"城堡"与"城堡之上"是什么，他们并不思考，而是将之交给了上帝。

然而，并非所有人都会受到"城堡"的庇护。当"城堡"之间的战争不断激烈化，农产品等成本价格下跌，借贷成本不断上涨时，农民、小工商业者和产业工人成了游荡在无主之地上的难民。他们的工作时间不断增加，实际收入却在递减，那些全心全意谋求企业发展的商业巨头们，越是追求大规模机械化的生产联合，越是让他们深陷苦难之中。即使前者并不希望看到这一点，但他们也无能为力，因为"城堡"之间从未实现统一的秩序。

为解决这些问题，资本的力量迫切地渴求新的代言人，以建立应有的秩序，避免类似的大萧条不断冲击社会经济的稳定性。在众多金融家中，摩根是重要的候选者，他即将脱颖而出。但是，在正式入主代言人宝座之前，摩根还需走过成熟的转折点。

第五章
垄断的起跑线

从1873年到1879年,美国联邦财政部不断与银行家们合作,发行了一批又一批以新代旧的公债,总共偿还了14亿美元的内战债务,这些公债每年都为联邦政府节约着2000万的利息。在这些工作中,摩根家族财团在摩根和吉诺斯的领导下,获得了源源不断的收益,也拿到了新的业务关系和市场资源,组成了稳定的辛迪加共同体。虽然以新代旧公债业务最终结束了,但这些资源更为宝贵。后来,当摩根开始组织新的辛迪加时,他理直气壮地说,这个团体有能力"由自己人承担,管理好自己的业务,不需要像以前那样,总是分给别人一部分"。因为他相信,自己创立了能长期挑战竞争的联合体。

新公司与新任务

1873年，对美国许多企业家而言是一场灾难的开始，但摩根却不必在乎。这一年，他不仅重新装修了宅子，还买了一艘游艇，用女儿的名字"路易莎"命名。夏天，他的第4个孩子——女儿安妮·特雷西出生，给家庭带来了新的生机。

随后的6年内，尽管经济危机笼罩全美，但摩根的大多数投资和贷款只和政府债券有关，因而获得了安全保证。德雷克塞尔－摩根公司的业务总体虽无太大进展，但也不会产生任何问题。摩根只需要处理企业的日常事务，他的身体健康状况不断变好（除了讨厌的脓肿让鼻子变得更加宽厚）。业余时间里，他还成为美国自然历史博物馆的财务主管，加入了高地瀑布的霍利印诺森茨教堂的教区会，并成为财务委员会成员。

1875年秋，约瑟夫·德雷克塞尔由于健康问题，基本退出了企业的日常管理工作，所有事务都交给了摩根并由其作主。其实，摩根早已和他相处不来。在1873年经济危机发生之前，约瑟夫就坚持收回所有贷款，但摩根却认为这过于敏感了，是一种"奇思怪想"，因为这些贷款实际上并没有风险。为此，他甚至还和约瑟夫争吵了一番，有公司同事形容说，摩根"看起来就像一个粗俗而没有教养的家伙"。

当约瑟夫的名字，和当年的达布尼先生一样，从摩根旁边消失之后，吉诺斯并没有感到惊讶。知子莫若父，他深知，以摩根的个性和才能，是时候让他自己去寻找新的合伙人，而不是由父亲来加以安排了。于是吉诺斯只是平静地告知儿子，去尽快寻找新的生意伙伴经营公司。

选择权交给了摩根之后，他很快发现这件事确实难办。之前，他直截了当地认为，华尔街"有头脑的人太少"。这种评价内容，让他在同行中没有留下好相处的名声，而且越是不熟悉他的人，越是觉得他自大高傲。现在，他经过一番仔细审查，更确信自己原来的观点：华尔街名声好的人都有点儿迟钝，而能力强的人又大多声名狼藉。摩根向父亲抱怨说："在性格、能力和经验等各方面均能无可指摘的人，确实少得可怜……"

吉诺斯对此不置一词，建议儿子继续寻找。最终，摩根还是找到了新合伙人，他是一位出生在意大利的国际货运代理商，名叫埃吉斯托·法布里。

法布里和摩根家族有过多年的生意来往，吉诺斯也很熟悉他。但对于他的"入选"，吉诺斯还是感到意外。他提出，和一位外国人合伙做金融生意，恐怕并不适合当下的美国国情。摩根则向父亲指出，法布里已经加入了美国国籍，而之前的德雷克赛尔家也是奥地利后裔。

1876年1月1日，新合伙人正式加入。在新的合伙公司中，45%的利润归摩根，40%的利润归费城的德雷克塞尔家族商行，而15%的利润归法布里。每个合伙人都需要将自己一半的年收益存入公司，以保证公司具有充足的发展资本。虽然此后的上百年间，摩根银行都以任用美国籍高管著称，但摩根树立的原则，保证了这家企业始终不会将眼光局限于特定人群，而是保持兼容并蓄的用人传统。其实，摩根的高傲只是给大多数人的粗浅印象，对他加以留心的人就会发现，尽管他貌似不好相处，在他身边却总是不乏正直且具备较强工作能力的人，他虽然舍弃了查尔斯·达布尼、乔治·摩根、吉姆·古德温、约瑟夫·德雷克塞尔这些能力不大、脾气不小的同伴，但也选择了安东尼·德雷克塞尔、埃吉斯托·法布里这些杰出的合作者，也包括发掘本杰明·布里斯托、胡德·莱特这些未来的重要伙伴。

1876年~1877年，随着公司的最新人事变动尘埃落定，摩根全家再一次到欧洲和埃及旅游。此时，妻子芬妮更加成熟，儿子杰克已经长成个小大人，3个女儿虽然年龄不同——最大的路易莎已是青春期，安妮却是小婴儿——但却同样可爱。摩根已然是标准的成功者，他比以前显得更自信而沉稳了，就算只是将手插在裤兜里休息，也会展现出特有的风度。

在这次旅行中，摩根开始对古玩感兴趣。他在埃及向专家学习如何分辨真品和赝品。他还到巴黎去陪太太和女儿定制高级时装，他对服装的式样和质地也很感兴趣。到1877年4月，摩根年满40，他成为了真正的富豪。此时，他更为具体地表现出对国家与社会的强烈责任感，这种责任感甚至超过了不少政客与官员。

归国之后，美国政府再一次找到了摩根。

1876年，总统选举在争议中结束了，共和党与民主党达成了默契，共和党人拉瑟福德·海斯成为新一届美国总统，民主党势力则在美国南部回归。随后的国会会议从1876年12月开始，直到1877年3月新总统就职才结束，会议中发生多次激烈争论，最终由于民主党的坚持，国会不同意向正在内兹帕斯和印第安人作战的军队士兵支付薪水。

美国历史中的尴尬一幕上演了。如果没有人站出来，到1877年6月30日之后，这些美国军队的士兵将无法领取薪水。

摩根认为自己有责任参与处理这一危机，他立即写信给国防部长麦克拉利，声称自己的公司愿意向美军官兵们提供军饷。在信中，摩根低调谦逊："我们的意图并非要向政府提供贷款，这样做很可能会成为受非议的先例。我们也无意于必须让官兵们成为受益人……"以此为开头后，他提出建议，由其公司兑换美军官兵手中积压的付薪券，等未来国会协商一致后，再由联邦财政补付自己这些款项，并按法定利率补偿利息。

国防部长并不太愿意接受这种贷款，但此时他别无选择。军队既无存款，就只能接受摩根的建议。随后，摩根说服德雷克塞尔拿出了

250万美元，负担美国军队5个月的军饷。为了发放薪水，他们还向12座重点城市派出分配官员，以承担发薪的管理工作。当然，摩根不会单方面承担成本，他为此向军队收取了1%的佣金费用。

即便如此，摩根确实并未从项目中赚取高额利润。虽然他和德雷克塞尔主动承担款项，但最终国会是否能还钱还是个问题，即便还钱，从法定利息中扣除各种运营费用、基本利润，他们也赚不到什么，更不必说这250万美元的机会成本。但在摩根看来，这并不重要，一直以来，父亲都教育他说，家族对于国家利益有着神圣责任，而现在已是富豪的他，更应主动承担如此责任。

这次交易虽然没有高额利润，但建立了德雷克塞尔－摩根公司良好的社会形象，摩根从中获得了其他人难以企及的名望和声誉。后来成为美军上将的胡格·斯科特，当时还只是普通士兵，奔走在向印第安人出征的途中，已经有半年没有领到薪水。当他听说好消息时，立即从蒙大拿骑马赶到海伦纳，那里有德雷克塞尔－摩根公司的发薪办公室。办公室主管将他带到了一家银行，在那里，斯科特掏出薪水券，由摩根公司的信用担保，直接兑换成为现金。同样的事情，在其他发薪办公室也不断发生，解决了许多美军官兵面临的囊中羞涩。斯科特后来谈到摩根时，总会亲切地称之为"我们的朋友"。

随着这场交易的顺利进行，摩根已经不再是刚起步的年轻人，他开始在美国国家和社会事务中有了固定的角色，也有了与之相匹配的声望与号召力，这成为他走向腾飞的起跑线。摩根虽未因此得意忘形，但他的自负感还是表现得更为张扬，尤其当远在伦敦的父亲，还在对罗斯柴尔德财团做出让步时，他就会更为不满。

站在独立的起跑线上

吉诺斯·摩根长期驻扎在伦敦,耳闻目睹旧大陆完善的金融体系如何有秩序地运转,对罗斯柴尔德、巴林具有数百年金融历史的传统家族崇尚不已。但摩根的观点恰好相反,他频繁往来于欧洲与北美,间或还会去埃及度假。在他看来,这3个地方的文明发展,正处于不同的交汇阶段。

位于北非的埃及连工业化都未开始,除了悠久历史、古老文物和自然风光之外,对摩根几乎谈不上什么吸引力。而欧洲则背负着沉重的民族与社会包袱,年轻的美国与之相比,发展压力更小、潜力更大,社会经济进步的速度更快,其日新月异的变化,远非欧洲可比。

但摩根对美国与欧洲的观察了解,又不仅限于表面。他时常穿梭在华盛顿、纽约、伦敦、巴黎和罗马之间,深刻地发现两个大陆之间内在的不同。经过内战与经济危机的整合后,美国早已浴火重生,形成了真正统一稳定的各级政府。尽管那时的公共治理体系仍存在各种各样的腐败和低效问题,但相比矛盾如乱麻般的欧洲各国,无论是企业发展的环境,还是资本金融运行的舞台,都要显得更为平稳和安全。因此,摩根认定美国作为一个国家,迟早会超过其精神发源地欧洲,而美国的资本力量,也很快会在世界全面领先。

相比之下,吉诺斯虽然承认美国有潜力、有希望,但却并未如此笃定地坚信美国很快就能冲击世界领导者的地位。这样的判断差别,加上父与子之间随着年龄增长而必然出现的对立,几乎导致两位摩根先生动辄会争得面红耳赤——当然,都是私下里才会这样。

吉诺斯觉得,儿子过于理想主义,过于急迫了。他不断提醒已经四十岁的儿子,应该学着成熟点儿,理性看待美国和欧洲的差别。

但在摩根看来,差别只是现状,而结果则是必然,与自己是否成熟无关,只与事实有关。他在其他许多事情上都愿意听从父亲,唯独在这件事的判断上,他很坚定乃至固执。摩根不断提醒父亲,没有必要将大部分业务都拿出来和罗斯柴尔德家族合作,这会导致本家不断提供大量优质资源,但却被欧洲金融界拿去利润的大头。摩根甚至提出,只要能让罗斯柴尔德家族退出,自己愿意付出任何代价。

摩根的判断或许存在乐观之处,但吉诺斯也未免保守,而最大的失误方还是在罗斯柴尔德家族。一直以来,这个家族整体上都关注着欧洲金融基业,长期的路径依赖思维,使他们低估了美国在未来世界金融版图中的重要地位。虽然家族中也有不少人存在相应兴趣,但他们无法从欧洲现有业务中抽出资源,去开拓新的美洲版图。后来,这个家族的代理人奥古斯特·贝尔蒙特感慨说:"(家族)未能正确评价美国商业的重要性,确实是个过失。"[1] 不久之后的未来,摩根就会在短短一代人的时间内,燃放出超越前人的光芒。

摩根曾写信给姐夫沃尔特·伯恩斯,他是吉诺斯·摩根在伦敦的合伙人。摩根抱怨说:"简直不用告诉你都明白,在这种事上,与罗斯柴尔德和贝尔蒙特公司打交道,实在让我们讨厌至极。他们要是退出,我愿意付出任何代价。罗斯柴尔德对待上至我父亲下至其他所有各方的态度,都太过倨傲了,我觉得换谁也无法接受。"

表面上看,摩根是在表露对罗斯柴尔德们的不满,实际上他已经想要取代父亲,成为家族真正独立的新一代核心了。

---

[1] 布莱克著:《第五大道的国王》(Kings of Fifth Avenue)。

摩根有这样的想法也并不奇怪，因为从父亲去伦敦算起，摩根已经在华尔街担任了20多年的代理角色，而且看起来，他的"王子"地位还在延续着。这难免让外人觉得他是个"长不大的孩子"。华尔街流传过一个笑话，说摩根最喜欢的游艇"海盗号"上，海盗旗插在星条旗上，而米字旗则飘扬在这两面旗帜之上。这个笑话和摩根家族其实是海盗亨利·摩根后代的传说交相映衬，经常让听者会心一笑，让摩根甚为不满。

吉诺斯已年过花甲，但他还是一心扑在工作上，认为不能放弃自己的责任。他身材很肥胖，被人描写成"像是古老英国戏剧中东印度的富商"。照片上，他背已微驼，心事重重，粗重的眉毛下双目凝视，年轻时曾有的潇洒风雅，并没有因为财产的增加而保留，反而只剩下深深的焦虑乃至惶恐。但吉诺斯的情绪始终保持镇定自若，不像儿子那样变幻无常，这种个性冲突，也加重了摩根对独立的期待感。

早在1873年，摩根就开始提醒父亲，应该缩减每天的日程安排，他在信中对父亲说："我觉得你应该像我一样需要休息，我不太明白，为什么你不能每周有两天不去办公。"[1]虽然吉诺斯并不像他的前任皮博迪那样总待在办公室，但他还是无形中掌管着从伦敦到纽约乃至家族的一切，这让摩根开始感到与之有些格格不入了。

摩根对权威感和独立性的追求，与时代背景的变化也密切相关。

在传统年代，银行家是绅士，他们对自己出售的债券负责，一旦出现差错，就有义务进行干预。但在1873年大恐慌的日子里，摩根亲眼看到许多铁路公司破产，铁路股票和债券变成废纸，发行这些股票和债券的金融机构随之倒闭，这些情形深深刺激了他，并形成了完整而系统的交易原则。由此，摩根抛弃了曾经的投机冒险倾向，成长为厌恶风险、只求稳扎稳打的金融巨头。他总结说："今后，无论是我的公司，还是我本人，都不会直接或间接地与尚未完备的公司谈判证

---

[1] 摩根图书馆，《书信复印集 摩根给吉诺斯的信》，1873年7月24日。

券业务。凭经验看，这类公司的地位从任何一方面，都不能证明它无可辩驳地具有足够的资格借贷。"他后来又补充说："我愿意接手的债券，在推荐出去时，不能让人心存一丝疑虑，到期时关于偿付利息，不能让人有一点儿担忧。"后来，这些都成为摩根财团的战略基础，即只和实力最雄厚的企业打交道，远离投机公司。

经历过1873年的危机与1875年公司的重组，摩根无论在财力、影响力还是个人思想上，都真正成熟起来。他开始谋划更大的生意，而生意的合作方则还是美国联邦政府。

金本位，或美元本位？

1877年5月，摩根一家从欧洲和埃及第二次游历归来。摩根和范妮在纽约庆祝了结婚12周年的纪念日。摩根此时才40多岁，鬓角已初现斑白；范妮虽才35岁且风韵犹存，但随着步入中年，体态也日渐丰满。随着岁月流逝，两个人的婚姻关系也日渐紧张。

与那些家庭生活幸福充实的富豪不同，摩根与妻子似乎生活在不同的世界中。除非全家聚合，摩根大部分时间都待在华尔街23号的公司写字楼里。他非常古怪地规定，每年这里只允许妇女进出一次，而这一天只能是元旦银行歇业那天。后来，有个合伙人坚持想要聘用女秘书，但也只能在街对面为秘书安排一间办公室。

摩根每周都会有几晚外出聚会、赴宴或者去俱乐部，但却不和妻子谈论其中有关生意的话题。据说，是因为有一次范妮无意透露了他的机密，摩根就再也不与妻子分享相关话题了。于是范妮成为了标准的全职太太，她除了料理家务、养育子女，就是参加慈善活动，和朋友串门，偶尔看看歌剧、听音乐会和演讲。

与外表平静而内藏矛盾的家庭生活迥异，摩根面对的美国政治与经济背景充满了动荡。

新任总统海斯任命了俄亥俄州参议院约翰·谢尔曼为财政部长，他是内战时期威廉·谢尔曼的兄弟，曾在政府财政部门工作多年，经验丰富，还担任过参议院财政委员会主席和众议院税务委员会主席。谢尔曼曾目睹 1873 年经济恐慌后，欧洲投资者如何从美国资本市场前赴后继地撤出资金，他力主美国恢复金本位制[1]，重新赢得外国投资者的信任，带回欧洲的资本。为此，在上一任财政部长布里斯托的敦促下，谢尔曼曾在参议院提交了一份议案即《金元恢复法案》。1875 年，即将下台的共和党在国会通过了这份法案，它授权财政部从 1879 年 1 月 1 日开始，重新使用黄金来支付其所有债务。

有人支持恢复金本位制度，就有人反对。早在经济危机之前，在美国南部和西部，许多想要获得低息贷款的农场主团体，就开始强烈反对任何通货紧缩政策。听说《金元恢复法案》获得通过，他们随即成立了"绿背党"。"绿背党"认为，恢复金本位制度，是美国东部资本家和外国势力联合的恶毒阴谋，会导致货币垄断。他们要求废除该法案，增加"绿背"美元的供应链，结束外国投资者在美投资，减少联邦政府债务。"绿背党人"中不乏政界大佬，例如俄亥俄州的民主党州长威廉·艾伦，就公开斥责《金元恢复法案》是天大的阴谋，而这个"政党"甚至还在 1876 年大选时推出了自己的总统候选人，并赢得了全国 1% 的选票。

金本位，或美元本位？两大阵营剑拔弩张，一场政治和经济的交锋又要上演。

金本位支持者认为，采用国际统一的金本位制度结算，能将贷款、借贷、投资者相互稳定联结起来，确保跨国合同的执行和资产的安全。欧洲大多数出口为导向的制造商，美国的农业生产者，以及欧美贸易、航运、保险行业和金融利益集团，都希望能采用金本位制度。

以"绿背党"为代表的反对者并不否认金本位的优点，但他们认为这需要整个国家付出更大代价。历史上，许多国家都曾实行过金本

---

[1] 在金本位制下，每单位的货币价值等同于若干重量的黄金（即货币含金量），当不同国家使用金本位时，国家之间的汇率由它们各自货币的含金量之比——金平价来决定。

位制，但最终又放弃了。因为当国家的货币与黄金密切挂钩后，法定货币可以和黄金自由兑换，国内物价和工资可以自由涨跌，国家也就无法采用贬值或降低利率的积极政策手法，来应对国内经济问题了。更深层的原因在于，一旦采用金本位制，"绿背党"原本能通过货币贬值或放松贷款门槛而获得的经济好处，就会荡然无存。

一言以蔽之，实施金本位制，能更好地进入国外市场，获得国外的资本，利好与国际贸易有关的人群。废除金本位制，则国内货币政策的空间会充分扩大，利好有关国内经济循环的人群。

是否采用金本位制，在此后的许多年内，都成为经济学界、商业界和政界反复纠缠的问题。人们很难对金本位制带来的国际经济优势以及其导致国内经济所遭受的牺牲，进行精准的比较和评价。但有一个事实未曾改变：金本位制的主要受益者，大都不是因此付出代价的人，这更让双方的冲突显得尖锐激烈。

摩根和此时大多数政商人士一样，需要在阵营中作出选择，因而他毫不犹豫地站到了金本位制的一方。作为金融家，他希望政府能有效扩大国内资本市场，适度减少债务，从而真正有效摆脱对外国资本的依赖。但要做到这一点，必须要坚持金本位制，避免现有的外国资金从国内抽逃。相反，虽然增加印刷美元会以通货膨胀的形式，缓解南部和西部的经济压力，但同样会加快外资抽逃而增加总的借款成本。两害相权，摩根认为自己的选择更明智。

更不用说，选择金本位制，能给摩根家族带来直接的利益回报。

在通过《金元恢复法案》后，欧洲金融界吃下了定心丸，他们相信美国最终会用黄金偿还债务。因此，1876年摩根家族联合罗斯柴尔德、塞利格曼联合发售美国政府以新代旧的公债时，欧洲投资者踊跃购买，大多数债券都以高于票面的价格卖出。这次公债发售，让这3家公司组成的辛迪加大赚一笔，总共赚了300多万美元。得知此事后，美国南部和西部的社会舆论对《金元恢复法案》更为反对了。

1877年，已入主财政部的谢尔曼通过《金元恢复法案》授权，开始发售债券来建立黄金储备。这年6月，财政部与私营银行签订了发售2.35亿美元债券的合同，以偿还前期债券，此外还获得了4000万贷款，未来将会以黄金形式偿还。但这些政策又一次遭到猛烈抨击，"绿背党人"在华尔街的代表要求，财政部应该取消通过银行辛迪加的形式发售公债，而是直接向公众发售，同时偿还4000万美元贷款的形式应该包括美元或白银，而并非只有黄金。

谢尔曼多了新的选择，也会多出新的麻烦。在19世纪30年代左右，当时的美国政府财政部将金银兑换比例限制为1:16。由于种种原因，从1848年之后，美国铸造的银元越来越少。直到内战结束后，内华达州发现了大量银矿，为铸造银币又带来了希望，但国会却无视这一变化，反而在1873年废止白银的货币资格。在汹涌而来的经济危机面前，支持白银的呼声越来越强，尤其是《金元恢复法案》将美元和黄金挂钩后，人们更乐于接受银币这种"真正的"金属钱币。何况，白银价格不断下跌，让银币美元比金币美元更"不值钱"，完全符合"绿背党人"的要求，更推动了白银法定货币资格的加快恢复。

1877年秋，众议院被"绿背党人"说动，通过了一项新的议案，宣布可以自由和无限制地铸造银币，这几乎是恢复了白银的法定货币资格。

法案通过后，联邦政府公债价格迅速跌破了面值，谢尔曼没想到，漏洞不在黄金和美元，而是出现在白银的战线上。为了避免公债价格崩溃，3家银行的辛迪加迅速回购了价值75万美元的公债并暂停销售，摩根率领的银行家团前往华盛顿，找到谢尔曼商量对策。

在财政部，摩根一行人慷慨陈词。他们说，欧洲投资人认为美国联邦政府想要赖账。因为欧洲原本认定美国政府是要用黄金偿还债款的，所以才购买了数亿美元的公债。现在国会突然修改契约，想要用实际价值低于黄金的白银来还债，这会让投资者蒙受10%的损失，简直和强盗无异。他们说，值此国家信用危急存亡之秋，只有"健全的金融政策和对美国名誉的热爱",才能让政府"毫不妥协地抵制国会盲目鲁莽、虚伪欺诈的疯狂举动"。

摩根和朋友们高举起爱国情怀的旗帜,其中自然不乏真情实意,但更多的还是出于商业利益考虑。无论他们采用怎样美好崇高的语言,都无法摆脱身处其中的尴尬角色,他们持有数亿美元联邦公债,代表手握巨额财富的外国投资者,如果金本位制度失去意义,他们原先积累的资产价值就会日益消减。即便他们以资本市场专家身份来到华盛顿,但还是不具备让所有人信服的能力。

摩根和银行家们口若悬河的同时,经济萧条仍然在持续。除了西部和南部的农业地区充斥着不满外,中东部产业工人的日子也越发难过。长达65个月的经济低迷,催生了大批的城市失业者,全国范围内的平均工资不断下降,许多人每天工作12小时,每周工作7天,每小时的工资却只有几美分。1877年7月16日,巴尔的摩-俄亥俄铁路公司的工人举行罢工,罢工迅速蔓延到其他铁路公司,导致芝加哥和圣路易斯完全陷入瘫痪。国民警卫队在匹兹堡铁路修理厂向示威群众开枪,群众则放火焚烧机车和车厢。在上百人死亡、数百人受伤和损失了数百万美元财产之后,白宫派出联邦军队,才恢复了秩序……

正是在如此混乱的大背景下,摩根和谢尔曼终于达成了"默契"。1878年2月底,参议院对原有的白银法案加以改进,通过了新的法案,即《布兰德-艾利逊法案》。法案限制了银元铸造的数量,即200万~400万美元之间。因此,《布兰德-艾利逊法案》被看作"金本位派"向"绿背党人"的暂时让步。根据该法令,无论市场价格如何变动,白银和黄金之间的比值都是16:1,实质上相当于增加了国家货币供应,制造了通货膨胀,保障了"绿背党人"的利益。作为向摩根他们的回馈,谢尔曼只按照法案规定的最低限额发行银元,同时也没有将白银作为法定货币。这样,白银和黄金的关系暂时被理顺了,这一矛盾的解决,有力地推动着金本位制在美国的重新到来。

4月,谢尔曼又和摩根家族签订了发售5000万美元公债的合同,并明确规定会以黄金偿付。此时,在经济萧条、通货紧缩和收紧纸币供应的多重打压下,黄金价格已经下跌到战前水平。

1879年元月,华尔街上各家银行高悬彩旗,德雷克塞尔-摩根大厦冉冉升起星条旗,所有银行都准备了充足的黄金来兑换绿背美钞。在摩根的推动下,金本位制回归的时刻终于正式到来了。人们向财政部长谢尔曼祝贺,而他的回答是:"摩根的辛迪加,对我来说功不可没。"

金本位制的回归确实与摩根密不可分,十几年之后,他还将围绕黄金、白银的货币地位,作出更大的努力。

挤走罗斯柴尔德

1879年初，长达6年的经济萧条逐渐走向尾声。春季到来时，由于欧洲遭受了自然灾害，对美国的农产品需求加大，农产品出口价格开始上涨。而在此之前，华尔街就感受到了经济复苏的先兆。2月份，摩根就在给合伙人的信笺中写道，自从年初以来，生意"特别兴隆，已经是很多很多年未曾目睹过的景象了"，而且"大生意洽谈一个接一个，非常火爆"。

摩根的兴奋劲并非毫无由来，而是源于挤走了罗斯柴尔德家族，完成了他让家族独立的夙愿。

一个月前，摩根家族银行的人事发生了变动。雅各布·罗杰斯从伦敦调回，出任银行驻波士顿的代理人。摩根的妹夫沃尔特·伯恩斯则抵达伦敦，随后还要前往巴黎，担任摩根家族驻欧洲的代表。伯恩斯法语流利，是普法战争期间吉诺斯与法国政府谈判时的翻译。在得知这一人事任命后，伯恩斯为终于成为摩根家族公司的合伙人而感动不已。同样高兴的还有莫顿，他回到纽约，成为摩根家族更重要的合作伙伴。

在内外形势的日趋好转之下，摩根将他的全部注意力投入到新的大生意中。为此，他希望获得财政部最后一笔以新换旧公债的发售权。围绕这次的发售，他也希望再作一次努力，完成欧美金融运营核心权力的交替。

摩根这次终于成功了，1879年将成为被金融历史记住的年份，在这一年之前,主角是旧大陆、罗斯柴尔德家族、伦敦和吉诺斯,在这一年之后,是新大陆、摩根家族、纽约和摩根。

直到这一年初,吉诺斯还是在将罗斯柴尔德财团当作行业领军者那样对待,摩根对此已经懒得去和父亲争辩了。在他看来,罗斯柴尔德家族外强中干,只是依靠历史赋予的特权,而并非在他们发起的生意中拿到利润。尤其是在美国财政部以新代旧公债的业务中,他们总是拒绝承担应有的通报义务,将事情甩给德雷克塞尔-摩根公司去做,而自己却坐享其成。这让摩根觉得没有必要去遵从他们了。

摩根开始影响他周围的合伙人,以形成统一阵营,他告诉沃尔特·伯恩斯,说罗斯柴尔德方对待整个辛迪加的态度,即从吉诺斯·摩根到最基层员工的态度,都是没有人可以忍受的。伯恩斯自然对此表示认同。

摩根进一步透露,下一次发行新债券时,自己将不会在乎是否会得到罗斯柴尔德家族的认可。为了给合伙人打气,他还说,与自己合作过的每任财政部长,都曾敦促他加快"甩掉"罗斯柴尔德家族,因为他们也同样反感这家欧洲企业。

机会很快就来了,带来机会的幸运儿是莫顿。1月底,莫顿来到财政部长谢尔曼的办公室。他早就知道财政部有一笔新公债的国外发售权需要外包出去,于是经常前来转悠打听消息,这一天,谢尔曼直接问他,是否可以代表摩根家族牵头的辛迪加签约,承销这笔公债。

"利率只有4%哦!"谢尔曼大咧咧地坐在莫顿对面,一副根本不担心销路的派头。

莫顿本来还在犹豫,因为他不知道摩根的看法。但办公室外面的电话声响了起来,文员接起电话,大声说着什么。不知怎的,莫顿心机一动,做出了决断,在面前的合同上签下了名字。

双方的手握在一起,相互恭维着。短短数分钟后,文员走了进来,向谢尔曼汇报说,第一国家银行副总裁哈里斯·法恩斯托克已经和伦敦同事商量好了,打算来签合同。

谢尔曼意味深长地笑了,而莫顿则庆幸"擅自"作了决定,这让他抢先数秒为摩根家族赢得了生意。

摩根对莫顿的当机立断很满意,但由于他们事先没有和伦敦方面商量,更没有提前告诉罗斯柴尔德家族,这让吉诺斯很是生气,犹如1873年那次一样。比起当年,摩根更不服气了,他告诉父亲,如果不是莫顿,无论本家还是罗斯柴尔德家族,都会失去这笔生意。即便如此,吉诺斯还是将这批公债发售的管理权,让给了罗斯柴尔德家族。

4个月之后,摩根继续推动独立,他在另一件事情上再次擅自做主,进一步逼父亲做出选择。

4月初,由于谢尔曼急于完成以新代旧公债的发行,再次向金融机构进行招标,发行4000万美元利率为4%的国家债券。为了"合规",这次招标将不包括摩根直接控制的公司。为此,摩根专门向伦敦方面通报,催促他们大笔投标,但那边的态度却相当平淡,只是随便买了100万美元。对此,摩根开始拉拢美国国家商业银行,劝他们出面来承销全部4000万美元的债券发售,毕竟他也在这家银行担任董事,这样就能有效规避自己公司的出面。

结果很快浮出水面,谢尔曼同意了国家商业银行的投标。吉诺斯再次从电话中,得知了摩根胆大妄为的操纵举动。在电话里,摩根兴奋异常,激动地向父亲报告自己如何瞒天过海,骗过了谢尔曼和整个财政部。

事已至此,吉诺斯终于不再发怒,他意识到,儿子确实羽翼丰满。他不仅可以甩开罗斯柴尔德家族,直接和美国财政部签合同,甚至还可以不需要自己的照顾,就在大洋彼岸建立起隐形的辛迪加。于是他同意让自己的J.S.摩根公司加入合同,甚至向儿子道歉:"我们接受了你的解释,这让我们改变了观点……我们收到了商业银行认购的150万美元债券,对此我们十分感谢。"

催促吉诺斯改变态度的,其实不只是摩根一个人的声音。当国家商业银行刚刚拿下合同后,安东尼·德雷克塞尔、埃吉斯托·法布里这些老牌合伙人,就向伦敦写信,在吉诺斯面前高度夸赞摩根,说他的亲自管理、迅速执行，让这个辛迪加受益匪浅、感恩不尽。随后，他们话锋一转，提出美国资本市场确实在健康成长，反而是伦敦方面对此并不相信，不认可这笔公债的大量合理需求。他们在信的结尾总结说，只有亲临现场的人，才能具备直接切身体验，从而准确估量美国的市场和政治形势，以作出正确的判断与决策。

这封信无疑成了摩根王朝内，元老们拥戴摩根的劝进书。虽然此后吉诺斯在名义上仍是家族王座上的人，但实质的掌舵权力却归属于摩根。

1879年5月，纽约和伦敦的两家摩根银行，都参加了最后一次发行以新代旧公债发售活动。这次公债发售的辛迪加，由美国第一国家银行牵头组织。第一国家银行是在纽约特许开办的第一家联邦银行，它具备银行和证券经纪公司的两大属性，拥有很大的账户数量，风险控制做得很好。它既经营传统的金融业务，也和其他美国国家银行合作，在发生金融危机时，扮演联邦储备银行的角色，向市场借出资金。第一国家银行的总裁是乔治·费希尔·贝克尔。1877年，在他的领导下，该银行抓到了以新代旧公债发售的蛋糕，将任务完成得非常出色。这让谢尔曼对之很是欣赏，外界甚至将之称为"谢尔曼的堡垒"。

摩根慧眼识珠，犹如在一场漫长的舞会上，及时踩准了节奏的变化。从这次辛迪加结盟开始，摩根家族结束了依赖罗斯柴尔德家族的时代，转而同乔治·费希尔·贝克尔和第一国家银行开始了长期密切的联系。罗斯柴尔德始终没有准确判断美国的变化与发展，结果在最后这批公债发售中，没有分到一杯羹，即便在合同签署之后，也都没有得到转让后的参与权。

从1873年到1879年，美国联邦财政部不断与银行家们合作，发行了一批又一批以新代旧的公债，总共偿还了14亿美元的内战债务，这些公债每年都为联邦政府节约2000万的利息。在这些工作中，摩根家族财团在摩根和吉诺斯的领导下，获得了源源不断的收益，也拿到了新的业务关系和市场资源，组成了稳定的辛迪加共同体。虽然以新代旧公债业务最终结束了，但这些资源更为宝贵。后来，当摩根开始组织新的辛迪加时，他理直气壮地说，这个团体有能力"由自己人承担，管理好自己的业务，不需要像以前那样，总是分给别人一部分"。因为他相信，自己创立了能长期挑战竞争的联合体。

1879年，摩根家族中比摩根更高兴的也大有人在。在这年秋季的中期选举中，纽约上东区的那些富人选民们，推选了摩根家的重要合伙人利瓦伊·莫顿进入众议院。这是摩根家族中第一个正式进入政坛的人。

莫顿的祖先来自新英格兰，他最初只是在新罕布什尔州开一家零售店。后来，他在波士顿认识了吉诺斯，并展开合作，于1863年在纽约开了自己的银行，始终同摩根家族密切合作，相互支持。

莫顿成为众议员之后，并未离开生意场，而是继续参与为财政部发行以新代旧公债的活动。这样，他就拥有了双重身份，白天他是为美国联邦政府公正立法的议员，晚上则是和财政部官员们举杯畅谈的银行家。法律并没有明确禁止这种身份，因此公众舆论和新闻传媒的批评几乎都是耳旁风，莫顿议员成了摩根在众议院里的"好朋友"，他在那里放声疾呼，认为华尔街的利益和美国国家利益是一致的，必须注重银行金融家的利益，维护国家的"荣誉与诚信"。

在挤走了罗斯柴尔德家族之后，摩根家族的能量，已如同美国东海岸的温暖洋流那样集聚奔腾，随时随地将为这片野蛮生长的大陆，带来崭新的季风。

"船长"抛来橄榄枝

从后世观察者的眼光看,摩根无疑是美国历史上最杰出的金融家,同时也是华尔街历届主宰中最应为历史所铭记的人。这一切光环的起点,都来自1879年11月的交易。

这一交易,关系到范德比尔特家族的未来。

科尼利尔斯·范德比尔特,是著名的航运、铁路和金融巨头,是美国历史上的第二大富豪。1792年,他出生在纽约斯坦顿岛的农场。16岁时,他抓住机会,进入了纽约港口的船舶运输生意,因此而得绰号"船长"。1812年的战争使得范德比尔特身价倍增,他身高1.83米,比同时代人强壮高大,在纽约港口的那个混乱时代,这样的体格和精明的头脑、通达的处事态度、平等的待人之道,让范德比尔特的事业蒸蒸日上。到1817年时,他手头已经有了强大的帆船运输队,还有了上万美元的资本。随后,他涉足蒸汽船运输行业,进一步强势崛起。他的业务量猛增,航线数量不断增长,蒸汽船只数量扩大到上百条,公司每年盈利超过百万美元。

60年代初,范德比尔特关注到刚刚兴起的铁路事业。他开始修建横贯大陆的中央铁路线,这条铁路线将会改变美国横跨东西的速度,减少人们数月之久的旅行时间,并最终改变美国的发展进程。为此,范德比尔特不惜卖掉了自己的船队,转而将大部分身家投入到铁路事业中。他相信这是运输行业重心的整体变化,他也洞察到了以摩根家族为代表的金融家们,即将主宰的未来。

内战结束后,范德比尔特进一步建立更为庞大的铁路帝国。他关闭了唯一一条通往纽约市的铁路桥——奥尔巴尼桥,导致其他铁路公司的运力无法进入纽约市,数以百万计的货物无法及时从纽约港运送到全国各地,而美国的货物也难以从纽约运送到全世界。

恐慌随即蔓延,各大铁路公司的投资人开始抛售股价,范德比尔特则以最低价买下了所有重要竞争对手的股票。很快,他建立起称霸美国的铁路帝国。他将伊利铁路、哈林铁路、哈德逊铁路紧紧控制在手中,还陆续将加拿大南方铁路等十几条铁路纳入囊中,纽约中央铁路公司则是这个帝国的中心。

为了让后人清楚地记得这个帝国,范德比尔特家族后来投入巨资,建立了纽约大中央车站。数千名工人在纽约市的心脏地带,建立了至今为止全世界最大的火车站,并成为纽约当时海拔最高的建筑。1913年,它就矗立在那时空荡荡的城市天际线下,象征着范德比尔特铁路帝国的财富、权力和实力。

不过,即便是范德比尔特,也逃脱不了自然规律的制约。他并未能亲眼看到如此庞大的火车站诞生,而是在1877年就撒手人寰。随后,一场为人瞩目的遗产风波开始悄然酝酿。

范德比尔特白手起家,生性强硬,在他的帝国里,他始终需要主导而直接的个人控制权,因此他拥有了纽约中央铁路公司90%左右的普通股。当他需要资金时,他会发行债券、优先股或者出售普通股,但出售股份的额度绝不会危及控制权。甚至在遗嘱中,范德比尔特也选择将债券和其他有价证券留给了妻子和其他孩子,而将最重要的普通股留给了事业的主要继承人威廉·亨利·范德比尔特。当他去世后,威廉顺理成章地接过父亲掌管的纽约中央铁路公司股票,获得了这家公司的控制权。

与父亲相比,威廉的经营才能和公众形象都要逊色不少。有一次,在威廉乘坐私人火车从纽约去芝加哥的路上,新闻记者对他进行了采访,主题事关纽约中央铁路公司和宾夕法尼铁路公司之间正激烈开展的价格战。

一位新闻记者温和地抛出带有"挑衅"意味的问题:"中央铁路,真的会放弃一条公众需要但却赚不到钱的铁路吗?"

威廉不假思索地脱口而出:"什么该死的公众!"

大概是意识到说错了话,他随即补充说:"我可是在为我的股东工作。假如公众真的需要这条铁路的话,他们就应该给股东以支持啊!"

讽刺的是,威廉·范德比尔特后来之所以让公司股东们难以释怀,原因还不在于他那"该死的公众"。

1880年,范德比尔特去世3年,威廉已难以忍受铁路帝国的治理工作。他原本没有多少商业天分和热情,很小时,父亲就开始有意对其灌输经营的责任意识。先是将他送到岛上农场寄养,成人后,发现他具有一定的能力,又开始让他在经营上承担责任,但并未授予大权。因此,威廉尽管比较正直,但对企业战略规划的经验却相当浅薄。更重要的是,当父亲去世时,他自己也已58岁,同时患有高血压,希望能轻松愉悦地生活。他喜欢奢华的生活,而他自己的9个孩子也是如此,躺在老范德比尔特的基业上,他们甚至能世世代代过百万富翁的生活,根本不需要努力经营企业。

1879年的罢工事件,也刺激到了威廉。那年秋天,中央铁路线上的铁路工人因为待遇问题而集体罢工,威廉最终求助于军队,采用强硬手段加以解决。外界对此颇有诟病,认为这是金钱与权力的残忍结合。威廉对此相当在意,他不希望陷入这类事件,导致名誉受损。相比坐在中央铁路公司董事长的位置上,他更想去参加欢乐的宴会,去聆听美妙的歌剧,去欧洲经年累月地享受地中海的温暖阳光,而不是天天为报表上的数字和股市里的坏消息烦恼。

何况,如果他不去追求这些,来自官方的威胁也在与日俱增。威廉知道自己绝没有父亲的威名、关系和能力,当有一天要面对国会议员、立法机构和公众舆论联手而来的质疑和听证时,自己必然应付不来。

威廉·范德比尔特最终决定出让纽约中央铁路公司的部分股权,

他只想到了摩根，希望摩根家族可以在英国帮助出售这些股份。

威廉选中摩根并非偶然。首先，他对摩根家的实力非常认可，无论是普法战争中站出来贷款给法国，还是为美国联邦政府发行债券，都展现出这个家族超越旁人的金融智慧。

其次，德雷克塞尔－摩根公司在为联邦政府完成以新代旧公债发行后，开始将大部分的业务资源投入到铁路行业来，并一跃变身为支持铁路行业的主要银行。因此，摩根对这个行业有深入的了解和研究，并表现出明智和理性的投资态度。

最后，出售必须是秘密的，摩根家能很好地做到这一点。威廉担心，出售股份会引发纽约中央铁路公司股价的下跌，导致股东们利益受损，何况"出卖祖产"的名声也确实不太好听。摩根背后是伦敦大名鼎鼎的吉诺斯·摩根，血浓于水的父子关系能保证股份在距离华尔街数千公里外的地方秘密出售，不会引发太多负面反响。

威廉和摩根还有着共同爱好，摩根为都市博物馆、美洲博物馆所做的工作，以及他对慈善展示的态度，也让威廉非常欣赏他的人品和执行能力。

威廉计划已定，他认为摩根必然毫不犹豫地接下这个项目。为了示好，他主动亲自拜会了摩根，并郑重地告知后者，家族没有打算将承销股份的事情交给德雷克塞尔－摩根公司以外的金融机构。

"那么，您的想法是……"摩根沉默片刻，冷静地问道。他的头脑中正飞快地预估和计算着，为了准备应对威廉提出的方案，他必须在最短时间内准备好答案。

"经过家族和董事会秘密商议，"威廉从椅子上欠了欠身子，说道，"我们打算在5年内，出售35万股的纽约中央铁路公司股票。交给贵公司的利息……"

但实际上，他将事情想象得太容易了。如果他像父亲当年那样了解资本运作，就会懂得事实并非如此。

第六章

基业初成

摩根坚信自我意志的力量。面对金钱和成功,他同样贪婪,但他不同于更早的富豪们。相对而言,环境影响了祖父、父亲,使他们在市场中的竞争行为,更多出自追求生存与发展的欲望。但摩根显然不需要为这些担心,因此他的"贪婪"表现中,更多了几分理想主义的味道。例如,当他面对的经济利益与他的社会责任感有所抵触时,他就很可能激发起变革的愿望,想要通过新的平衡方式,使两者并不相互违背。

从关键交易开始

19世纪70年代末,在经济危机接近尾声的年代里,摩根的工作压力不断增加。为了保证身体健康,他常常离开公司,在全美各地和欧洲旅行,其中有些是为了公司的业务,有些则纯粹是为了放松。

同样,吉诺斯也回过美国。第一次,是在1877年秋天,他回到纽约,参加美国商界为他准备的答谢晚宴,以感谢他多年来为国内客户提供的金融服务。

这年11月8日,吉诺斯·摩根回到纽约时,上百位政商名流聚集在著名的德尔尼莫克饭店,在闪亮的水晶吊灯下向他高举酒杯。其中,既有为人尊敬的元老和前辈,也有像摩根一样有为的中流砥柱,更包括尚在努力攀登中的后来者。其中就有将会在未来对摩根家族加以掣肘的美国总统西奥多·罗斯福,那时他46岁,是政治家刚起步的年龄,刚被任命为纽约海关关长。

晚宴奢华而隆重,一时间引起社会舆论关注,《纽约时报》称之为"对一位没有公职的平民给予的最非凡的表彰之一"。

宴会上最为来宾称道的一幕,发生在吉诺斯朗读国父乔治·华盛顿的书信时。这封信是华盛顿在1788年写给英国友人的,彼时,美国独立的呼声正风起云涌。吉诺斯颇为动情地朗诵信笺:"如果这些人,能被同样的爱国主义情感所激励,如果他们忠实于自己,世界上便没有任何力量能够阻止他们建立一个伟大而富强的国家。"

同样，也没有任何力量能阻挡摩根迈向垄断的脚步了。当吉诺斯第二次回国时，他自己也清楚地意识到这一点。

第二次回国，是在 1879 年。吉诺斯此次回国，意味着一项重要交易的完结。该交易无论是对于摩根本人，还是摩根家族，甚至对美国铁路历史进程而言，都富有深刻的历史意义。这次交易，由摩根家族与范德比尔特家族联袂上演。

时间回到半年前，威廉坐在摩根面前，表情自负，心情愉悦。他畅想着股票变现以后，自己肩头的重任终于能找到人来分担，而且手头多了一大笔现金来开销，几乎要笑出声来。

但是，摩根却没有这样的好心情。

在遥远的大洋彼岸，欧洲股权投资人们并不是第一次领教华尔街的"厉害"了。他们经受过杰伊·古尔德之流的欺骗，也遭遇过 1873 年的经济危机，很多人都在美国金融界的包装、营销能力面前，成了一株鲜嫩可口的韭菜。现在，纽约中央铁路公司的股票不远万里前来发售，真的有人愿意再购买吗？

威廉没有想到这些问题，摩根想到了。但他不会犹豫，因为他知道这是一笔了不起的买卖，是关键的交易，其优势并非佣金利润，而在于交易本身的意义。换而言之，这次交易和代发军饷一样重要，前者代表了政府的背书，而后者代表了市场的认可。

摩根没有犹豫，他一口同意了这次交易。随后，他联系到父亲，打通了销售渠道，组织了一个国际辛迪加，以每股 120 点的价格，购买了范德比尔特手中 15 万股的股票。同时，还获得了在随后两个月内购买另外 10 万股的期权。

摩根随即开始在伦敦秘密出售中央铁路公司的股票。由于他操作得法，信息屏蔽周全，华尔街毫不知情，威廉手中的其他股票没有任何波动。直到 1879 年岁末，这宗股权交易的消息终于被透露出去，华尔街随之轰动。这并非因为摩根能从中赚取到的利润，而是他有资格被威廉·范德比尔特看上，进入纽约中央铁路公司董事会来操作这一秘密交易。显然，有了这样的身份，他就不再只是威廉的朋友，更能影响到美国铁路帝国的未来。

为了应对外界传闻，摩根召开了新闻发布会。11月26日下午2时许，一群金融家和铁路公司高管们走出了位于华尔街和百老汇交界处的德雷克塞尔－摩根大楼，在这栋白色大理石建筑物外，记者们早已恭候多时。摩根自得地站在人群中央位置，看着手下的银行官员宣布，摩根父子将会牵头组织一个银行辛迪加，承销纽约中央铁路的25万股股票。辛迪加成员包括莫顿－布利斯公司、温思陆－拉尼尔公司、霍夫曼公司等，甚至也包括杰伊·古尔德的公司。

这一次，杰伊·古尔德已经不是摩根同等量级的对手，他仅仅分到了2万股的配售额度，在众多装点门面的银行家中，他也只能算是奉陪末座。但将他请到辛迪加中，却是摩根的一招妙棋。

早在AS铁路争端时，杰伊·古尔德集团就和范德比尔特的代理人明争暗斗，从车站打到法院，甚至付出了血的代价。而当老范德比尔特去世后，古尔德则也开始准备抢夺纽约中央铁路的股权。一时间，关于纽约中央铁路的不利消息迅速传播，有人说这家公司存在祸国殃民的非法交易，还有人从国会到州政府四处提请调查。虽然最终毫无结果，但大家都很清楚，是古尔德上下其手，想要从舆论场上打压中央铁路的股价。

威廉·范德比尔特对普通公众舆论尚且应付不佳，更战胜不了暗盘操弄的对手。他急于找到摩根帮助他销售股票，也正有此考虑。

摩根的想法是，冤家宜解不宜结，老范德比尔特已然仙逝，古尔德也损兵折将，威廉不愿意操心，自己即将进入太平洋铁路公司董事会，更不想面对这种行事无下限的对手。与其如此，倒不如做个人情，将他拉到辛迪加中，即便他不可能就此成为盟友，总不至于再光明正大地找麻烦。

古尔德也有自己的想法。自从AS铁路之争后，黄金炒作失败，自己名声日趋狼藉。即便只是名义上加入摩根财团，也能多少挽回颓势，重新加入金融业界的主流，或许还能找到翻盘的机会。

在场所有人都清楚，这次发布会并非"发布"什么新闻，而是新闻终场的谢幕。整个11月里，摩根和吉诺斯都在伦敦市场不断销售股票，当发布会开始之时，第一期销售工作也已顺利结束。威廉·范德比尔特从中顺利套现了1800万美元现金，并获得了另外1200万的未来收益。

威廉看着流入自己名下账户的现金，不禁眉开眼笑。他认为自己是这场交易的受益者，但任何金融圈的明眼人都看得出来，更大的受益者是摩根。

登顶中央铁路

承销中央铁路公司的股票,是摩根整合铁路行业的第一个正式舞台。

摩根家族在这次交易中收获颇丰。他们以 120 点的价格收购到中央铁路股票,股票随后又涨到了 132 点,并最终稳定在 135 点上。因此,德雷克塞尔 – 摩根公司仅在这一次交易中就赚取了 300 万美元,获利 10% 以上。

外界并不清楚摩根公司的具体获益,但人们知道,为纽约中央铁路销售数额如此庞大的股票,而且是秘密地在国外完成销售,这已是华尔街前无古人的奇迹。许多人更相信,摩根还会在未来打造出更多类似的精彩战例。

除了收获巨大声望外,摩根同时也成为了中央铁路公司董事会的重要成员。同样是在 1873 年危机中,摩根开始为摩根家引入新的竞争模式。颇具讽刺意味的是,这一模式是当初声名狼藉的杰伊·古尔德设计的。

当 1871 年投资者抵制伊利铁路债券时,古尔德建议让外界的煤炭、铁路、银行界等方面,作为股权投资人,参与到铁路管理中,并控制伊利铁路的多数股。古尔德为了安抚华尔街和伦敦金融区的从业者,还曾建议让吉诺斯·摩根作为股权受托人参与其中。这个计划最终流产的原因,在于吉诺斯并不看好这条铁路,甚至不看好铁路产业投资。他私下警告其他铁路公司总裁说,铁路行业之间的价格大战,已经破坏了投资者的信心。到1872年,伊利铁路破产,古尔德彻底失败后,这家公司的债券持有者群情激奋,他们立即使用股权信托这一形式,直接重新运营该铁路,以制约公司。

摩根学到的,是这一并不复杂但很有效的操作形式,将股权信托的效率发挥到了极致。正是这种托管方式,能够让金融家从客户的服务者,摇身一变成为客户的"主人"。

与古尔德一样,在负责承销中央铁路公司股票的银行辛迪加中,绝大多数公司的名字其实并不重要,他们只是扮演着受邀请的角色,为交易做掩人耳目的装饰。实际上,绝大多数股票都由摩根家族直接销往英国,纽约中央铁路将会有一部分重要股权掌握在英国和欧洲股东手中。这些股东无法亲自参加纽约公司总部的有关会议,也难以找到可信的代表人来跨越大洋参加董事会。因此,摩根顺理成章地被看成了英国股东一致信任的代表,其公司又是纽约中央铁路公司的财务代理商。这意味着,摩根已深入掌握了公司的财政大权,更获得了来自欧洲的信任。

自南北战争以来,伦敦对华尔街的评价始终处于较低水平。英国投资者终于发现,美国也有真正的金融银行家,他们会和欧洲银行一样忠于职守,而且还会通过对企业管理运营的掌控,来确保投资者的利益。摩根主动打破惯例,向伦敦投资界公布了中央铁路公司未来的经营策略和路线扩充计划,这一认真态度说服了英国和更多欧洲国家的投资者,在那里,不再有人对他抱有更多的怀疑态度。

但在美国,情况则有所不同。为保护英国债权人的利益,同时也为了扩大自身的影响力,摩根积极追求角色的转变,甚至不顾舆论,大胆地和欧洲金融势力打成一片。这导致一些质疑和反对声音的响起。有人指责他是伦敦银行家的附庸,也有人说他更像殖民地时代的"总督",是欧洲金融势力在美国的代表。总之,英美联合的模糊性,体现在银行这种敏感的金融机构上,让很多观察者感到疑惑。

摩根始终有一种"救世主情结"。在个人生活里,他坚持娶了罹患肺结核的未婚妻咪咪；在商业生涯中，他从来不回避自己为了"伦敦利益"而做贡献。对他自己而言，他时常施惠于人，却并不只是为了扩大个人权力或增加财富。这种充满英雄主义的牺牲精神，又容易让他对批评过于敏感，进而引发他妄自尊大的情绪。因此，在这次交易引发了舆论批评后，摩根的个性棱角变得愈发鲜明。

即便如此，摩根也无意采用杀鸡取卵的方式获得纽约中央铁路公司的控制权，威廉仍然在整体上拥有这家公司。相比与"船长"的事业遗产，他脑海中的目标更为远大。这次交易的成功，让他朝向"华尔街国王的宝座"，又平稳地迈进了一大步。

1881年，吉诺斯向摩根提出了建议。他认为，有必要减免之前销售中央铁路公司股权时，英国股东应给付的利息。此时，欧洲发生了冻灾，继而引发严重的粮食缺乏现象。而美国中西部地区，如宾夕法尼亚州、俄亥俄州、密歇根州、印第安纳州等地出产的小麦、玉米，正以惊人的速度，通过铁路线运往东海岸，再由航运源源不断输向欧洲。

当摩根来到伦敦时，父亲正在办公室等着他。虽然吉诺斯已70多岁，但在摩根眼中，他和当年那个威严正直的父亲没有什么区别。

"纽约中央铁路的股份是不是还在销售中？"吉诺斯摩挲着手中的怀表问道。

摩根说："是的，他们之前承诺的利息已经付完，剩下部分的利息降到了4%。"

"4%，有点儿太多了吧！"

摩根困惑地看着父亲苍老的脸。在昏暗的光线中，吉诺斯不动声色地说："摩根，我们摩根家族始终是讲求信用的，而且你知道，我们有更大的目标。"

吉诺斯刻意停顿了一下，又说道："英国金融界一直对我们美国人并不太信任，但不包括我。在伦敦经营多年，他们已经把我当成自己人，正因如此，中央铁路股票的销售才算顺利……"

摩根不得不承认，父亲的说法是正确的。

"但是，想要更进一步获得我们英国朋友的支持，你就要懂得获取他们的信任，让他们能将眼光看得更长远。现在整个欧洲粮荒，只有从美国大量购买粮食才能生存下去，这已经让纽约中央铁路公司赚到了，如果适当降低英国人应付的利息，就能更好地抓到盟友的心！"

摩根随即认同了父亲的想法。他知道，整个家族实际上已经无须为一时一地的利润得失操心了。与其让这个4%的利息，看起来像是美国人对英国人的趁火打劫，增加双方未来合作的阻碍，不如免除部分，为日后的垄断大业带去希望。

不久之后，摩根将中央铁路公司股权的利息进一步降低，这让摩根的名字在大西洋两岸传播得更远。

与此同时，美国的铁路行业再一次插翅腾飞。由于农产品、煤矿、钢铁、石油的运输量急剧增加，在短短两年内，美国铁路总里程增长了4.8万公里，增加率超过30%。1870年时，全美铁路总长度只有8.32万公里，而此时已增加到14.4万公里。不仅如此，铁路公司之间的竞争异常激烈，从纽约州的杜奥尔巴尼，到五大湖畔的水牛城之间，距离只有32公里，此时却居然铺设了4条并行铁路，分属于不同的铁路企业。

铁路行业发展得越快，摩根眼中的问题就越多。此时，美国不同铁路的铁轨宽度各不相同，轨间距离也互不相同。从支线运送来的货物，必须转到铁路的干线上重新调整车轮，才能进入其他支线。因此，中转站里总是停满了各种类型的蒸汽机车、货车、客车等，严重影响了运输效率。为此，整个行业必须将轨间距离加以调整，才能解决转运的问题。但事实上，虽然铁路建设的总额高达40亿美元，但建设现状依然缺乏规划，转运现状并没有真正改善。为了获取建设费用，铁路行业争先恐后地发行公司债券，其总额高达20亿美元。这些债券的风险随时随地都在增长，成为悬挂在金融行业头顶的一柄利剑。

"铁路行业不能再这样下去了，必须有人站出来。"这是摩根的心声，也是时人的共识。当他走上中央铁路公司的舞台之后，他更是成为了有资格开启铁路垄断历史的第一号人物。

垄断，更要彻底垄断

19世纪最后30年的美国金融与企业界，可以用亚当·斯密早在100多年前的名言描绘："同行们很少聚集，即便是为了娱乐联欢也同样如此。他们如果想要交谈，或者是针对公众的密谋，或者就是为了想方设法提高价格。"在此时此地，这句名言可以凝练为一个词：垄断。

从全世界的工业发展来看，欧洲各国更偏向于采用国家引导的方式，应对发展中生产过剩的问题。各国政府经常利用立法，支持设定价格并限制生产的同业者联盟，减少自由市场的竞争度，促进松散的横向联合，调和同行矛盾，并增强市场的稳定性。这种政策倾向能够尽量减少经济危机的严重程度，但需要付出生产力和创新水平下降的代价。

在美国，情况完全相反。美国政府和社会文化更支持自由竞争，任何带有中央统一计划意味的管制措施几乎都会胎死腹中，导致从联邦到州政府，都无意干预工业生产的过剩问题，也就难以调整经济周期的上下波动。

这种局面的形成，最早能追溯到美国建国初期的"路线斗争"，在自由主义占据上风之后，美国充分享受了激烈竞争带来的优势。那些无所不用其极的手段、金钱与权力的敏感媾和、智力与勇气组合之后的果敢博弈，始终在推动美国经济的增长，但也带来了经济危机这一不可避免的痼疾。到摩根主导的时代时，私人资本已建立起庞大的现代企业；当企业家面对周期性的经济危机时，最先找到的方案是垄断。

由于显而易见的原因，摩根和铁路业有着密切的利益关系，他的垄断之路由此开始。但在19世纪70年代的美国经济舞台上，并不只有铁路事业在通向垄断。这一时期，石油、钢铁、食糖、皮革、酒类等产品的制造和销售，以及各类矿产资源的开采，都在创造着巨大的财富。参与财富竞争的企业家们，大都和铁路业主与投资人们一样，只关注自己的利益，以寻求各种登上垄断宝座的机会。

例如，此时已大名鼎鼎的百万富翁洛克菲勒，找到范德比尔特和密歇根中央铁路公司副总裁阿马萨·斯通，直接要求他们的铁路必须在运输其石油时降低运费。洛克菲勒在克利夫兰拥有全美最大的石油冶炼厂，他的订单对铁路公司而言至关重要，于是他得到了自己所要求的优惠，并在竞争中占据十分有利的位置，为将来走向垄断奠定了基础。在得到运费优惠后的第一年，他就击垮了4家竞争者；两年后，他组建了南方改进公司；此后又陆续吞并了26家炼油厂。

类似的故事，在其他行业也正在上演。比辛迪加更高效的托拉斯不断出现，这种强有效的垄断手法，客观上确实消除了商业领域的众多不正当竞争，但与此同时，合法的竞争也被排斥了。少数富翁和大企业开始控制各类产品，并限制行业内的自由贸易，导致美国公众和各级政府的不安。

选择少数精英的垄断之路，还是顾及公众与政府的忧心忡忡？摩根选择了前者。

摩根坚信自我意志的力量。面对金钱和成功，他同样贪婪，但他不同于更早的富豪们。相对而言，环境影响了祖父、父亲，使他们在市场中的竞争行为，更多出自追求生存与发展的欲望。但摩根显然不需要为这些担心，因此他的"贪婪"表现中，更多了几分理想主义的味道。例如，当他面对的经济利益与他的社会责任感有所抵触时，他就很可能激发起变革的愿望，想要通过新的平衡方式，使两者并不相互违背。

在外人看来，为了垄断，摩根的意志力似乎膨胀得太快了，他俨然如同公司和宅邸内高高在上的君主，不允许别人对自己的感觉和理念有丝毫怀疑。他坚信自己脑海中的灵感，而事实上这些灵感确实也带来了丰厚的收益。对别人而言，这着实有些匪夷所思，但却更坚定了他的自我信任——这种信任在外界看来就是典型的自负，是"我成功我有理"的强者逻辑。

摩根无疑是强势的，但这种强势与之前的美国富豪们有所不同。他不只意图建立家族旗帜下的金融帝国，更带有强烈的社会责任感，甚至带有些许的宗教救赎意味。他虽然从越来越庞大的个人财富中拿出一部分来用于享受生活，但他同样随时做好准备，以个人价值和影响力，去帮助解决经济危机，以致力于建设更为富强的美国。

摩根相信，预防1873年经济危机再次出现的方法，是从铁路行业开始，建立统一的金融帝国，以垄断形式，将金融业的运行集中起来，避免乱七八糟的竞争手段。而摩根家族的底蕴，与他本人的相关特质，使他能完美掌控行业的运转，提供更高效的服务。

1880年开始，摩根的生活与工作节奏完全恢复到金融危机之前的样子。每周他只回家两天，平时则几乎住在公司里。即便如此，他对家人还是非常负责，孩子们和他小时候一样，被送进最好的学校，每到结婚纪念日，他都会送花给妻子芬妮。每次出门旅行，他也不忘给妻子和孩子们带礼物。他自己也有了新的爱好，开始饲养牧羊犬，他从英格兰带回来的狗越来越多，并经常在美国各地的宠物狗博览会上获奖。另一方面，他也经常独自一人旅行和参加社交活动，并时不时传出一些绯闻。当然，作为富翁，这些花边新闻都会以他的慷慨解囊而告终。

1880年，纽约第五大街越来越像富翁之家，许多奢华的建筑物在此拔地而起。其中包括范德比尔特几个儿子的新宅邸，也有其他上流社会人士买下的大楼。摩根同样感到，自己原先的住处不能满足需要，而庄园又距离公司太远，必须找个更大的地方。不过，他没有考虑进第五大街去凑热闹，而是买下了麦迪逊大街219号的房产，他和范德比尔特家族聘请了同一位建筑设计师，设计师的任务是按照摩根提出的想法进行内部装修。

当219号宅邸装修好后，人们看见摩根家族的新府雍容华贵而不过度精雕细琢。在大门侧翼，矗立着古希腊爱奥尼亚风格的廊柱，宽大的凸窗面对着麦迪逊大街。一楼有一间很大的绘画室，一间会客厅，还有饭厅、书房和图书馆，此外还加了一间温室。各个房间里摆设着庄重的木质家具，古董摆件点缀其间。明朗宽阔的图书馆内，四周镶嵌着圣托多明岗的红木嵌板，正中是摩根硕大的书桌。与其说这是图书馆，不如说就是一家商业银行合伙人的办公室。这间图书馆看起来威严高冷，以至于仆人们将之称为"黑色书房"。这里将作为摩根日常使用的房间，当他在家时，这里就是他工作和生活的中心。

从此时至离世，摩根始终没有改变对垄断的追求，乃至成为他的一种信仰。这种态度可以被看作"天将降大任于是人"的自信，也可以看成"虽千万人吾往矣"的霸气，同样也能解读为对权力、美誉、责任的贪婪追求……为此，摩根应该并未在意身前身后的评说，他甚至都不太愿意听父亲的劝说。

早在 1875 年，远在大西洋对岸的吉诺斯，就认定儿子对权力感追求得太多，以至于将工作面铺得太广，导致难以保障重点。吉诺斯要求儿子从几个企业董事会中辞职，那时摩根羽翼未丰，顺从了父亲的意愿，但他同时辩驳说，自己"每接受一个董事职位，就已经拒绝了另外 10 个"，而且他"从不接受对家族商业无利可图的董事职位"。此时，摩根担任董事的公司包括国家商业银行、中央信托公司、特拉华·哈德逊运河公司（即 AS 铁路的承租方）、普尔曼豪华车厢公司、卡内基的伊利诺伊圣路易斯大桥管理公司，以及最新进入的几家铁路公司。摩根认为，这些职位中有些确实耗费时间，有些则比较轻松，但无论哪个，都"对我们的业务大有裨益，而且还能用来与地位显赫、势力巨大的绅士们结交"。

父子二人对董事职位看法的差异，显示出两代人对垄断目标的不同看法。吉诺斯作为老一辈金融家的代表，更多注重金融行业的服务属性，希望儿子能扮演好自己的角色，恪守传统。但摩根却希望将金融变成实现彻底垄断的坦途、发挥个人与家族能量的重要工具，也能影响整个国民经济。

接手北太平洋铁路

1880 年,相比宅邸、宠物、社交和情人,摩根投入更多关注的依然是铁路行业。这一年,他食髓知味,再次牵头组织了新的银行辛迪加,以 6% 的利率,承销了 4000 万美元的北太平洋铁路债券。

北太平洋铁路公司,是杰伊·库克的"遗产",其设计路线是从苏必利尔湖到普吉特湾。从 1873 年该公司宣布破产并引发金融危机以来,这条铁路始终没有完工。1875 年时,这家公司试图开始重组,并向股票持有者们发出呼吁:"这条尚未完成的铁路,目前没有任何回报可言,但完成建设后,它必将成为这个国家伟大的交通干线之一。"然而,这样的呼吁并没有引起资本市场的关注,北太平洋铁路公司的财务情况依然举步维艰。

1880 年,北太平洋铁路公司的总裁请求德雷克塞尔-摩根公司为这条铁路进行筹资,以完成从蒙大拿到海岸的轨道,这已是该路线的最后一段。摩根并未立刻作出结论,他秉持着对客户和投资人负责的原则,对北太平洋铁路进行了细致调查,发现之前杰伊·库克花费了巨资,可铁路目前只扩展到明尼苏达州的西部。但如果能按原先所计划的那样,一直扩展到临太平洋,这条铁路必然会有繁荣的前景。于是,他联合了温斯洛、兰雷尔和奥古斯特·贝尔蒙特等银行家,共同组成新的辛迪加,着手发售普通抵押债券。这批债券价值 4000 万美元,成为美国历史上前所未有的铁路债券交易数额。

虽然摩根看好这笔债券发售的前景,但吉诺斯却对此表示怀疑和担心。摩根耐心地通过书信,回复了老父亲的所有疑问,从技术上确保债券发售的成功性。此外,摩根还附上了一封美国联邦政府内务部长卡尔·舒尔茨的信,在信中,部长向北太平洋铁路公司的总裁承诺:"我们内务部唯一的愿望,就是排除任何可能的干扰,来确保你们这桩事业的成功。"

于是,吉诺斯树立起成功的信心,他同意了儿子的请求:在欧洲出售这家公司的债券。由于信息透明、价格公道,再加上摩根公司如日中天的名声,债券在大西洋两岸都销售一空。吉诺斯对儿子带来的生意欣喜不已,倒并不是由于利润可观,而是因为他终于确认了摩根的能力,确实可以不必借助罗斯柴尔德家族的能力,就在欧洲完成历史上最大的铁路债券融资。于是,吉诺斯以赞赏的口吻,从伦敦向纽约发送了一份电报,结尾处热情洋溢地写道:"热烈祝贺我们此次伟大合作的成功!"而纽约的德雷克塞尔-摩根公司则回复说:"让我们互相道贺吧!在这里,这个伟大的成功已经是我们日常谈话的主题。"

这次金融市场上的巨大成功,终于为北太平洋铁路完成最后一段路轨,带去了有力的保障。但随着北太平洋铁路的强大,这一地区的其他铁路公司却受到了威胁,其中受到困扰最大的人,正是亨利·维拉德。

亨利·维拉德是德国移民。在美国内战期间,他曾经只是几家纽约报纸的撰稿人。1869年,当横跨大陆的中央铁路联通之后,他立刻看到了在西北部太平洋沿岸进行贸易的商业机会。凭借独特的商业嗅觉,他在当地最先建立了运输网络,命名为俄勒冈铁路-航海公司。1880年,他已拥有相当的实力,足够在麦迪逊大道上建造一座大厦,同时还买下了他做记者时曾工作的《纽约晚间邮报》。

同为美国西北部交通运输的主要公司,维拉德无疑将北太平洋铁路公司看作主要的竞争对手。当后者一度破产时,维拉德无疑为之松了口气,但随着摩根通过债券筹到大批资金,逐步壮大北太平洋铁路公司时,维拉德感到了新的不安。他如同被惊动了的冬眠动物,立刻做出了条件反射般的回应。

1880年11月,维拉德发动突袭,购买了北太平洋铁路公司的控股权。他进而向外界宣布,自己要把这条铁路和麾下的俄勒冈铁路-航海公司,全部合并为同一家控股公司,名为俄勒冈-横跨大陆公司(简称为OT公司)。OT公司将具有强大的决断能力,不论是对两家附属公司的控制,还是进行合作方面,OT公司都会拥有充足的股权数量进行表决。

摩根并不是那种喜好争端的人,他也不谋求在自己入股的每一家公司都掌握优势地位,而是同意双方共同搭建OT公司。1881年9月,北太平洋铁路公司董事会选举维拉德担任总裁。

作为对维拉德的支持,1881年,摩根再次组织了一个辛迪加,卖出了2000万美元的北太平洋债券,其中大部分是在英国发行的。

在随后的两年内,新的北太平洋铁路公司不断得到来自摩根公司筹资的支持,完成了铁路建设。1883年9月,摩根在北太平洋铁路公司董事会中拥有了席位,并迅速展现真实态度。

摩根想要有所行动,并不是为了抢夺公司的主导权,而是维拉德在北方太平洋铁路公司内的管理出现了不少问题。其中,铁路建设费用大大超出了公司的预计,而在其他工程上,维拉德也随意支出费用,严重超出了预计。这导致OT公司的股票在市场上出现了下跌趋势。到1883年底,维拉德和OT公司甚至陷入了资不抵债的情形。

挽救北太平洋铁路公司信誉的重任,再次落到了摩根的肩膀上。他给自己在伦敦的合作伙伴发去电报,说需要立即介入北太平洋铁路公司股票价值的危机。12月初,还没等到伦敦方面形成正式方案,在投机市场上就发生了针对北太平洋铁路公司股票价格的攻击,攻击者采取相当激进的步骤做空股票,想要将这家公司的财产纳入囊中。

此时,尽管摩根并不愿意公开站出来稳定股价,但也不得不带着复杂的心情去控制局势。他就此对身边的沃尔特·伯恩斯抱怨说:"但我还是做了,我必须体现出自己有不可推卸的责任、有捍卫利益的决心。"摩根之所以感到恼火,是因为维拉德总是在躲躲藏藏。在许多问题上,维拉德都将自己置身于这家公司之外,无法和董事们公开坦率地交换意见。当然,摩根也为维拉德感到遗憾,他客观地评价说,维拉德已经算是尽心尽力了。

摩根专门同维拉德谈了两次。他心平气和地劝说维拉德,鉴于目前的形势和公司未来的发展,维拉德必须先辞去北太平洋铁路公司、俄勒冈铁路－航海公司和 OT 公司总裁职位。维拉德起初很不愿意,但他看着日复一日下跌的股票价格,最终还是黯然同意,将拯救局面的重任全权委托给摩根。

摩根立即带领公司,利用贷款、认购普通股和发售辅助债券等形式,帮助北太平洋铁路公司摆脱了 OT 公司的控股,并注入新的资本。他们将北太平洋铁路公司二级抵押债券的收益,投入到一个基金中,这个基金牢牢控制在摩根手中,只有他的签名许可才能生效。为了确保万无一失,摩根还指定成立了一个强有力的委员会,确保对所有相关事务的严格控制。

到 1883 年 12 月中旬,在摩根加入北太平洋铁路公司董事会 3 个月之后,这家公司最黑暗的日子终于过去了。摩根不断买入这家公司的股票和债券,将做空一方逼到了落败的位置上。在此期间,北太平洋铁路公司的盈利能力不断得到承认,股票市场对这次挽救行动的反应也相当积极。但相比这些,摩根更警惕那些做空的投机分子,他希望让这些人受到惩罚。他带着胜利者的口吻告诉朋友:"看到那些曾经破坏了他人财产的家伙们得到了严厉的惩罚,真是令人感到高兴。"此外,他还自信地宣布,股票的实际价值,其实远不止目前的市场行情。到 1883 年底,摩根为北太平洋铁路公司提供的 4000 万美元贷款开始有了盈利。此后,他将俄勒冈铁路－航海公司也租给了北太平洋铁路公司。

摩根很少直接参与到股票和债券终端市场的价格斗争中,但这次他全力以赴,取得了完美的战果。当他在一封书信中回顾北太平洋铁路公司的相关交易时,他如此写道:"无论利润多少,正如过去 3 个月里我们全力出击的那样,这都是一场恶仗……我们终于战胜了一切,知道自己拥有足够的能力,将北太平洋铁路公司和 OT 公司从崩溃的边缘挽救出来。相比之下，没有什么其他事情，能给我带来更大的满足了。"

经过这件事，维拉德卖掉了自己的公司，成为德意志银行驻美国的代表，从此远离交通行业。摩根的姓氏，则由此和北太平洋铁路公司紧密联系在一起。从中央铁路到北太平洋铁路，摩根在铁路行业内的权势越来越大，他沉浸其中越是深入，胸中燃烧的烈火就越是旺盛。他相信自己能拯救整个铁路行业。

海盗号俱乐部

1882年5月,经过了充满放松与追忆的欧洲与中东旅游,摩根回到纽约。他面前有不少需要立刻处理的事情。例如,杰伊·古尔德买下了西部联合电报公司的控制权,而摩根所有的机密信息都是通过这家电报公司传送的,他担心古尔德会破解密码来盗取机密,因此也着手收购这家公司的股份,从而监视古尔德。

在忙碌的同时,摩根还加入了纽约游艇俱乐部,以此让爱船"海盗号"寻得天地。

"海盗号"是当时最新式、最强大的蒸汽游艇。船身长56米,船体为黑色,建造者为费城的一家船舶公司。它配备有双桅纵帆装备、大型螺旋桨的动力,还有双缸发动机、倾斜式烟囱和椭圆形的舵。船舱内的主客厅里,黑色底衬上附带有金丝装饰,整齐地摆放着无靠背沙发、双连体餐具柜和瓷砖砌成的壁炉。船员和服务人员训练有素,随时恭候摩根与其亲朋好友的到来。

在19世纪80年代早期,游艇已经成为美国新贵财阀们流行的娱乐方式和社交项目。有些年轻的富豪甚至开始学习如何亲自驾驶游艇,而其他许多人加入该俱乐部则是出于"圈子"原因。这项活动可以直接展示自己的财力和地位,例如,摩根的"海盗号",从外观长度上就远超当时其他富豪的游艇,外界始终有人想要了解他到底为此花了多少钱,但他则告诉别人"如果价钱的不同对你来说是有区别的,那还是不要去买了"。

无论"海盗号"到底花了摩根多少钱，对他而言都是值得的。从1882年之后，这里就是他用来度过夏天的第二个家，以便于他能从无休止的生意中解脱出来，同时脱离公众的目光，脱离家庭的羁绊。"海盗号"时常停泊在纽约港口，他经常在那里呼朋唤友、组织聚会、安排航线和美味佳肴，也为来访者提供住宿。在海上的旅游和居住，也为他带来了健康的保证。他甚至还专门为"海盗号"组建了一个俱乐部，成员们定期在船上欢聚与社交。

正是在"海盗号"游艇上，摩根完成了一场铁路公司竞争调停的大戏。

19世纪末，美国铁路行业再次爆炸式发展，竞争无处不在，无所不用其极。压低运费价格已经是常见手段，讹诈线路、轨矩混乱等恶性竞争行为也司空见惯，几乎没有所谓的规则。1881年，宾夕法尼亚铁路公司出资，在纽约哈德逊河西岸开始修建新的铁路。这一带原本自然风景优美怡人，是摩根喜爱的度假地，但巨大的机器轰鸣声很快打破宁静，让居住在这里的居民极为不满。

对西岸铁路同样感到不满的，还有摩根所参与的纽约中央铁路公司。原来，这条新的西岸铁路，正好与中央铁路的支线平行。而在原有铁路附近修建一条平行铁路，再以低价抢夺对方的生意，是铁路公司竞争中颇为流行的做法。

"平行铁路"的竞争手法就像一块臭豆腐，名声很臭，吃起来却挺香。在任何时候，铁路想要赚钱，多少都离不开垄断性质。一旦优秀线路旁边出现竞争者，即便其规模不大，都会让原有的投资者头疼。因为新铁路公司总是会拒绝运送货物到原有的优秀线路上，反而还会不断降价，市场份额就会被这种无赖式的打法分解得支离破碎。因此，许多大公司为了避免生意被破坏，只能选择出资买下新的铁路路线，该类线路又被称为"讹诈线路"。

但是，纽约中央铁路公司不想被敲诈，他们决定报复宾夕法尼亚铁路公司。不久之后，南宾夕法尼亚铁路开始破土动工，这条线路从费城到匹兹堡，和宾夕法尼亚铁路平行，是一条典型的"讹诈线路"。

现在，宾夕法尼亚铁路公司和纽约中央铁路公司之间，已经有两条"讹诈线路"存在，激烈地互相伤害开始了。双方随后打起了运价大战，为了击垮对手，他们拼命压价，这又导致了两家公司股票和债券价格大幅度下跌。

一直以来，摩根都很不喜欢这种双输的竞争方式。无论是违背道德的手段，还是破坏了商业格局的结果，都对这两家公司毫无裨益。摩根早已是一位备受尊敬的银行家，他认为铁路公司的经营者也应该像自己那样，避免滥用个人权力，既注重专业技术，也注重商业原则，既保证战胜对手，又努力避免没有意义的损失。为此，他自己也努力不过多干涉投资的铁路公司，防止过多操纵带来错误。

因此，当听说了这两家公司的矛盾愈来愈大时，摩根眼前不由得出现了当年的一幕。

那还是1872年，吉诺斯的伦敦公司为伊利诺伊州的凯诺－文赛里斯铁路公司（简称CV铁路）发行了70万英镑的优先抵押债券。这次债券发行的业务量不大，但在一年之后，就将这家原本资不抵债的公司从窘境中解救了出来。于是，吉诺斯对整个公司进行了重组，并成立了由自己人控制的董事会，其中，摩根担任总裁，董事们有安东尼·德雷克塞尔以及家族的其他合伙人等，甚至连公司驻纽约的律师，都是摩根的岳父。而CV铁路公司原来的总裁则继续留任，但他的工作已经接近名誉性质，只是根据董事会的"指示"完成投票表决。

随后的8年多时间内，摩根率领董事会，解决了CV铁路公司的所有麻烦，包括法律诉讼、流动债务，并批准购买新的铁路线路和设备。但摩根坚决反对过度干预公司的"内政"。例如，1875年，吉诺斯的欧洲董事成员们提议要建立一个基金，负责控制该公司证券的市场安全。但摩根表示说，如果欧洲董事们想要做这种耗资巨大而没有任何益处的事情，所有美国董事都会选择辞职。

最终，CV公司重新变成了负资产。到1881年，银行家董事会选择将其租赁出去，这笔投资最终亏损了200多万美元。摩根从中学到了很多教训，对过度干预导致问题引发的警惕，使他感受颇深，同时也加强了他对投资与经营之间界限的清醒认识。

摩根追求垄断，因此他总是努力避免不必要的竞争升级。在收购CV铁路的同时，他的公司曾为芝加哥－阿尔顿铁路公司发行了价值上千万美元的债券。铁路公司董事会曾经想要扩建一条铁路，这条铁路通过伊利诺伊州、密苏里州，直到堪萨斯州。摩根对此强烈反对，他的理由是：那里早就有了三条线路，而且都没有产生应有的效益。摩根警告公司的董事们，如果想要继续执行这样的自杀行为，他就会卖掉自己的股票并完全退出，也不再对公司的财产负任何责任。这种态度最后让芝加哥－阿尔顿公司放弃了扩建计划。

总之，摩根努力在铁路公司内扮演资金渠道和安全阀的角色。出于银行家的责任，他需要为公司带来新的资金；出于对客户负责的态度，他必须加强对公司董事会的监督管理，避免他们因为头脑发热而选择"自杀"。正是这种平衡谨慎的姿态，使得摩根既能不断获得重量级的美国客户，又能始终保持和欧洲资本市场的紧密联系。也正是如此投入的工作态度，让摩根经常感到身心疲惫，只是凭借个人责任感而坚守在岗位上。

曾几何时，无论摩根选择做什么，都会注重个人健康和家庭。但随着年纪增长，他越来越意识到必须将责任感提升到更高层次，才能实现在铁路公司、投资者和自身商业利益之间的平衡，这才能成为真正职业的金融领袖。摩根为此曾对吉姆·古德温抱怨说："如果仅仅是我自己的事情，我会很快地解决这个问题并且丢弃不顾。但是在我的肩膀上担负着别人的巨大利益，因此，我就不可能那样做……我经常希望能有更多的时间，来做其他事情，而这种渴望，对我来说只是梦想而已。"

当宾州铁路和中央铁路发生矛盾并愈演愈烈之时，摩根要做的不仅是调停，他还必须为了公司、投资人和自己的利益，必须出于自己的职责，花费双份的努力，在"海盗号"上拿出真正有效的解决方案。

第七章

让游戏不停歇

　　这是摩根在商业谈判中的另一套策略。这套策略重在不断增强紧张气氛和压力,为对手创设出"没有出路"的焦虑感,并进一步为他的对手设定截止日期,以威胁他们作出决定。此外,由于摩根言语简练、思路清晰,并给对手充分表达情绪的机会,对手也会不由自主地认为他是诚实而中立的。当摩根沉默的时候,他并非无所事事,而是在观察着谈判走向,判断每个人的想法, 并在短暂的决定性瞬间说出一两句重要话语,以保证谈判向既定目标发展。这正如同后来有人所描述的那样:"摩根最重要的智力,就是他能在短短 5 分钟内,全神贯注地思考大量问题。"

别有心机的调停

在"海盗号"上,摩根紧紧盯着眼前报纸上的头条:西岸铁路和中央铁路之战尚未平息!他闭上眼睛,脑海中随即浮现出两家公司作战的大致蓝图……

西岸铁路公司,由杰伊·古尔德联合乔治·普尔曼公司创建。这家公司生来就是为了和纽约中央铁路公司作对的,因此,普尔曼公司早有准备地从华尔街筹到了1500万美元,完成了"讹诈线路"的修建。

西岸铁路公司的做法相当卑劣,但无论如何,这在当时的铁路行业内蔚然成风,并不算特别出格。因此,尽管摩根是中央铁路公司的董事会成员,但他最初也没有重视西岸铁路工程,即使建设进度就在他眼皮子底下如火如荼地发展着,但这最多只是导致摩根在其科雷斯顿庄园里的宁静休假被打扰。除此之外,他并没有任何卷入其中的想法。

摩根更不会去支持西岸铁路。尽管他也有朋友参与了这一工程的投资基金会,但他却没有动心。除了自己是中央铁路公司董事的原因外,他更不想和杰伊·古尔德有半毛钱关系。

中央铁路原本是范德比尔特家族的财产,但现在,威廉·范德比尔特已知难而退,放弃控制公司,转而用套现的现金购买了政府债券,进入其他领域,随时准备做个快乐的富家翁。威廉现在手头持有的中央铁路公司股票只有8万,根本不关心与西岸铁路公司的竞争态势。

正因如此,在1885年开战以后,西岸铁路公司毫不奇怪地迅速破产,并马上被宾州铁路公司所接管。这样，竞争变得更为白热化，导致影响到了中央铁路公司的股价，连父亲吉诺斯也来找摩根，要求他尽快调停争端……

想到这里，摩根睁开眼，叹息了一声。树欲静而风不止，他想到自己虽然努力追求平衡，但矛盾总是犹如雨后春笋般出现，让自己无法置身事外。

早在几年前，铁路行业就开始出现呼声，表示应该有金融巨头来作为仲裁方，以公正的态度平息种种竞争——无论这些竞争是否真正合理——从而让行业局面得以安定下来。有人还专门为这个提议发电报给吉诺斯·摩根，电报里写道："这里的许多投资者似乎都失去了理智，我们急需的是头脑冷静而意志坚强的人，成为领路人。"[1]

虽然没有人直接提到摩根，但毫无疑问，人们口中"领路人"的名字就是摩根。对此，摩根也心知肚明。如果在平时，他大可以躲在幕后，但如果这样的恶性竞争继续下去，两家公司就很可能陷入财务危机，在纽约和伦敦的债券市场上，他们将会遭到打压。这样，无论是投资人还是摩根家族，都会付出相当的代价。

摩根和父亲经过紧急磋商，一致决定，是时候以家族的名义出面，说服双方停止无意义的斗争，坐回谈判桌前。

摩根很快来到中央铁路公司，说服了威廉·范德比尔特，建议他迅速大量买入公司股票，先稳定价格。威廉对摩根言听计从，局面得到了控制。

摩根转而劝说董事会，建议他们应该与宾州铁路公司谈判，进行心平气和地讨论，避免双输局面。中央铁路公司的董事会原本就期待有人出来调停，作为行业的传统领军者，他们并不愿意陷入长期的战争中。

但问题出现在宾州铁路公司身上。公司董事长乔治·罗伯茨始终

---

[1] 约瑟夫森著：《强盗领主》(Robber Barons)，第293页。

没有释放友好信息,他既不愿意停下恶意竞争的手段,更不愿意坐到谈判桌前。当摩根和中央铁路公司总裁乔希·德普去拜访他之后,他也没有作出任何明确的表态。

放在摩根面前的,不只是单纯的生意竞争,更有深邃的人心和浅薄的脸面。中央铁路在前,宾州铁路在后,双方围绕着美国东部铁路行业的话语权和控制权进行争夺。位于前者的中央铁路更愿意退让,而追赶者宾州铁路却因为未得到明确的承诺,而不愿停止战火。摩根清楚,真正能结束这场争端的,不是双方表面上的握手言和,而是自己能拿出何种公平程度的解决方案。无论哪家公司,在真正的利益面前,都会选择闭嘴、碰杯、停战,而不是每天计算股价的下跌。

摩根深思熟虑,他决定不再去拜访对方,而是邀请宾州铁路公司的董事长乔治·罗伯茨和副董事长弗兰克·汤姆逊,前来参观自己的游艇"海盗号"。

选择游艇作为会谈地点,摩根可谓煞费苦心。"海盗号"再大,也只是艘船,它安全而奢华,弥漫着享受财富的味道,无形中拉近了宾主之间的距离。同时,它又不属于办公场所,不会给来宾以摩根仗势压人的被动感。相反,"海盗号"更像私人的俱乐部活动,那种始终持续在双方之间的战争氛围,在此消散一空。后来,还有人推测说,选择游艇,是为了更好地保密,避免遭到无孔不入的新闻舆论打扰。面对言之凿凿的推论,摩根故意语焉不详:"我倒是从未这样想过,不过也许就是如此呢。"[1]

摩根的"心机"得到了回报。1885年7月20日,阳光普照,天气炎热。上午10时,客人们准时来到泽西市的专用码头,登上了焕发光彩的"海盗号"。摩根和乔希·德普早已在船头等候。宾主亲热地握手致意,相互寒暄,就像双方之间什么都没有发生过。那些日夜不停的铁路工地、

---

[1] 惠勒著:《皮尔庞特·摩根和他的朋友们》(Pierpont Morgan & Friends)。

你追我赶的价格碾压、日趋一日下跌的 K 线图……都被藏到了微笑和礼貌之后。

随着汽笛厚重的鸣叫声,岸上的人看见"海盗号"硕大的烟囱中冒出隆隆黑烟,船身缓缓开动起来。客人们面前的玻璃窗外,哈德逊河两岸熟悉的风景,逐渐加速向后移动。但罗伯茨和汤姆逊无心观赏,谈话开始后,他们立刻被摩根牢牢地抓住了注意力。

摩根自信地坐在后甲板的天棚之下,手中夹着粗大的黑色古巴雪茄,享受着凉爽的轻风。他开门见山地说,目前两家公司争斗的影响,已不只限于几条铁路了,而是导致欧洲的投资者对铁路事业普遍不满。如果想要让外国资本继续进入美国的铁路市场,自己作为投资者的代表,就必须保护规则底线,避免由于恶意竞争而出现的浪费和市场波动。如果两家公司无法达成协议,行业整体就会面临资金的迅速流失。

"因此,先生们,我建议结束重复建设、价格战等毁灭性的竞争。它带来的结果,对每个人都不公平。"

摩根语速平缓,声音镇定,带着些许鼻音。虽然他在谈论和自己利益相关的事情,但又平静理性,同时却不容置疑。尽管他年纪不到五旬,但周身却透露出隐隐的领袖气质,而不仅仅是商人的精明感。或许正因如此,当他说了一小会儿,突然停下后,船上人并未立即反应,而是陷入了沉默。

哈德逊河口已在身后,海水正轻轻拍打着"海盗号",摩根举起雪茄,笼罩在烟雾之中。

这是摩根在未来商业谈判中最常使用的策略。他很少滔滔不绝,而是鲜明地亮出观点,让对手的压力感逐渐增大。当对方盘算着如何反击时,他却突然闭上了嘴,如同在瞄准镜中突然消失的狮子。这样,对手体察到的就只有莫名紧张。在紧张气氛即将达到沸点时突然凝固后,参与谈判的各方反而会随之冷静下来。

"海盗号"正在向北航行,看起来会在海上继续游览下去。德普清了清嗓子,打破了沉默。他建议,两家公司就此休战,因为采取一致行动建设铁路大干线,比继续争斗下去有利得多。双方与其打来打去,不如形成利益共同体,将各自市场领地分成互不干涉的势力范围。为此,作为第一步,两家铁路公司不如先交换手中的"烫山芋",即将西岸铁路公司和南宾夕法尼亚铁路进行置换。

罗伯茨皱皱眉毛,说出了对这种置换交易的不信任。还没等他发问,德普立刻保证说,摩根先生和他的公司,将会促成双方之间的合作。这一次,罗伯茨没有回话,但汤姆逊看起来已经心动了。

"海盗号"上的服务员恭敬地上来请示摩根,说午餐已经准备好了。摩根大手一挥,所有人起身坐到了餐桌边。精美的午餐让大家松了口气,谈话的内容也远离了生意,人们将这艘船同洛克菲勒的游艇进行比对,又聊到了游艇俱乐部的内幕故事,其间甚至还爆发了一两次短促的笑声。

午饭后讨论继续。摩根话很少,大多数时间,他都在抽着雪茄,默默观察双方的讨论。当双方剑拔弩张时,他假装并不在意,将目光看向窗外,任由双方发泄情绪。而当双方冷静下来,重新谈实质性问题时,他会插上两句,暗示机会并不是永远存在的,任何谈判和合作行动,都会有时间界限。时间一到,即便是他和他的父亲,也对行业的崩溃无能为力。

这是摩根在商业谈判中的另一套策略。这套策略重在不断增强紧张气氛和压力,为对手创设出"没有出路"的焦虑感,并进一步为他的对手设定截止日期,以威胁他们作出决定。此外,由于摩根言语简练、思路清晰,并给对手充分表达情绪的机会,对手也会不由自主地认为他是诚实而中立的。当摩根沉默的时候,他并非无所事事,而是在观察着谈判走向,判断每个人的想法,并在短暂的决定性瞬间说出一两句重要话语,以保证谈判向既定目标发展。这正如同后来有人所描述的那样:"摩根最重要的智力,就是他能在短短5分钟内,全神贯注地思考大量问题。"

天色逐渐暗淡下来,船开始掉头,朝哈德逊河口驶去,谈判已进入尾声。摩根开始了总结性发言。他建议，如果继续恶意竞争下去，就会像今天这样白白消耗了美好的时间，不如互惠互利，让中央铁路公司来经营西岸铁路，让宾州铁路公司来打造南宾夕法尼亚公司。

这种总结性的提案，就像放在客人面前的最后通牒。汤姆逊已经完全折服了，他频频点头。但罗伯茨还是阴沉着脸。

为了让对方进一步放心，摩根开始做出保证，他坦然地说，所有置换、接管的细节，自己的专家团队都会做出细致的计划。最重要的金融方面的问题，则由他来一手解决，并且不需要双方付任何费用。

说完这些，摩根相信自己应该做的事情已经做完了，接下来他决定耐心等待。

当"海盗号"回到码头之后，汤姆逊先和摩根告别，他紧紧地握了握摩根的手，投来折服的眼光。罗伯茨缓缓走出船舱，在踏上跳板之前，他抬头看了看深邃的夜空，又看了看灯火辉映的纽约城，然后，他回头握住摩根的手，说出了终结"战争"的话语："摩根先生，我同意您的计划，并且我将为之尽力。"

一切矛盾烟消云散了。当月，这两家美国最大的铁路公司签订协议，交换了彼此旗下重要铁路的经营权，就此停战。这份协议在当时被称为《"海盗号"协议》。

根据协议，德雷克塞尔－摩根公司的精干团队专门建立了一个委员会，斥资 2400 万美元，买下了西岸铁路公司，然后将之无限期出租给纽约中央铁路公司。同时，由于纽约州反垄断法的限制，宾夕法尼亚铁路公司无法直接收购南宾夕法尼亚铁路，于是摩根购买了该铁路资产中 60% 的股权，然后将之转移为另一条铁路线的债券，交付给宾夕法尼亚铁路公司。

摩根初次在他的商业生涯中扮演调停者的角色，就取得了巨大成功。消息传到欧洲，在伦敦的吉诺斯也为之倾倒，他对妻子说："即使是我出面，也不可能像摩根处理得这么漂亮。"

这是吉诺斯·摩根第一次正式流露出"王位"传承的意图。

整合的努力

《"海盗号"协议》不仅让吉诺斯重新认识了摩根,也让行业和媒体舆论为斗争的结束而爆发出欢呼。人们认为,摩根确实堪称铁路界的总设计师,有记者这样写道:"对于铁路界而言,至少人们还是希望看到适者生存的规则得到体现……正是摩根先生设想出了这第一步的和平解决方案,它是后来所产生的一系列内容的胚胎。"

协议具有强大的示范性,让其他铁路公司如梦初醒。他们发现,头部企业已经不再用传统眼光看待竞争了。那些盲目压价、重复建设的手段,表面上看能产生一时的利益,但如果所有人都这样肆意妄为,整个行业就会变得一团糟。届时,不要说"蛋糕"了,连"桌子"都可能掀翻。这对想要长期盈利的铁路经营者来说,并没有任何好处。相反,只有真正坐下来平等协商切分"蛋糕",才是正路。

在《"海盗船"协议》中,掌握切分"蛋糕"权力的那个公平仲裁者,正是摩根。在此之前,竞争总是赤裸裸的,企业家们缺乏必要的退让心理,没有能够用以心平气和讨论问题的组织,因此银行家能作为中立方出面。此后,行业中还会产生越来越多的类似需求,但公平仲裁者的角色会更多转移给专业律师、法庭或者调解委员会来承担。

有矛盾的平息,就有矛盾的产生。对摩根毫无感激之意的也大有人在。那些成千上万的船运商人对此就很不满,认为一旦铁路业界团结统一,就会给出垄断性的价格,打压其他交通运输公司,从而脱离了合理的竞争机制,因此,他们对此持反对态度。

从《"海盗号"协议》开始，铁路行业的风气逐渐转变。带来转变的摩根，开始在 48 岁的年龄，被华尔街、媒体和公众重新审视。尽管他身处金融业，但轻松化解了美国铁路行业内部纠缠已久的恶性竞争，这让他的内在能量显得神秘莫测。人们原本以为他只会在父亲和欧洲的庇护下，操弄债券、证券与黄金、美元，但这一角色形象设定至此已被颠覆，取而代之的是积极保护股东利益且尊重市场规则的银行家形象。

1885 年末，在《"海盗号"协议》完全履行之后的第 3 天，威廉·范德比尔特由于中风而突然离去。他将自己 2 亿美元财产中的大部分留给了孩子们。长子科里利尔斯接管了家族拥有的纽约中央铁路公司的股份，而他也是范德比尔特家族中，真正让摩根欣赏的人。随后，摩根在该公司的相关事务中与他轻松共事，开展愉快的合作。

随后的几年中，摩根始终离不开铁路行业。好几家铁路公司陆续邀请他去协助重建，或是进行资产整合并购，或是进行筹资贷款。其中较大的有巴尔的摩和俄亥俄铁路公司、纽约-伊利湖-西部铁路公司，等等。此时，摩根自己很少参与筹资的细节，而是将事情交给公司的合伙人查理·科斯特处理。

摩根为铁路公司代销股票或债券，实际上就相当于对其进行投资，因为数量巨大，几乎总是能带来巨大的利润。

但是，摩根也有自己的烦恼。外国投资者对美国铁路事业的兴趣依旧没有全面复活，摩根无论有多大的能力，也不可能逐一去解决每家公司的问题。更何况，他也有过失手的教训，例如，1886 年，他的公司重组了庞大的费城和雷丁铁路公司，其中包括认购发行较低利率的新债券，还要重新估算股东们的资产值，以减轻公司整体负担。这些举措影响了部分大股东的利益，他们的代表阿奇博尔德·麦克利欧德后来接管了公司，随即成为摩根家的死敌，他甚至宣称："我宁可去摆摊卖花生米，也不会听从摩根的了。"这让摩根下定决心，要建立系统解决铁路行业问题的方案。

此时，美国铁路系统面对的最大问题，就是复线泛滥。不同的铁路公司，建设越来越多的复线，导致越来越陷入恶性循环，不断依靠削减运费和工资来支付贷款。同时，他们还需要给那些最大的客户以运费折扣，其中包括洛克菲勒石油公司和卡内基钢铁公司等，这些措施又激怒了原本在竞争中处于弱势的小企业主，并引发了要求政府管制的呼声。

对于这种呼声，摩根并不愿意听取。这倒不是他不顾底层的死活，而是他认定绝对的自由竞争永远效率最低。多年以后，他毫不遮掩地说："早在50多年前，我们就应该摒弃那种站不住脚的教条，即认为自由竞争能保护公众利益。"事实上，摩根家族的传统，就是认为政府调控要比自由竞争效率高，而私营垄断则效率更高，能够最大程度地保护所有人的公平利益。

1887年，国会率先一步出手，针对铁路行业的乱象制定法案，形成了《州际商业法案》，并成立了第一个监管委员会。这个法案要求将自由竞争作为准则，并禁止那些有争议的折扣。有许多利益方支持这个法案，既有部分铁路公司，也有小企业经营者。表面上，铁路行业需要接受政府管制，他们也确实希望这样的法规能确保市场稳定。但这只是国会的一厢情愿，州际商务委员会刚成立不到半年，新的铁路运价折扣又出现了。

《州际商业法案》难以产生效果，摩根决定建立一套行业监管的体系，用以约束铁路行业的"诸侯们"。

1888年12月，这套体系在麦迪逊街219号寓所的图书馆内产生。

这一天，摩根寓所守备森严，全美主要铁路公司的所有人，美、欧各国的投资企业联合代表，陆续步入摩根的图书馆。到来者围着橡木长桌正襟危坐，端坐正中间的是摩根，他身旁的则是德雷克塞尔和吉诺斯·摩根方派来的代表。此外，伦敦的巴林商行、华尔街的主要投资银行代表、摩根的主要辛迪加伙伴，也都坐在了桌旁。

桌子的另一边，是全美国各大铁路公司的高管们，包括宾夕法尼亚铁路公司的罗伯茨、纽约中央铁路的德普、伊利铁路的金格、巴尔的摩-俄亥俄州铁路的米西等,可谓群贤毕至。

此外,已经被挤出联合太平洋铁路公司董事会的杰伊·古尔德,此时掌控了密苏里太平洋铁路公司,也参加了这次会议。

当这些人一一就座后,摩根清了清嗓子,放下了手中的雪茄,大家顿时安静下来。摩根宣布,这次会议的目的就是阻止任何一家铁路公司的经理人在感觉到不公正时擅自行动。

摩根严厉地说道:"擅自行动,在任何地方,都不是文明团体的行为。而且,没有什么充分的理由能解释铁路界所存在的这种实际局面。"

罗伯茨忍不住辩解说:"银行家们如果能停止承销债券、投入资金,建设那种重复竞争的铁路,就不会有什么问题……"

摩根那硕大的鼻头动了动,回答说:"罗伯茨先生,你应该相信,如果铁路公司之间能停止打价格战,在座的银行家也会尽其所能,减少发行债券,阻止建设重复性运输线路。"

这句话打在了罗伯茨的软肋上。虽然重复性运输线路的资金来自金融界,但真正的用途,却是付诸价格战这样的恶意竞争。这实际上是"鸡生蛋和蛋生鸡"的故事。

为了重新理清故事的脉络,会议第一天的讨论主要在铁路和银行家之间展开。双方积极讨论如何建立新的价格联盟,确保联盟成员能制定统一的价格。但是,当天的会议没有任何结果。

第二天,有人提出,必须要有某种来自外部的强制力量,才能让不停竞争的铁路公司达成一致,接受统一的价格。

谁才是这样的外部力量呢?所有人的观点终于达成一致,也只能依靠《州际商业法案》和州际商业委员会了。而在落实法案之前,需要依靠摩根见证下的"君子协定"。

在当天的会议上,所有人决定,在60天内保持运输价格不变。甚至连杰伊·古尔德也遵守了这项约定,因为没有人想要得罪摩根家族。

1889年1月,在经过一番幕后的协调与统筹后,这批人再次来到摩根的"黑色图书馆",进行了新的会议。这次会议形成了一定的结果,即建立州际商业铁路协会,规范整个铁路系统。这个协会包括22家铁路公司,协会有权规定运费、仲裁争端,并对违反规定的公司进行"处罚"。担任这一大型铁路卡特尔垄断组织首脑的,正是摩根。

协会成立之初,到处都是一片赞颂之声,许多人都以为摩根又取得了一次胜利。但几周之后,西部又爆发了一场铁路价格大战,违反协议的铁路公司中,有高管放言说,所谓协会只不过是个"形同虚设"的东西,它并没有任何实权来强制执行,即便是摩根,也不可能仲裁所有争议,或者确保成员能做到遵守规章制度。一向肆意妄为的杰伊·古尔德,也在第二年私下签署了退出声明。

这一次,摩根的想法和行动确实有些盲目。他过于坚信自己的公正态度和判断能力,但他并没有看到总是想要将仲裁权力集中于一身是非常困难的。此外,那些远在协议框架之外的小公司,依然能够通过削减运费来开启战火,而对于这些数不胜数的小铁路公司,摩根总不能如大象起舞那样,去费时费事地加以收购来平息争端。

人们失望地看到,摩根这次的努力失败了。但摩根的失败并没有那么容易,他接下来要做的,是对铁路行业更大程度的整合,也就是后世所铭记的"摩根化"。摩根对此摩拳擦掌,但吉诺斯·摩根却再也看不到这一天了。

父子之情

从摩根回到纽约,创建最初的代理公司开始,摩根家族权力的转移就在30年内不断延续。19世纪80年代末,这一幕大戏伴随着世界金融历史的发展,渐渐走向尾声。

1887年初,吉诺斯一改以往的态度,他友好而信任地告诉摩根和他的合伙人,说自己打算在毫不了解和插手的情况下,就加入到他们下一次铁路募资辛迪加中,这其实意味着吉诺斯已经不再是家族的头号人物,他将位置传给了儿子摩根。

吉诺斯管理公司的时间越来越少,他将老年的宝贵时间用来消磨。他在英国多佛有自己的别墅,冬天时则会到摩纳哥的蒙特卡洛,去租一栋别墅,欣赏橄榄树、露台花园和地中海上的无限风光。

1890年4月初,摩根带着女儿路易莎,乘坐白星公司的轮船,照例去老父亲那里庆祝生日。这一年,摩根已经53岁,而吉诺斯年满77岁。当他还在大西洋上时,吉诺斯遭遇了车祸,由于马匹受惊,他居然从一辆马车上摔了下来,脑袋撞在一堵石墙上,不省人事。

在海上的摩根对此一无所知。当他的船到达爱尔兰的女王镇港口时,他才收到电报。他非常难过,对着女儿路易莎哭泣,嘴里嘟嘟囔囔地叫着:"可怜的爸爸!"

4月9日,轮船抵达利物浦码头。摩根收到了噩耗,在前一天凌晨,父亲在毫无痛苦中辞世。摩根尽量镇定地前往巴黎,然后转道蒙特卡洛,但当他看到玛丽姑姑时,这个53岁的中年男人瘫倒在地上放声大哭。

30 年前，他就是在这附近不远的一座别墅里，遭遇了自己重大的人生变故，与未婚妻咪咪从此生死阔别。而现在，他又不得不在这里为这个男人送别。他为摩根的事业和生活掌舵 53 年，即便在摩根已经走向成熟时，依然会责备、鞭策他，使他警醒，催他奋进，而最近，他终于开始对他感到无比自豪，并愿意放手信任他时，却突然撒手离开了。

5 月 6 日，在波士顿哈特福德镇的基督教堂，举行了吉诺斯·摩根的葬礼。摩根一家用专列从纽约载满了大批朋友一同前往，抬棺者则包括安东尼·德雷克塞尔、利瓦伊·莫顿、科尼利尔斯·范德比尔特等人。吉诺斯的遗产分给了亲友和仆人，其中大部分留给了摩根，包括 60 万英镑、投放在伦敦摩根公司的资本金、在英国的房产、在美国的投资、私人物品和几幅名画。

吉诺斯的离开，让人们回忆起他的故事。当吉诺斯刚到伦敦时，还是皮博迪主宰美国海外金融企业的时代，大部分美国商人还在努力寻找如何证明自身价值的途径。吉诺斯用他一生努力，在摩根的协助下，证明了美国的商业精神与能力。当他去世之后，已经没有人会再谈论美国人应该如何去说服或讨好英国的投资人，而是英国人应承担何种义务，去面对新生的美国市场。随着父子的努力，两个国家的金融地位发生了显著的改变。

无论两个人之间有多少差异，但血脉最终会超越一切。摩根与父亲的关系，在他生命中始终是最重要的内容。吉诺斯是传统的严父，他塑造儿子的方式，是表面上吝于赞赏，定下严格的标准，从而始终保持对摩根的压力，使其在压力下不断努力去证明自身的才干。这种强硬而严苛的父爱，使摩根确实成长为同时代最优秀的金融企业继承人，但另一方面也让他饱受疾病、劳累和抑郁的痛苦。更重要的是，摩根年轻时曾有过的那种浪漫洒脱气息，伴随着事业压力和父亲关注的增长，逐渐消散殆尽。他开始对事业成就产生压倒一切的欲望，形成了过度的责任感，对所有混乱无序、能力缺乏甚至目标不清的现象，都展现出极端厌恶。而当他自己成为祖辈父辈时，他也逐渐变成了强调崇敬顺从的老人，他只有从儿孙这样的态度中，才能感受到爱，也才能传递自己的爱。

同样，在父子关系的另一面，其实隐藏着吉诺斯对儿子深沉的爱。他之所以常常掩饰这样的爱，实际上是默认了儿子的天赋在很大程度上超过了自己。1876年时，他给儿子买了一件堪称奢华的礼物，是名画《德文郡公爵夫人乔治亚娜》，由著名画家托马斯·庚斯勃罗绘制。

名画中，德文郡公爵夫人乔治亚娜一袭白衣，配以蓝绸衬裙和华美腰带，戴着一顶有巨大羽饰的礼帽。乔治亚娜带着少女般的微笑，既天真无邪，又有些许不容揣度的贵族风范。她轻捏一只绽放的玫瑰，另一只手则拿着含苞待放的花蕾。这幅画在当年5月，由伦敦庞德街的阿格纽商行，从克里斯蒂-曼森-伍资拍卖行以1万英镑价格买下，并展示在画廊中。

在当时，这幅画在世界艺术品市场上已属于顶级价格，而且传出了罗斯柴尔德家族也想购买的消息。吉诺斯联系了阿格纽商行，打算先付5万美元的定金抢购这幅画，但交易尚未完成，画作即告失窃。直到1901年，这幅画重新出现，摩根随即以15万美元的价格将其买下，列入家族收藏中。当和朋友谈论这件事时，他承认说："如果真相泄露出去，人们恐怕会觉得我应该去疯人院吧。"后来，他将这幅画置于父亲位于王子门街13号的伦敦故居里，挂在壁炉上方最显眼的位置上。

告别了父亲，摩根接任父亲的职位，成为伦敦J.S.摩根公司的总裁。那时，这家公司还没有像今天这样，成为国际知名的投资银行，仍然在追赶罗斯柴尔德和巴林家族银行的路上。同时，安东尼·德雷克塞尔此时也已年过花甲，年富力强的摩根在大西洋两岸，成了摩根家族的领袖人物。摩根发现，自己面临的管理范围增加了，思考问题的角度也有所不同了。之前，他更多考虑美国的经济情况，而现在，他必须要从全世界的角度来思考。

旧叶零落，新芽生发。摩根家族的下一代正在成长，那就是出生于1867年9月的小约翰·摩根，他是这个家庭中唯一的儿子，昵称为杰克·摩根。日后，他将成为摩根家族事业的继承者与发扬光大者。

1892 年，杰克·摩根从哈佛大学毕业，并和琼·诺顿·格雷小姐结婚，成为纽约摩根公司的重要成员。少年时的杰克只想要成为医生，他只是秉承父亲的意愿，进入了金融界，因为皮尔庞特·摩根认为这与家族荣誉有密切关系。

当杰克进入公司成长的第 3 年，即 1894 年，皮尔庞特·摩根已经成为家族和公司中的"独裁者"。他不愿意停止工作，也同样无法放下权力。他埋头于堆积如山的商业文件中，只要是工作状态，就将日程排得非常满。根据记载，直到 1907 年席卷美国的金融大恐慌之前，他从来都没有举行过合伙人会议，同时他还自矜地说道："我能够在公司任何一名职员办公桌旁坐下来，继续他没有完成的任何工作……我不喜欢受任何人支配。"[1]

皮尔庞特·摩根确实有控制任何细节的能力，他每天都会检验核对现金的收入账目，并且总是能发现其中的错误数字。每到新年时，他就会对所有账目进行审核，一旦发现其中的错误，其雷霆之怒会让主管人员诚惶诚恐。

此时，人们已经不愿去到他的家庭关系中去探寻，究竟是他最爱的人在时隔 30 年相继离开，让皮尔庞特·摩根很难保有温柔的一面，还是他努力维系着对外的尊严与荣耀，从而不必被任何人发现内心的伤痕。人们看到的事实是，尽管已跻身为全美最富有、最成功的人，皮尔庞特·摩根却并没有放松对自我和他人的要求，他将要如天边集聚的龙卷风，横扫聚集了陈规旧俗的美国铁路行业。

---

[1] 辛克莱尔著：《海盗号》（Corsair）。

摩根的铁路帝国

在 19 世纪 90 年代的美国,"摩根化"并不是带有批评色彩的词语,其内涵甚至恰恰相反。铁路公司的"摩根化",意味着一家铁路公司获得新生,重新走向正常运营,而人们更是寄希望于整个行业的"摩根化",能带来新的竞争秩序。

此时,拖欠贷款的美国铁路公司,比历史上其他任何时期都要多。有 192 条铁路线陷入破产,其总长度为 4 万英里,总资本为 25 亿美元。到 1898 年,全国有三分之一的铁路里程都被取消了抵押品赎回权。铁路公司大量破产,给美国经济带来严重的负面影响,这意味着大量的失业,以及债券借款的烂账。

经过此前努力的失败,皮尔庞特·摩根意识到,想要稳定美国铁路行业,不能靠企业谈判和签订自愿协议。他认为,必须通过更为紧密的联合形式,才能发挥作用。不少其他金融专家也同意他的看法。

在摩根银行负责铁路"摩根化"工作的高管团队,包括科斯特、斯迪特森和塞缪尔·斯潘塞等人。斯潘塞是公司的特别顾问,他曾经担任过多家铁路公司的副总裁。在这个团队的运筹下,第一次被大规模"摩根化"的是里士满车站与储运公司。这是美国东南部一家实力较弱的铁路联合公司,它连接华盛顿和南方的主要城市。多年来,这家公司被一群只关心眼前利益的投机者经营。

1892 年,他们来到摩根银行请求援助,但皮尔庞特·摩根知道他们的目标是投机，于是冷淡地提出掌握公司全部控制权的要求，否则就拒绝伸出援手。

这家公司的3位大股东中，有两个人同意了，但另一个人没有同意，而是叫出了高价，摩根只好请他们另寻资金。摩根非常清楚，按照法律规定，如果公司破产，银行将会以资产清算为理由，向该公司的股东们催讨债款。因此，这些股东最终还是会回来的。

果然，1893年的经济形势更差，新的经济恐慌再次爆发。这一次，里士满铁路公司的每个股东都同意交出自己的股份。于是，一家名为南方铁路公司的新企业成立了，它全部的股权都由摩根控制，用以接管里士满铁路公司。

斯潘塞成了南方铁路公司的总裁，将之经营为一个运行平稳的铁路系统。他适当地增加了新的线路里程，赎回之前卖出的一些铁路，增加了车辆，又花了数百万元用于其他方面的改进。由于公司经营得当，避免了恶性竞争，带给全社会以良好收益：托运人和乘客得到了良好服务，股东赚到了固定的利息，负责债券发行的辛迪加和摩根公司，则赚到了普通股、管理费等酬金。

有了南方铁路公司的先例，随后的操作变得更加简单，"摩根化"开始变成一套游戏规则。

首先，皮尔庞特·摩根派出专业团队，由查理·科斯特和萨缪·斯宾塞带领，去评估铁路公司的重建价值，尤其寻找那些具备经济潜力但此时却没有其他道路可走的铁路公司。一旦看中，这些公司迫于形势，只能与摩根合作卖出股权，或者选择破产的命运。毫无疑问，绝大多数公司都会选择前者。

其次，接手这些公司，皮尔庞特·摩根就会减少公司的固定负债，并降低公司证券的价值，减少固定费用，或者迫使一些债券持有人接受普通股、优先股或者是利率较低的债券。这样，债券和流动负债就会得以减少。为此，银行的专家团队以较低的利率，重新为铁路公司提供用于偿还部分债务的资金，并用优先股来代替其余债务。

最后，为了筹集新的资金，提供给短期债务和未来发展，他们还会向铁路公司股东发行新的股票，以分摊现金压力。

这一套"摩根化"的法则在于，减少公司的必要支出，不高于公司的最低盈利能力。当需要偿还的债务减少后，即便在银根紧缩的时期，企业也能免于破产。

摩根还保留了铁路公司对其所属的广阔土地和矿产资源的留置权，避免这些收益带来的资金被挪用到其他地方。这一招妙棋，甚至影响到了100多年之后。

1893年，北方太平洋铁路公司完成"摩根化"。1987年，这家公司的后继者柏林顿北方铁路公司，试图同摩根重新签约，但他们发现摩根对数百万亩的土地和矿产权保有留置权，即所有收益都只能用于改善铁路。而此时，人们在这些土地中发现的煤炭、石油、天然气和其他矿产资源价值数十亿美元。这意味着，"摩根化"即使在上百年之后，还能维护铁路公司股东和债权人的利益。

当然，摩根完成拯救铁路公司的工作，向来要价不菲。即便是完成一家小铁路公司的重组，他也会要数十万美元，其中少部分是现金付款，大部分则是铁路公司的普通股。这种付款方式让许多公司无比放心，因为这说明摩根先生一定会努力完成重组计划，否则他自己的投资也会无法收回。换而言之，摩根并不白收这么多钱，他会像电影《教父》里那样，以荣誉和身份，成为被保护者真正的朋友。

为了确保铁路在"摩根化"之后，仍然不会浪费资金和胡乱经营，这些公司的股票都被摩根转化为"股权信托"。

所谓"股权信托"，是指公司股票、债券的拥有者，将自己在公司的股权委托给受托人处置。这样，受托人就有权力代表持有者，参与公司的经营和管理。摩根是华尔街上势力最为强大的金融家之一，是美国乃至全世界的债主，自然成了无数中小股权拥有者的委托人。

通过"股权信托"，摩根和他的心腹们直接进入每家公司的经营领导层，银行家的定义被改变了，金融业和工业之间的界限也变得非常模糊。

中小股权拥有者为什么会选择信赖摩根呢？答案很简单，是企业经营的背景决定了他们必须这么做。绝大多数的铁路企业，都需要向银行贷款来支撑生产经营活动，而在恶性竞争遍地的情况下，一旦公司出现经营不善的情况，银行都会向各个股东按比例索要贷款。那些中小股东并没有能力和意愿去承担这种风险，与其如此，倒不如直接将股权交给银行，让他们自己去管理经营企业，这样就大幅度地降低了自身的风险。

实际上，股权信托在当时看来是相当新鲜的事物，其本质依旧是金钱与权力之间的勾兑。金融家们通过调动巨额资金进行运作，最终获得的是一家又一家企业的经营控制权。利用这种权力，他可以在每一家"摩根化"的铁路公司里，建立能够严密控制的董事会，从而确保这些公司成功重组。例如，在南方铁路公司内专门成立了"表决权托管委员会"，表决权掌握在摩根和他的朋友们手中，外人根本不可能有所染指。

"摩根化"方案在铁路行业内不断复制。最终，密西西比河以东几乎任何一家濒临破产的铁路公司，都接受了类似的"摩根化"重组，其经营铁路路线总长度约占全美国铁路总长度的六分之一，其年收入总和相当于美国联邦政府年财政总收入的一半。摩根真正成了铁路之王。

尽管有很多当事人认为，摩根并没有去处心积虑获得整个行业的霸主地位，但他确实是正走在这条道路上，并走得畅通无阻。与外界想象的不同，摩根对每一次重整、收购和控制，都有自己的坚强信念，他认为自己有能力、有责任去更好地治理这个行业，帮助美国经济变得更强大，而不是躺在豪华公寓和先进游艇里享受金钱的乐趣。正是这种英雄主义的信念，让他不知疲倦地收购、收购。

能成为铁路霸主，摩根依靠的不是一己之力，他能获得众多合伙人的支持。虽然名为合伙人，但实际上他们只是摩根的下属，对他忠诚而恭敬，没有事的时候，他们甚至都不敢走近摩根的办公室去打扰他。但另一方面，摩根看重合伙人并非因其财富、出身和名气，而是个人才华和阅历，只要对他有用，他就会果断地加以提拔。

萨缪尔·斯宾塞，原本只是内战时期普通的南军骑兵。战后，他进入佐治亚大学学习工程学，毕业后，他在巴尔的摩和俄亥俄州铁路公司不断升职，成为了副总裁。摩根在对这家濒临破产的公司进行重组时发现了他的才华，将他任命为合伙人，后来又让他担任南方铁路公司的总裁。斯宾塞对铁路的知识在美国数一数二，从车厢、车闸的详细价格，到如何建造火车站，他几乎无所不通、无所不晓。在对众多铁路公司"摩根化"的过程中，斯宾塞发挥了难以取代的重要作用。

另一位合伙人查理斯·科斯特也同样是被皮尔庞特·摩根发掘的。他原本只是其他银行的普通职员，摩根发现了他的才华，用高薪把他挖了过来。科斯特感念摩根的知遇之恩，同时又得到了数十倍于之前的薪资收入，于是工作得更加敬业谨慎。他每天早晨6点就出门上班，一直工作到晚上，有时候深夜还会回家加班。为了能全面彻底了解铁路，他不仅会亲自坐火车去观察体验，还要跳下月台，观察不同铁道线的铁轨状态，连站台旁边的树木，也在类似考察范围内。有时候，他还会自己开动火车，感受机器的保养程度。这种过度的工作，让他从小职员爬上了48家公司的董事位置，也让他在1900年3月间因肺炎而猝然去世，那时他才48岁年纪。而摩根则无情地在他的葬礼上，聘用了查尔斯·斯蒂尔接替他的位置。摩根说："查尔斯，仿佛上帝对此已进行了安排，我将进一步拟定合伙人协定。"这位斯蒂尔先生，后来也成为36家公司的董事。

摩根不仅是在重用人才，他简直是在榨取人才，而这些人才又心甘情愿地为了他，以今天"996"的方式工作着。正因在每个方面，都选择了正确的战略，摩根才能不断地吞食着美国铁路行业的市场，走向真正属于自己的"王座"。在那里，他将俯瞰父亲离开后，这个由自己亲手打造出的崭新"帝国"。

成为全世界的债主

1893年夏天,摩根由于好友、重要合伙人安东尼·德雷克塞尔的去世而沉浸在哀痛中。此时,新一轮经济危机正在席卷美国,他需要等待经济危机和悲痛都过去之后,再着手调整合伙关系。在1892年,这家公司的净利润达到160万美元,而在这一年,公司的利润下降了50万美元。直到1894年,利润才重新增长,这一年的10月,摩根开始着手打造新的公司组织架构。

摩根邀请了来自费城、纽约的总共10位重要合伙人,来到大都会俱乐部举行宴会。由于安东尼·德雷克塞尔的儿子小安东尼对商业不感兴趣,而是关注社会,他在父亲逝世几个月之后就选择了引退,因此不在合伙人名单中。摩根和这些银行家在私人餐厅里进行了会谈,那里装饰典雅高贵,有大理石壁炉,也有一盏盏乳白色的玻璃枝形吊灯。杰克·摩根对这里的会议印象深刻,他之所以有如此感受,是因为这是公司所有的美国合伙人第一次同时同地聚集起来。

在这次宴会上,摩根提出了公司未来的计划。毫无疑问,这些计划得到了所有合伙人的一致同意。这也正式标志着一个时代的结束:从1871年到1890年之间,吉诺斯·摩根和安东尼·德雷克塞尔,始终在分享着各家分公司的裁决权。但他们离开的时间也如此之近,直接为摩根留下了这个由老一辈建立的王朝。

1895年新年,纽约的分公司更改名称,改为J.P.摩根公司。费城的德雷克塞尔公司使用旧名称，但实际上合伙人中已经没有了德雷克塞尔。巴黎的公司则改名为摩根-哈杰斯公司，摩根是这家公司的大股东，为之注入了新资本。而在伦敦，吉诺斯留下的公司，由摩根和沃尔特·伯恩斯管理，按照摩根的意思，伦敦公司暂时保有其独立性，既不分享其他公司的利润，也不承担其亏损。

在上述公司中，摩根均任命了重要合伙人，成为"总督"，而他则在纽约大权独揽，以实际行动加强了对家族王朝的领导。这个王朝的版图，后来也确实大为扩张了。

1898年，美西战争即将爆发，摩根从中再一次闻到了金钱的味道。在华尔街23号熟悉的办公室中，他回忆起当年父亲吉诺斯大胆出手，在普法战争中赚取家族金融业第一桶金的往事，为之感到骄傲和兴奋，也平添了自信和勇气。今天，家族的事业已远非当年可比，摩根更不想放过每次战争带来的机会。

在此之前，华尔街早有传闻：墨西哥政府无法偿还西班牙政府的旧债，快要被逼到破产边缘。由于一只脚已悬空在深渊之上，墨西哥政府决定饮鸩止渴，继续发行国债，计划金额将达到1.1亿美元，以利用新债偿还旧债，先渡过眼前的难关。大多数金融家认为，没有人会去认购墨西哥政府的这批公债，但摩根却走向了与众不同的另一面。

摩根认为，此时墨西哥政府陷入经济困难，但他们的政局稳定，甚至比当初普法战争时期的法国临时政府还要好。如果家族能在此时伸出援手，既能赚到代理销售公债的利润，又能在墨西哥朝野上下打造出良好的印象，为以后的继续接触打下良好基础。

基于如此想法，摩根随即通知德国银行，联合组织了一个辛迪加，认购墨西哥的公债。当然，他不会让自己处于风险之中，而是开出了安全的筹码，他要求墨西哥将油矿和铁路权作为债券贷款的担保。墨西哥政府答应了他的要求，债券也顺利发行了。

事实证明，摩根的决策再次踩准了时代的节奏，公司为墨西哥政府发行公债的尝试成功了。这件事在当时就被认为是美国金融史上的里程碑。伦敦的《每日邮报》盛赞说，这是美国银行首次为外国政府融资，摩根所表现出的"勇气和事业心可喜可贺"。而来自巴黎、法兰克福的银行家，也对摩根大加赞赏。

这次成功，让摩根对走出美国的金融战略，产生了更加坚定的信心。他不仅在墨西哥有所动作，在阿根廷，他也扮演了同样的救世主角色。

经过1864~1870年之间与巴拉圭的战争，阿根廷元气大伤，经济迟迟没有恢复。到19世纪90年代时，整个国家陷入了经济危机。英国金融界以阿根廷的广大土地作为抵押，购买了大量该国公债，但其中许多公司受到经济危机的影响，陷入破产危机，无法继续承担发售的任务，其中也包括摩根的伦敦分公司。于是，J.P.摩根公司趁势接管了阿根廷的公债。

摩根认为，阿根廷在南美国家中幅员辽阔，铁路行业很有潜力，乳酪等农业产品世界驰名。尽管当时的政府腐败低效，但对外国资本却恭敬有加，如果坐看这样的政府因为破产而倒台，以后再想进入南美发展就会更困难。此时主动承销阿根廷政府公债，既能获利，又能维系良好的关系，推动今后的合作发展。于是，摩根毅然出资，承销了7500万美元的阿根廷政府公债。

摩根的公司在美洲不断扩大势力影响，斩获了大量市场份额，也预埋下未来进一步做大的种子。不久之后，他的金融触角更伸向遥远的非洲和熟悉的英国。

布尔（即此后的南非），曾是大英帝国的殖民地。为了在当地开发钻石与黄金资源，英国人在那里制定了残酷严苛的殖民政策，导致当地民族矛盾的激烈冲突，爆发了第一次布尔战争。战争结束后，英国人取得胜利，将布尔族人驱逐到北方，并占领了黄金和钻石的产地，加以管制。这导致英国人和布尔族人对立进一步加深，在1899年爆发了第二次布尔战争。

开战之初，英国人以为能轻而易举获得胜利，但没想到布尔族人早已今非昔比。英国战争费用急速上升，远超出开战之前的预计。屋漏偏逢连夜雨，崛起中的德国开始野心勃勃地建造一支庞大舰队，试图觊觎北大西洋海洋霸主的位置，英国自然无法容忍，随即开展了激烈的军备竞赛。由此，英国财政陷入了极端困难的境地，依靠自身国力已难以维持，必须求助他人。

此时，英国政府首先想到的是金融巨头罗斯柴尔德家族。摩根闻讯后，也谋求参加收购英国国债的辛迪加组织。起初，罗斯柴尔德家族想要把摩根从辛迪加中排挤出去。为了安全起见，罗斯柴尔德还拉上了巴林兄弟公司共同组建辛迪加。但是，此时的巴林兄弟公司经历了阿根廷的惨败，实力大不如前。罗斯柴尔德家族虽然资金雄厚，但要在全世界范围内布局，并没有太多的流动资金。英国政府深知，想要顺利销售国债，还是离不开美国，确切地说，离不开摩根。

当英国政府找到摩根时，他果断答应下来，总共又认购了价值高达1亿美元的英国政府公债。这意味着，超过一半的英国债券都是由摩根家族直接在美国售罄的，这让英国金融界进一步提升了对摩根家族的评价。

从此时开始，摩根喜欢将地球仪转动到适当的位置，让伦敦呈现在最醒目的位置。随着时间的流逝，情况已经变得和父亲当年不一样了，过去总是英国人通过摩根家族向美国投资，而从布尔战争开始，伦敦也通过摩根向美国人借钱。这种情形与"日不落帝国"的黄昏，似乎同时不可避免地降临，让英国政商界感到警惕和恐惧，但却又无可奈何。

表面上看，摩根家族与英国的银行家之间的关系，并没有什么明显变化。杰克·摩根还被父亲派往爷爷吉诺斯留在伦敦王子街的宅邸居住，借此熟悉英国的上流阶层，为日后家族事业的承继作好准备。

此后数年，摩根进一步将其业务拓展到伦敦这座城市中心。作为世界上第一个完成现代城市化的首都，英国伦敦此时经历了上百年的发展，规模扩张，人口增加，城市也开始出现现代化通病——交通拥挤。

为了解决交通问题，伦敦市政府想要在郊区建立新的住宅区。为了连接这些住宅区，他们还希望能修建地铁和有轨电车系统。伦敦政府的这一计划，引发了摩根的兴趣，他立即投标参与了一条重要地铁线路的融资竞争，并且毫无悬念地赢得了融资资格。或许是摩根感到这次竞争赢得有点儿太轻松，一条地铁线路也不足以提供多少利润和影响力，他意犹未尽，打算再进一步投资伦敦。于是，他进一步利用自己参股的汤姆逊－休斯顿公司和西门子兄弟公司，投标承揽伦敦地铁和有轨电车系统的建设。只不过，这一次摩根遇到了实力强大的竞争对手，即来自美国芝加哥的运输大王查尔斯·基耶斯，他称霸交通建设工程行业已有多年。就这样，两个美国财团围绕伦敦市政建设工程，展开了激烈竞争，虽然摩根最终没有拔下头筹，但他们在竞争舞台上的表演，还是让英国人留下了深刻印象。

由于事业国际化、多元化的发展，J.P. 摩根公司的实力变得让人瞠目结舌。如果说曾经的德雷克塞尔－摩根公司是金融业界的猛虎，那么现在的摩根公司就堪称"巨兽"了。到一战前夕时，这家公司的 13 个合伙人，全部都是举足轻重的金融巨头，他们控制着银行和信托公司，保证信托公司和国民商业银行，同时也控制着纽约人寿保险公司、公平人寿保险公司和互惠人寿保险公司。在费城、伦敦和巴黎的分公司，"诸侯"们又在当地许多其他公司中，占据了 300 个以上的董事席位。在家族直属体系外，摩根还有众多密切联系的盟友，例如，纽约第一国民银行总裁乔治·贝克、花旗银行的总裁詹姆斯·斯蒂尔曼，都曾是他的密切追随者。

摩根财团的迅速发展，也同美国综合国力发展紧密相关。19 世纪末 20 世纪初，美国经济不断增长，公众收入增加，物价则令人欣喜地下降了。许多美国人感到浑身有着取之不尽用之不竭的力量，他们有充裕的热情和财力，投入到购买外国债券和投资证券中去。这也为摩根财团成为全世界债主带来了底气。

第八章
时局之掌控者

商务、家庭、娱乐、艺术收藏、宗教和职责,这些内容共同构成了摩根此时生活的全部。同时,他对国家、社会和经济的责任感也更强了。他的这种责任感并非后世人们所理解的公共责任,而是属于那个时代的建立于道德感上的责任,即一个人有责任从照顾自己和家人开始,并逐渐扩大到他的合伙人、同事、客户、行业以及所有能影响到的社会成员。此外,摩根还认为政府的责任主要是公共管理,而不是插手商业,真正懂得商业管理的,只能是他这样的商人。

白银法案的大恐慌

摩根财团的壮大有目共睹，几乎每个美国人都知道，这家公司与摩根密不可分。没有摩根集权式的领导才干，也就没有偌大的摩根财团。

不仅是财团，摩根的家族也在扩大。他的儿子杰克在纽约公司中协助处理事务，同时担任费城和巴黎公司的合伙人。女儿路易莎、朱丽叶和安妮都住在家中。

1890年，杰克·摩根与琼·诺顿·格雷小姐成婚。这场婚礼相当盛大，具有传统的波士顿风格，全家乘坐着铁路公司安排的专车去参加婚礼。摩根却还是感到不满，因为他不能亲自主持婚礼。1894年春，摩根的女儿朱丽叶结婚了，终于满足了老人为孩子主持婚礼的愿望，摩根不仅担任了主持人，还找来花商按自己的喜好装饰教堂，在酒宴承办人那里亲自为客人们选定了宴会的食物和饮料。

从80年代末以来，摩根的生活变得很有规律。他在别墅和庄园的时间更长了，而不是像原来那样将精力放在纽约的办公桌前。他开始喜欢运动和爱好饲养牧羊犬并骑马，他甚至还在庄园养牛。同时，摩根还开上了汽车。夏天，全家人周日都会乘坐他开的旅行汽车去教堂。这时，摩根就会坐在司机的位置上，穿着礼服大衣，戴着草帽。他现在已经不再乘坐火车，而是带着全家乘坐游艇，前往乡村度假。

摩根对科技在商业和家庭中的应用很感兴趣。除了装有爱迪生提供的电灯照明设备外，他还在家中装了自动收报和发报机，随时了解股市行情，保持和办公室的联系。同时，他也会关心黄金市场的投机情况。尽管只是"玩票"的性质，但他每天早晨还是会坐在餐桌旁心算收益情形，并记录自己的发现。在这样的投机过程中，他很少会大赚或大赔。对他而言，这种投机和打桥牌兴趣一样，只是属于娱乐。据说，不少欧洲的收藏商人，为了接近摩根，还专门出大价钱向纸牌高手学习，可见摩根对纸牌的爱好程度。

有意思的是，尽管摩根在商业领域叱咤风云，甚至说一不二，但直到此时，他在宗教事务领域还是居于人下。起初，他是圣乔治教堂教区的会员，后来，他成为了该教区的委员，并逐步掌握了实际权力。在他的支持下，一位名叫威廉·拉斯福特的年轻教士成了圣乔治教堂的牧师。但拉斯福特此后并未完全听命于摩根，尤其公开反对他独自决定教区的规模和成员。摩根对此闷闷不乐，提出想要辞去教区委员的职务，拉斯福特对此未置可否，于是摩根也就此不再提起。这也是他一生中罕见的愿意默默忍受和退让的时刻。

商务、家庭、娱乐、艺术收藏、宗教和职责，这些内容共同构成了摩根此时生活的全部。同时，他对国家、社会和经济的责任感也更强了。他的这种责任感并非后世人们所理解的公共责任，而是属于那个时代的建立于道德感上的责任，即一个人有责任从照顾自己和家人开始，并逐渐扩大到他的合伙人、同事、客户、行业以及所有能影响到的社会成员。此外，摩根还认为政府的责任主要是公共管理，而不是插手商业，真正懂得商业管理的，只能是他这样的商人。

无论如何，摩根现在早已不再单纯以赚钱为目的。他的理论是，只要在有序的竞争条件下，产生扎实的管理，再加上稳定的金融体系，任何一家公司都能运营良好、不断盈利。

摩根一家生活静好，但美国的金融形势却开始陷入风雨飘摇之中。曾经大声疾呼提倡恢复银币法定地位的"绿背党人"，终于抓住时机，打通了渠道，获得了美国国会和财政部的支持。从 1890 年开始，为了减少黄金外流，时任美国总统的哈里森同意了他提出的方案。

美国黄金外流的趋势，与阿根廷国债的热潮密切相关。19世纪80年代末，由于阿根廷出现严重的财政危机，只能通过发售国债渡过难关，精明的英国投资者大笔购入国债，有将近一半的境外投资都用于这个国家。而主力代售阿根廷国债的，正是与摩根财团一向密切合作的巴林兄弟公司。

正当双方合作看似顺利时，在干旱和饥荒的影响下，阿根廷爆发了政变，政府彻底破产，投资阿根廷国债的巴林兄弟公司损失惨重。他们虽然没有倒下，但却元气大伤。看到这一点后，从英国到全欧洲的投资人都紧张了起来，他们通过银行运作，将投资源源不断地从美国撤回。由于此时美国依然在贯彻摩根主张的金本位制度，黄金不断越过大西洋回到欧洲，美国的铁路和银行纷纷倒闭，而这进一步加快了外资撤出的速度。

面对恐慌，美国联邦政府没有想到其他好办法，反而对美元本身做起了文章。国会迅速通过了《谢尔曼白银购买法案》，每月购买450万盎司白银，并允许用黄金或白银兑换证券，这实际上等同于建立了"复本位制度"，即法定货币由黄金和白银同时支撑。

《谢尔曼白银购买法案》从诞生之日起，就不断遭到抨击，因为它完全是与世界经济形势背道而驰的法律。那时，澳大利亚、南非发现了产量巨大的金矿，美国加州也发现了金矿，全世界黄金产量充足，法币地位稳定。相比之下，白银价格则节节下降，政府偏要大量购买这样的辅币，从理论上来说毫无道理，尤其在习惯了金本位制的欧洲人看来，这无疑又是美国人在耍赖，想要变相将美元贬值。

实际上，《谢尔曼白银购买法案》主要是因为共和党的大金主——西部银矿业团体，出于自身利益，迫切想要恢复金银复本位制。因此他们才花钱邀请说客，成天在国会和官员面前游说，鼓吹恢复银本位，最终达成目标。但欧洲的银行家并不相信这些，他们进一步加快了将美元兑成黄金运回欧洲的速度。纽约的居民们都目睹了这种悲观态度带来的局面，那时，成船的金条、金块、金币，在纽约港口被装上货船，运往欧洲。这些情景几乎每天都被大小报刊的记者连篇累牍地报道,不断渲染着恐慌情绪。到1891年,在美元市场上,1.5克黄金已等值41克白银,美国金融终于大受影响,出现了1893年的经济大萧条。

摩根忧心忡忡地发现,从自己的中年到老年,美国似乎转了一圈,又要回到之前的年代,被欧洲金融界怀疑信誉和能力。他略带悲哀地回忆起19世纪30年代,那时候美国金融市场几乎毫无秩序,在国际上更是缺乏信用,"美国商人"几乎被看成是无赖、流氓和骗子的代名词。经过数十年的苦心经营,美籍银行家们将伦敦和巴黎作为桥头堡,在欧洲竖立起美国的信誉。但如今,经过数十年的努力,成果却摇摇欲坠。更令人揪心的是,此时这个国家没有乔治·皮博迪,没有吉诺斯·摩根,只有自己。

摩根选择站出来,向欧洲人证明美国人并没有打算赖账。

1893年,哈里森总统结束任期,克利夫兰二度复出,在3月份就职。同年,在摩根的牵头运作下,《谢尔曼白银法案》终于被废止。

但是,欧洲人并没有因为文本的废除,而放弃担心未来的变化。全世界的金融家都知道,美国国内南部和西部的农业经济体,向来坚持反对金本位,因为这导致他们偿还银行贷款"更贵"。同时,他们也希望放弃金本位能产生通货膨胀,使农产品价格上升。类似的情绪弥漫在朝野,什么时候再次爆发,再次推出类似《白银法案》的法律,都是不可控的风险。

1893年,美国的黄金储备跌到了1亿美元以下。到1895年1月,黄金的流失速度还在加快。纽约甚至有赌博公司开出赔率,打赌美国政府什么时候破产。看起来,美国距离落下悬崖只有一步之遥了。

"去白宫,我和总统谈谈"

克利夫兰成为总统后,并没有拿出什么神奇方法来应对黄金流失,他的应对方式只有两个字:借钱。事实上,这也是最好的方法了。

从 1890 年到 1894 年,紧张的欧洲投资人在美国抛售了价值 3 亿美元的证券,并将同等价值的黄金运到国外。1893 年底,美国财政部的黄金储备价值下降到不足 6000 万美元,由于那时没有征收收入所得税,政府没有权力发行货币,财政部只能选择发行债券,以借钱的方式维持黄金储备。

1894 年,总统克利夫兰和财政部长约翰·卡莱尔,将价值 5000 万美元的债券交给纽约几家商业银行承销,这让黄金储备回升到了 1.07 亿美元。但到这一年的 11 月,其中的 4600 万美元黄金再次流失。于是,财政部委托了摩根公司进行另一次债券发行,又筹集了 5000 万美元。

然而,克利夫兰与卡莱尔无论如何努力,也无法保住联邦政府的黄金储备。在整个国际上,掀起了挤兑美国财政部黄金的浪潮。到 1895 年初,美国黄金储备下跌到 4500 万美元,即将入不敷出,国人为之震惊。按照这一速度,政府将会在 3 周后停止黄金支出,拖欠国债偿还。

形势不等人,国会里再次响起恢复白银法定地位的声音。但克利夫兰不为所动,他先是向英国的罗斯柴尔德家族提出,发行价值 1 亿美元的国债,补充即将告罄的黄金储备。同时,财政部副部长科蒂斯也联系了摩根。

对这一天，摩根早有思考和准备。他认为，再发行一批国内债券也无济于事，因为美国投资人还是会提取财政部的黄金储备，用于购买新的政府债券，这种"羊毛出在羊身上"的游戏，会导致黄金储备毫无增加。联邦政府只有立刻从欧洲引入黄金，才能恢复公众对财政部的信心，从源头阻止黄金的外流。

摩根没有想到的是，自己的建议刚传出，公众态度就开始改变。华尔街证券交易所的一位经纪人看到摩根和下属从财政部大楼走出来，立刻奔入证券交易所打听，高声喊道："财政部打算继续贷款了！"消息传播出去，罗斯柴尔德要和摩根联手贷款的说法一定程度上平息了公众的恐慌。挤兑黄金风潮减弱了，前一天晚上刚从财政部提出的900万美元黄金，第二天又送回了国库。

2月4日，正当摩根认为债券发售谈判即将顺利完成时，华盛顿传来了坏消息。财政部长卡莱尔发来信件，说罗斯柴尔德和摩根提出的承销要求太苛刻了，总统打算取消谈判，不再委托他们，而是从国会得到授权，直接将黄金债券卖给公众。

这一突发变故，让摩根感到揪心。他知道，卡莱尔在以前就支持银本位，从来不喜欢和华尔街打交道。虽然他传递的是总统的意思，但很可能就是他从中作梗。

2月5日上午，摩根面沉如水，手中的雪茄不断燃烧，他却想不起来去吸一口。摩根不想了解白宫究竟是在坐地起价，还是真的打算不再谈判，他更关心局势的变化，如果公众知道这个消息，就会让好不容易恢复的信心重新产生危机，并对市场造成冲击。

"帮我接财政部长的电话。"沉思片刻，摩根作出了第一个指令。

电话通了，卡莱尔没有想到摩根会打来，声音似乎故作镇定。摩根根本没有理会他的异样，果断地建议他，暂时不要发布任何消息，避免产生不良结果。卡莱尔同意暂缓一天。

留给摩根的只有一天时间，他决定立刻与贝尔蒙特前往华盛顿，亲自面见总统。陪同他的还有罗伯特·培根、弗兰克·斯蒂特森，后者是总统以前的法律事务合伙人。临行前，摩根向英国的伯恩斯发去一封电报，看上去多少有些不安："我们将尽可能做最顽强的斗争，如果失败，欧洲谈判流产，美国将会承受无法估量的损失——必须承认，我不抱什么希望。"

摩根带着不安的心情，于当天晚上入住华盛顿的阿林顿酒店。随后，他就前往司法部长理查德·奥尔尼家中拜访。在那里，摩根痛陈利弊，认为当下必须要采取措施挽回局面，否则就会产生巨大的财政和商业灾难。

奥尔尼与摩根有着老交情，但此时此刻，他也不敢保证总统肯定会接见这些银行家。奥尔尼不安地在座椅上改变着姿势，眉头皱得越来越紧。看得出来，作为金本位和复本位两大对立阵营之间的中立派，他也在努力说服自己。

为了让奥尔尼尽快下定决心，摩根告诉他，手中的计划能改变这一切，但如果克利夫兰总统不愿接见，自己将在明天上午就回纽约。

奥尔尼果然无法承担这样的压力，作为政治家和公众人物，他不希望人们在写这段历史时，对自己的不作为浓墨重彩。于是他终于拿起了电话打给总统……

当天晚上直到零点，摩根才回到阿林顿酒店。他致电伯恩斯说："还有一些希望，但有些渺茫，内阁中已有坚定同盟，但财政部长最让人担心。"打完电话，摩根在酒店房间里又坐了一会儿才睡觉。就寝前，他吸了一支雪茄，玩了几圈单人纸牌游戏。

第二天早餐之后，摩根在斯蒂特森和培根的陪同下，穿过寂静无人的拉法叶公园，去往白宫。他们被带到总统办公室，在那里，总统克利夫兰、财政部长卡莱尔、司法部长奥尔尼、作战部长拉蒙特以及罗斯柴尔德家族代理人贝尔蒙特等人，正等候摩根的到来。

摩根和总统早已是熟人，当年总统还是普通律师的时候，他们就有合作。但克利夫兰显然不想让私人关系影响到谈判，他公事公办地欢迎了他们。随后，他故意没有先和摩根交谈，而是先听取部长们的汇报。

摩根安静地坐在办公室的角落。全美国只有这间办公室，能让他如此甘心居于配角位置等待着。他把玩着手中的雪茄，却并没有点燃。在经过漫长的等待后，克利夫兰总统走到了他的面前，开口表达了态度："摩根先生，我很高兴你能来。但我其实并不想直接和银行家讨论债券的事情，国会支持我，而且民众也会知道该怎么做……"

摩根打断了他冠冕堂皇的话语："总统先生，我之所以来，是因为财政部现在总共还有1200万汇票需要兑现，而国库中的黄金总价值，只有900万。如果今天人们想要兑现全部汇票，政府就只能拖欠债务、信誉破产。"[1]

克利夫兰设想过很多种展开谈话的方式，但没想到是这一种。他张开嘴欲言又止，停顿了一下，问道：'摩根先生，那么你有何建议？"

摩根早有准备，他说："早在1862年，法律就授权财政部长可以为了公众利益，直接用美国债券去购入货币。通过援引该法案，本次贷款并不需要国会再批了。"

"奥尔尼，去查阅一下有没有这条法案。"克利夫兰保持着谨慎。

几分钟后，奥尔尼回来了，他将《修正法案》第3700条逐字逐句读出来，证明摩根所言非虚。

紧张的气氛就此消散，开始计划具体条款。摩根保证，联邦新购买的黄金不会流失到国外去，这显然增强了总统的信心。

最终，总统同意了摩根的计划。根据约定，政府向摩根组织的银行辛迪加购买350万盎司金币，而付给摩根的是共计6230万美元的30年期债券。

会议持续了4个半小时，结束后摩根站起来时，那根在他手上玩弄的雪茄已经被碾成了细微的褐色粉末，纷纷扬扬飘落到地板上。总统见状大笑起来，并从办公桌上拿起一盒新雪茄递给了他。

---

[1] 萨特利著：《J·皮尔庞特·摩根》（J·Pierpont Morgan），第289页。

这并不是摩根第一次去白宫拜会总统，但这绝对是意义最大的一次。此后，在摩根和罗斯柴尔德辛迪加的努力下，黄金债券发行任务顺利完成，美国财政部黄金储备重新恢复增长，一场天大的危机终于在引信燃烧到中途时被扑灭了。

摩根在挽救美国联邦财政和金本位制度的同时，也再次大赚特赚。他们买入第一手的债券，然后高价上市转卖，获取暴利，而为他们提供背书的则是美国联邦政府。后来有人统计，这个联合辛迪加从本次债券发行中又赚到了 1600 万美元。

1600 万美元，在当时对于普通民众来说无异于天文数字。由于对金本位制度的不满，加上对华尔街的憎恶，民间仇恨摩根的声音越发响亮，由此酿成了普尔曼车厢工厂罢工事件。

普尔曼车厢工厂，是一家属于摩根财团的企业。由于芝加哥世博会的召开影响生产，工厂削减了工人 25% 的薪水，这让工人们非常不满，引发了罢工。这场罢工迅速吸引了美国 27 个州数十万工人的关注，更多罢工热潮如连锁效应般发生。为了平息普尔曼工厂罢工，克利夫兰出动了军队镇压，并发生了激烈的流血冲突。在美国这种以《独立宣言》作为立国精神的"民主"国家，居然发生用军队对付民众的事件，顿时让朝野舆论为之哗然。

当时，就有人怀疑克利夫兰是在以残酷的镇压方式，去"报答"摩根挽救财政的功劳。到 1896 年 6 月，美国参议院组成调查委员会，就发行债券事件对摩根展开了质询，有委员问道："如果你的确想要避免一场金融危机，为什么你不愿意由别人来承销债券？"

摩根傲慢地从唇边吐出了几个字："他们不会做。"

其实，摩根自己并不觉得这很傲慢，他觉得自己是在实话实说。他相信这样的法则：

"With great power, conspired with great responsibility."（能力越大，责任越大。）

爱迪生的电灯之家

摩根是这样的人：他能发自肺腑地将责任与盈利紧密挂钩，而不是浮于表面地伪装正直公平。他从不避讳个人对金钱、名誉和享乐的追逐，但也从不逃避自己应尽的义务。无论这些义务是针对国家、民族和公众，还是针对一家公司、一只股票或者一盏电灯。

今天，每个人都会将托马斯·爱迪生的名字同电灯联系在一起，但却很少有人知道，点亮电灯的不只是爱迪生的天赋与汗水，更有摩根手中的钞票。1895年末，当摩根完成了拯救财政部的任务，冒着严寒乘车前往华盛顿时，他欣喜地在路途中看见纽约街头已更换了最新式的电灯，不由得回忆起从前的日子。

爱迪生开始成名于1869年，那时，他获得了证券行情自动记录收报机的专利，这是他的第一个专利。这项发明提高了证券行情交易效率，让摩根也为之侧目。到1876年时，爱迪生已赫赫有名，他在新泽西州的门罗公园建立了一座小型实验室，用于发明研究，电灯商业化照明的设想就源于这里。

当时，美国人室内大多使用煤气灯或蜡烛，在城市街道和大型公共场所则使用弧光灯照明。然而，弧光灯对于商用或家用而言，都显得过于强烈了。爱迪生的研究方向，就集中于如何使之普及化。9月份，他参观了一家弧光灯工厂，回来后，他把灯泡部分抽真空，再让电流流过内置的铂丝，得到了简易的白炽灯原型。

拿着这个白炽灯泡，爱迪生信心满满，他告诉每个可能的投资人，自己就要用一个 500 马的发动机，照亮纽约的曼哈顿。他很快又拿出了一套系统，承诺自己的收费将比煤气灯还要便宜。

1878 年 10 月 15 日，围绕这个最新发明，爱迪生和劳里、法布里 3 个合伙人，成立了爱迪生电灯公司。劳里，是西部联合铁路公司的法律总顾问，埃吉斯托·法布里则是摩根的合伙人之一。这家公司一半的股份在爱迪生手中，另一半则由法布里牵头成立了小型的持股辛迪加，其中还包括安东尼·德雷克塞尔和胡德·莱特，他们都是摩根另外的合伙人。1883 年，爱迪生公司的第一届董事会，也是在德雷克塞尔－摩根公司里召开的。

很快，全世界的金融家都关注到了爱迪生的新发明，并劝说他将投资和业务权力让渡出来。

毫不奇怪，摩根也了解到爱迪生这个发明项目的价值。他对此评价很高："……不仅对世界有重要意义，而且从财务角度看，对我们更是意义重大。"爱迪生的合伙人劳里不断劝说他相信德雷克塞尔－摩根公司，承诺将为他筹措资金、拓展业务。

与此同时，摩根还向伦敦的父亲报告说，这件事情没有什么风险，只需要很小的投资，就会得到潜在的巨大回报。但吉诺斯并不为之所动，他听取了英国人的意见，觉得爱迪生的计划不可能成功。

于是，摩根开始独自向爱迪生投资，但是，将电灯这样绝妙的科学技术进行突破，转化为商业化的服务系统，需要耗费大量时间和金钱，远非解决技术问题那么简单。当爱迪生希望建造大型中心发电站和工厂，以生产必需的设备时，爱迪生电灯公司的合伙人表示拒绝，因为很多合伙人只是想要分享专利权收益，但不想亲自去生产制造。为了拿到现金，爱迪生只好卖掉自己大部分的公司股份，将剩余的股份进行抵押借贷，还借用了朋友的储蓄。

摩根看不下去了。1880 年，他通过劳里，再次提供了 100 万美元的股本，组建了爱迪生电力照明公司，这家公司将会在曼哈顿商业区的珍珠大街建立中央发电站。此后，德雷克塞尔-摩根实际上掌控了该公司的存款、贷款，经营起爱迪生个人的投资，在国内外推动白炽灯的市场化。

摩根的预计没有错。1881年，在巴黎举办的电力产品展览会上，爱迪生的发明令全世界眼前一亮。1882年，爱迪生的发明成果又一次在伦敦水晶宫展览会大放异彩。吉诺斯终于接受了这个发明，他在伦敦也成立了一家爱迪生电灯公司。

爱迪生与摩根的合作之路是崎岖的。爱迪生有着独特的天才性格，他并不喜欢和商人们打交道，也不愿意受人控制和影响，尤其当别人质疑他的发明成果时，他更是会怒不可遏。但爱迪生的聪明之处，在于他冷静下来后审时度势的能力，经过一段时间的"较量"后，他发现，德雷克塞尔-摩根公司是最好的投资伙伴。尽管摩根在某些事情上也会显得强势，但他们对合作很有诚意，从不做过多的空头承诺。一旦他们决定开始推进工作，他们就会真正付出努力，而不只是局限于合同上的文本内容。

摩根个人为爱迪生的发明成果提供了很大的实验空间。1882年9月4日，爱迪生来到德雷克塞尔-摩根公司位于华尔街23号的大楼，那里已经安装了106个电灯泡。爱迪生检查了所有灯泡，下午3点，他轻轻按下总开关，全楼的灯亮了起来。到晚上7点，黑夜降临时，《纽约时报》《先驱报》的记者和围观者们目睹了世界上第一栋电灯写字楼的出现。爱迪生高兴地告诉人们："我已兑现了我所承诺的一切。"

摩根也将位于麦迪逊大街219号的宅邸"贡献出来"，作为实验场地。当工程技术人员在他的家里安装检查设备时，爱迪生的助手爱德华·约翰逊开玩笑说："如果这是我的房子，我肯定要将这些乱七八糟的线路、灯座和灯泡扔到大街上。"

摩根幽默地回答说："这也正是摩根太太的话。"

但摩根并不准备放弃，他要求加快进度。爱迪生派出技术人员，在摩根家马厩下的地下室里放置了发电机，连接整座宅邸的电力照明系统。为此，整个建筑内铺设了线路，摩根能够通过自己卧床上方不远处的一个按钮，打开一楼、前厅和地下室里的照明灯。

由于此时系统还不成熟，爱迪生还专门派出一名工程师，负责维护系统的运行。尽管如此，邻居们还是抱怨发电机的声音太吵了，也有人说发电机会喷出烟雾，将银器全部熏黑了，还有人抱怨发电机会让严冬的房顶变暖和，让野猫在晚间全部集中到这里……摩根向大家道了歉，并要求爱迪生电力公司人员前来处理。技术人员在发电机下面垫上弹性橡胶座，在房子周围铺上毛毡，又在摩根家的院落下挖了地沟，铺设了排放浓烟和蒸汽的管道，在远离住宅区的附近建立了烟囱，终于解决了所有问题。

1883年初的一天傍晚，麦迪逊大街摩根的宅邸内，高朋满座，欢声笑语。400多位上流社会人士都听说摩根家中已经安装了爱迪生的电灯照明系统，今天晚上就会点亮，他们好奇地应邀来到这里，希望能亲眼看看电灯是如何工作的。

晚上六时半，摩根亲手按动了电灯开关，整个宅邸从楼上到楼下顿时灯火通明。人们没有嗅到习以为常的煤气味道，眼中的光亮那样稳定柔和（尽管和今天的电灯无法相比），大家情不自禁地爆发出热烈的欢呼声。

摩根看着欢快的人群，开心地高举雪茄。他出席过各种各样的宴会，但很少如此心神舒畅。此时，他意识到自己的选择没有错，爱迪生会改变这个世界。

不久后，当全家人都去观看歌剧时，电线发生了事故，烧坏了摩根图书室的书桌、地毯、地板。面对一摊残缺不全的物品，工程师约翰逊紧张不已，但摩根太太暗示他不要解释什么，等着摩根开口。

"现在你打算怎么办？"摩根的眼睛似乎冒着寒光。

约翰逊说："我要对系统进行安全处理，是线路出了问题，和电灯没什么关系。"

"好吧，那就看你的了。"摩根带着威严感离开了。

在爱迪生的电灯照明项目中,摩根不仅投入了金钱、场地,也承担着风险。但他并不是第一次为风险性项目投资。作为当年的数学优等生,他知道一个好的发明成果同一个成功的商业项目之间,会有多少困难和挫折。摩根的儿女们也完全支持父亲的态度。1883年,杰克·摩根还在上中学,就写信给妹妹说:"这是一个电力的时代……如果有人对电力所知甚少,那是非常丢脸的。"

并不是每个投资者和支持者都会有摩根家的胸襟,范德比尔特家族也曾安装过照明设施,但第一次引发火灾后,范德比尔特家就放弃了电灯,让爱迪生拆除并运走所有的设备。

为通用电气"接生"

摩根的坚持,为爱迪生带去了现实和精神层面的双重意义。到 19 世纪 80 年代晚期,电灯照明已经成为爱迪生旗下商业化最成功的项目。然而,在当时规模经济并不突出的美国社会,电灯这一新生事物商业化越是成熟,就越容易吸引仿冒者的出现,越来越多的人开始冒用爱迪生的名义进行恶意竞争,更有甚者还借助法律"武器",要和爱迪生本人就电灯发明专利打官司。其他人则以手工作坊的形式,或者利用专业公司的称号,与爱迪生纠缠不清。这让摩根看见,爱迪生旗下公司经营策略存在不足。

当时,全世界第一次并购浪潮开始,铁路、钢铁和石油行业横向并购此起彼伏,制造业在不断扩大,工业生产产值急剧增长,社会发生了前所未有的改变。传统的资本主义自由经济开始朝更为集中而强大的垄断资本主义演变。爱迪生曾经习惯采取"小企业"做法,即为不同的发明项目设立不同的独立小企业,而这些做法现在正面临着财政、管理、市场竞争等多方面的严峻挑战。在摩根财团的支持下,爱迪生果断开始了对旗下企业的大规模重组。

1889 年,爱迪生将旗下的爱迪生电灯公司、爱迪生照明公司、爱迪生机器制造厂等小公司进行合并,构建出统一的大公司,即爱迪生通用电气公司。新公司成立后,爱迪生聘请了之前被摩根收购了公司的亨利·维拉德,负责管理工作,并组建了专业的法律顾问和市场推广团队。

这家新公司随后展现出优异的规模经济效应,销售额迅速上升。

在 1882 年，爱迪生电灯公司总共只销售了 10 万只电灯，到 1892 年时，销售量已翻了 4 倍。再过 10 年，这个数字还要达到 4500 万只。而在 80 年代末，爱迪生就已在全美国建立了 200 座中央发电站、1500 座独立的发电厂，摩根的宅邸早就不需要安装私人发电机了，他和富豪邻居们都在享受着来自照明公司的统一电路。

对手下企业的合并，让爱迪生感受到规模经济的优势，他从未使用过的集团化运作，体现出巨大威力。在此期间，摩根始终是他的坚实的资本后盾，也是爱迪生通用电气公司的主要控制人。随着公司的合并，爱迪生和摩根之间的矛盾开始出现并加大了。

必须承认的是，爱迪生是发明技术人员出身，他在处理公司内部业务问题时，是一个罕见的天才，富有条理且效率极高。然而，当他想要对外扩张和深入整合时，却显得并不出色。10 年内，虽然他坐拥摩根提供的巨大资本后盾，但他也还是停留在电报、电灯、供电系统等领域取得的成果，并没有抓住时机积极对外扩张，铺开他的战线，提前压制他的对手。显然，这无法满足摩根对规模和速度的要求。于是，爱迪生失去公司内部管理权的过程悄然开始了。

由于形势的迅速发展，摩根注意到爱迪生通用电气公司的竞争对手，并由此发现了汤姆森-休斯顿公司。这家公司由查尔斯·科芬经营，购买到了交流变压器在美国的专利，是一家相当正规的电气公司，公司拥有在当时几乎和爱迪生齐名的发明家伊莱休·汤姆森。在这两个人的领导下，汤姆森-休斯顿公司成为行业中仅次于爱迪生通用电气公司的第二大厂商。

爱迪生没有得到交流电的专利，于是他想方设法地破坏交流电在市场上的形象。他用交流电电死流浪猫狗，演示交流电的致命性。爱迪生认为，他采用低成本的直流电系统，能产生很多优点，一定会在同汤姆森-休斯顿的竞争中取得胜利。

但摩根并不这么想。他认为，爱迪生总是在忙着发明其他新产品，而对企业的合并并不关心。如果爱迪生继续热衷内部横向合并，而不对外扩充，他现有的市场地位，很快会被汤姆森－休斯顿公司这样的后起之秀所取代。与其到那时损失投资，不如提前加以购买与合作。

值得一提的是，"打不过对手，就买下他们"，是摩根财团多年如一日的经营理念原则，这也成为后世许多大型企业集团所信赖的法条。

在摩根的安排下，爱迪生通用电气公司的高管团队，开始和科芬与汤姆森接触，而爱迪生则对此一无所知。

1892年，摩根同科芬达成协议，爱迪生通用电气公司和汤姆森－休斯顿公司正式合并。这起并购是爱迪生通用电气公司成立以来，第一次对外兼并，合并完成后，公司改名为通用电气公司，即今天闻名于世的GE公司。直到并购完成，成立了新公司后，爱迪生才在忙碌的实验室中抬起头，目瞪口呆地接受了这个消息。

爱迪生即将接受的现实要更为不利。按照传统商业法则，新公司将拥有上万名员工、数千项专利，它应该由原本规模更大的爱迪生通用电气公司控制，总裁的位置，看上去也应该由声望更高、资历更强的爱迪生来担任。然而，摩根最终看中的却是汤姆斯－休斯顿公司，他认为这家公司有着高超的销售能力，其总裁科芬的经营能力，更是深得摩根的认可。因此，新成立的通用电气公司，由查尔斯·科芬担任总裁。

这次伟大的合并，开启了通用电气的百年企业历史，但同时也宣告了爱迪生个人商业管理生涯的结束。公司名号上没有了他的名字，在内部他也失去了领导权，爱迪生虽然依旧是董事会成员，个人财富不断增长，但却不再担当任何领导职务。爱迪生只参加了通用电气公司的第一次董事会会议，随后他卖掉了全部股权，开始投身到其他发明事业中。离开电气公司后，他从事留声机、铁矿石机、蓄电池和电影放映机的发明工作。当然，他还是没有停止和摩根财团的合作。

摩根主动担任起"接生"角色，将两大电气公司合并起来，不仅避免了旷日持久的诉讼和斗争，至少还从两大方面影响乃至决定了通用电气未来的命运：

首先，通用电气注定了是一家优秀的商业企业，而不是天才发明家主导的科研型企业（这种独特的企业文化，可能要到21世纪真正的互联网企业兴起时，才能发展和成熟）。其次，通用电气是历史上第一家成立之后即真正独立，由董事会专注经营，而不是由摩根担任"太上皇"遥控插手的企业。在此后100年的历史中，通用电气并没有一任董事长或总裁，因为受到董事会的不当压力，而被迫行动，更没有其他公司曾发生过的"逼宫"行为。相反，董事长或总裁总是会得到尽可能多的支持与建议，这也为后来杰克·韦尔奇对GE公司大刀阔斧的改革奠定了有利的企业文化氛围。

1892年之后，人们逐渐了解到摩根的任命是明智的。查尔斯·科芬获得了公司上下的支持，他被人们称为"天生的领导者"，但却从不耳提面命；他精通公司政治，但所有的协调手段都是为了更好地拓展市场和销售产品；他长于谈判细节，也能身先士卒，甚至会亲笔为客户写商业计划。同时，科芬又深谙大局观的重要性，他富有洞察力，超越了当时大行其道的铁路公司子公司控制模式，实现了中央集权，对中层经理的权力和责任加以细致规划和要求。后来，人们将GE公司的组织架构，比喻为"组织一家现代工业企业的标准方式"，而查尔斯·科芬则被人誉为"企业管理之父"。

财富的巅峰

1897年,摩根迎来了60岁寿辰。这一年,他已经彻底带领美国从财政部黄金危机的阴影中走出来,成为全世界最有权威的银行家。尽管有人高声赞美他,也有人谩骂乃至诋毁,但他的快乐依然让普通人无法想象。仅仅在近5年内,他就从纽约和伦敦公司中,挣了上千万美元的利润分成,而这还不包括摩根其他的投资回报,相当于其父亲吉诺斯·摩根这辈子所有财富的一半。

在父亲离开10多年后,摩根并没有像当初人们想象得那样失去靠山,相反,他表现出了更加充沛的活力。他在继续着铁路帝国的扩大和管理,开始组织工业托拉斯,他建造了"海盗二号"游艇,后来又建造了三号。"海盗三号"游艇的体积、功能、奢华程度,都远超"海盗号",它能携带足够的煤穿过大西洋。因此,夏天时,摩根喜欢在海上巡游,或者直接到欧洲僻静的地方旅游;冬天,他则会去自己在北方购买的营地偶尔放松。

在世纪之交,摩根个人财富走向巅峰,他对文化艺术的热爱也成为其花费金钱的重要途径。这一爱好体现出他对父亲的传承。

当年,吉诺斯在完成为法国政府的债券承销任务后,一跃跻身为欧洲最成功的银行家,真正进入上流社会。但是,欧洲的贵族传统要求他必须也学着收藏艺术品、赞助文化和慈善,体现别具一格的品位与眼光,这样才能同普通的美国暴发户有所区别。由于财力雄厚,吉诺斯位于伦敦王子门街的宅邸，很快就变成了小型的文化艺术博物馆，其中有法国的油画、西班牙的刺绣、英国的手工艺品、中国古代的瓷器、土耳其的纺织品，等等……

摩根对文化艺术的喜爱，比父亲有过之而无不及。相比父亲，他接受艺术熏陶更早，形成的自我喜好倾向更明显，同时用于收购藏品的资本也更雄厚。无论是各国的古代典籍、文豪手稿，还是当代著名画家的画作，乃至中世纪的珍宝、瓷器、雕塑、头盔、武器等，都是他的爱好所在。据说，他为了获得大诗人拜伦的手稿，曾派出专门的代理人常驻希腊，"蹲守"了好几年，最终他买下了拜伦的所有手稿。他将这些手稿同其他两万余份欧洲文豪的手稿收藏在一起，因此而志得意满。

在当时的收藏界，摩根几乎成为标志性人物，所有藏品商人都以得到他的青睐为一种认证。摩根的热情也确实令人瞠目结舌，每当他看到精美的艺术品，就会不假思索地掏出支票本，必须将之纳入囊中而后快。很多人认为，这些即便不算附庸风雅，也只不过是千万富豪的个人奢侈爱好，但只有了解他的人才更清楚，摩根对文化艺术品的爱好，不只是出于个人占有的目的。实际上，除了审美取向之外，如此强大的收购动力来自他内心的信念，即在欧洲与亚洲人眼中，美国虽然富裕而高速发展，但却缺乏一个大国应有的历史底蕴。作为享受了美国国力强大与经济发展红利的成功金融家，他有责任运用自己的财力，为国家网罗到世界上最完美的艺术品。

虽然摩根收藏艺术品的热情高涨，但当他面对具体艺术品时，却表现出了银行家所独有的精明特征。对自己喜欢的藏品，他几乎不讨价还价，顶多在竞拍价基础上加价 10%~15% 就成交。如果卖家惜售，摩根通常也不会再加价，而是直接放弃。因此，稍微了解他的藏品商人，都不会试图从他身上赚到更多的钱。即便达成交易后，摩根也并不太爽快，经常延后半年付款。

数量庞大的藏品也给摩根带来一些麻烦。由于这些艺术品大多数都是在欧洲收购的,所以它们都珍藏在英国伦敦。随着年岁增长,摩根希望能将藏品运回美国。因为藏品数量过于庞大,前后总共花费了一年的时间,摩根才将它们全部运到纽约。

在那个年代,美国为了保护并不强大的国内奢侈品和收藏品经济,对未来的类似货物征收巨额关税。因此,这批数量庞大的收藏品想要进入美国,需要缴纳相当高额的关税。但这对摩根而言并不是问题,为了将成本降到最低,他通过个人关系,游说美国国会通过了一项法案,对超过 100 年的艺术品免征关税。就这样,价值连城的艺术珍品得以免税打包运回美国,海关还选派了业务骨干,组成特别服务团,前往伦敦协助办理通关事宜。

后来,摩根去世后,他的律师统计遗产时发现,摩根留下的现金和股权财产总共有 6830 万美元,而收藏品在当时的总价值就达到 5000 万美元。如此巨商能将自己全部财产的一半投入艺术收藏,这在人类历史上几乎是空前绝后的。

今天,摩根在财富巅峰时所收集的大多数艺术藏品,已经按他的生前遗嘱,捐赠给了美国各大博物馆。其中捐给美国大都会博物馆的艺术品就有 7000 件之多,包括意大利文艺复兴"三杰"之一拉斐尔的大量作品。此外,他还赠送给瓦兹瓦斯博物馆 13000 件藏品,这两家博物馆凭借摩根的个人捐赠,一跃成为美国排名前 5 的大型博物馆。

当人生追求已只剩下自我价值实现的愿望,当财务彻底自由之时,金钱对于摩根这样的富豪而言,基本上只是数字而已。新世纪到来之时,他思考的是如何更好地保护自己已有的名声,更好地保护他心中热爱的家族、行业与国家。

1896 年,摩根开始了一段新的投资尝试,为他个人在财富巅峰时所作的贡献添上了值得记叙的内容。向他请求帮助的,是著名的哈珀兄弟出版公司。

哈珀出版公司,是美国最古老的出版商之一,他们曾经的签约作家可以开出一串名单,几乎都是欧美文学历史上鼎鼎大名的人物,包括狄更斯、勃朗特姐妹、萨克雷、乔治·艾略特、马克·吐温和亨利·詹姆斯等人。当时，除了庞大的图书发行网络外，这家公司还拥有家庭杂志《哈珀周刊》、儿童杂志《哈珀圆桌》、时装杂志《哈珀集市》和专门连载长篇小说的《哈珀新月卡杂志》。同时，他们还出版和发行教科书。

无论多么悠久的历史和盛大的名气，都没能阻止哈珀公司陷入困境。由于经营不善，这家公司走向了倒闭的边缘。威廉·拉凡曾经是这家公司的编辑，后来又成为纽约《太阳报》的出版人，同时担任摩根的私人艺术收藏顾问之一。在他的牵线搭桥下，摩根公司将哈珀合伙人出版公司进行重组，变成股份有限公司，发行了200万美元的股票和300万美元债券。哈珀家族收购了其中绝大部分股票。此后，摩根公司又前后借贷给他们85万美元。

摩根并没有插手这家公司此后的经营，他不打算像对待铁路行业那样，将新的管理体制引入公司。但问题是，哈珀公司因管理不善，再次陷入危机。到1899年时，书籍出版变得利润低下，公司在英国的办事处被迫关闭，杂志的发行量不断下降，广告订单也在变少。相反，后起之秀麦克鲁尔杂志正在取代哈珀的市场地位，吸引了更多的优秀作家和读者。

摩根再一次面临二选一的问题，麦克鲁尔和哈珀公司，就像科芬和爱迪生的关系一样。或许后者的业务知识底蕴更深，拥有的行业基础更强，但前者比他们更懂得如何去经营好一家商业公司。

为了拯救哈珀出版公司，拉凡建议说，应该邀请麦克鲁尔来接管哈珀公司。摩根同意了这个建议，毕竟有之前的成功案例。摩根开出的价格也比较优惠，只需要麦克鲁尔以五折价格，购买200万美元股票中的三分之二，或者支付69.2万美元，可分10年付清。

麦克鲁尔的确动心了，他开始认真规划将两家出版公司合二为一，建立庞大的出版王国。然而，最终麦克鲁尔无法筹到应有的资金，同时他也顾虑到哈珀公司的大量债务。

到1899年秋天，为了将哈珀公司拉回荣枯线上，摩根增加了对该公司的贷款。然而，这家公司的董事会放弃了，他们决定让公司破产后重组，为此，董事会聘用了乔治·哈维来接手这一切。摩根同意了，并郑重其事地告诉董事会："不能让哈珀公司完蛋，否则将是美国的灾难。"此后，哈维开始掌管大权。读者们感觉周刊越来越像是哈维的风格，而不是哈珀的风格了。

在哈维掌权之后，摩根又追加了250万美元的资金，他从来没有要求这家公司偿还贷款，其中大部分贷款直到他去世也没有还清。他并不追求从对这家公司的投资中，收回多少利润，而是真诚地希望自己能为这样的出版公司做一些事情。然而，哈维自己非常清楚摩根为公司投入了多少，他将摩根的照片挂在自己的办公室用以铭记。

第九章

钢铁巨人之梦

  垄断企业的诞生和壮大,是 19 世纪的美国向 20 世纪工业时代纳出的投名状。这份投名状光彩夺目,让整个美国到处弥漫着金钱气息与暴富诱惑。摩根尽管此时已年过花甲,但作为环境变化的推动者与观察者,他脑海中始终萦绕着无休止的冲动:为了家族与企业的未来,我要再干一次!

新向导，指路新高地

1897年，当摩根财团进行了重要的组织架构调整后，美国社会正走向史无前例的繁荣时刻。电报、电话的应用推广，交通设施的逐步完善，使各行业、各地域市场的相互融合迅速加快，推动了经济突飞猛进的发展，也造就了一个又一个全新的托拉斯。

此时，每个传统行业，都像平坦乏味的原野，被疯狂的资本岩浆摧毁和改造着。漫天灰烬散处，无数中小企业消失了。一座座资本高山峰岩奇绝、险峻峥嵘，遍布于美国的东西海岸。洛克菲勒家族的美孚石油公司，最早登入云霄，紧随其后的，还有掌握全美95%砂糖生产的美国制糖公司、掌握全美普通烟草制品半壁江山的美国烟草公司、影响全美皮革贸易全局的美国皮革公司、雄踞全美橡胶行业之首的美国橡胶公司，以及芝加哥煤气公司、田纳西煤炭与钢铁公司等地方巨头。自然，其中更少不了摩根财团，他们紧握着所有美国托拉斯企业的血脉——金融业。

垄断企业的诞生和壮大，是19世纪的美国向20世纪工业时代纳出的投名状。这份投名状光彩夺目，让整个美国到处弥漫着金钱气息与暴富诱惑。摩根尽管此时已年过花甲，但作为环境变化的推动者与观察者，他脑海中始终萦绕着无休止的冲动：为了家族与企业的未来，我要再干一次！

沐浴着世纪末美丽的夕阳，引导摩根财团向新高地前进的人，很快出现在摩根面前，他就是约翰·盖兹。

盖兹是不折不扣的晚辈。他40余岁，身体强壮，酷爱赌博和狩猎。早年，盖兹在芝加哥郊外村落的私立学校读书，毕业后进入西北学院，学习了半年多的商业课程。19岁时,他耐不住校园寂寞,回到村子里经营小五金店。两年后,他赚到了足够的闯荡资本,便赴德州投身商海。

　　彼时,倒刺铁丝在德州需求旺盛。从这里向西,土地辽阔、牧场纵横。奔腾的牛群、狂暴的风雨,使传统木栅栏无法满足农场主的需求,他们迫切需要大量的倒刺铁丝来制作更坚韧的防护栏。盖茨对该产品了如指掌,他到处推销,扩展市场,迅速积累资本。

　　到80年代早期,精明的盖茨已将生意做大,得到了摩根财团的贷款。他利用这笔钱在圣路易斯安纳州开办了一家颇具规模的倒刺铁丝公司,这家公司开始给盖茨带来源源不断的财富。但盖茨天性好赌,他曾下注1000美元,在火车上与人打赌车窗上的两滴雨珠,哪一滴更快流到玻璃窗底部。显而易见,盖茨并不满足,他看到美国经济发展趋势正朝向垄断化发展,便着手在故乡伊利诺伊州收购中小制铁公司的股份,并逐渐排挤其他股东,取得这些公司的控制权。随后,他再对这些公司进行整合,组成更有竞争力的伊利诺伊钢铁公司,并不断向外扩张。

　　1898年初,盖茨的势力已延伸到新泽西州。在这里,他密谋联合了7家倒刺铁丝公司,组成了一家资本为9000万美元的美国钢铁钢缆公司。消息传出,舆论震惊,但事情又在情理之中。新泽西州的法律允许企业利益跨州实现,一定程度上钻了《谢尔曼反托拉斯法案》的漏洞,盖茨选择这里,和洛克菲勒将美孚石油总公司转移到新泽西的理由相同,是一招相当漂亮的战略大棋。

　　以新泽西州为据点,盖茨开始打算吃下美国更多的优良钢铁企业。为了让美国钢铁钢缆公司更具实力,他向明尼苏达铁矿公司提出合并请求,对方却递来一个不软不硬的钉子。

　　"盖茨先生,我公司的大部分股东都同意合并,但合并业务需要全部委托给摩根财团,这是唯一的条件。"

　　面对对方来函的文字,盖茨陷入沉思。短暂地权衡利弊后,这个嗜赌成性的人做出了重要的投注:他决定以明尼苏达铁矿公司合并事务为借口,去请摩根财团加入战局。

　　盖茨毕竟是晚辈。当他推开摩根办公室古铜色的木门时,已然成为了老摩根眼前打量的一块筹码。

摩根向来倔强。生理上的逐步衰老,并未让他意志消沉,反而使他表现出更为强烈的自信。盖兹注意到,这位老人标志性的大鼻子似乎比传闻中更大了,而且几乎红得发紫;而那双眼睛,无时无刻不在散发能震慑所有人的力量。

摩根很清楚盖兹的来意。一直以来,他就对钢铁工业耿耿于怀。自从南北战争结束后,美国钢铁工业迅速发展,美西战争、布尔战争,又带来新的市场需求,使钢铁价格迅速上涨、利润猛增。摩根不断试图推动一些中小企业合并,形成行业内的联盟。然而,这些企业间的联合并不紧密,成员之间彼此勾心斗角。有些联合关系,反而放大了原本就存在的矛盾,导致了牟取暴利、恶意收购、突袭式的投机策略等负面竞争行为。

摩根早已开始考虑效仿铁路业的做法,在钢铁行业进行更大规模的兼并,建立起对行业更好的统治秩序。恰逢此时,盖兹登门拜访,几乎说中了老爷子的心思。

一番交谈之后,摩根对这块"筹码"的态度依然冷淡,盖兹只能失望而归。老摩根站在窗前,凝视着这赌徒宽厚的背影钻进车中,摇了摇头,对身旁的律师说道:"不管怎么说,我认为资产放在他手中是不牢靠的。"

但摩根也清醒地意识到现实问题。钢铁工业的洗牌已到中期,原本遍布全国的数百家独立工厂,此时已经分别被十几家大公司收入囊中。想要再鲸吞这些大鱼,必然会面临很多实际困难,从收购合并意图的实现过程,到开始弥漫于朝野的反垄断情绪,这些都不太可能由摩根家族亲自出面来逐一解决。此时,幕布前迫切需要得力的操作者,如果盖兹不合适,那么谁更合适做向导呢?

摩根并没有等太久,盖兹很快送来了适当人选。在这次会谈碰壁之后,他求助于加里律师。

加里原来曾担任过伊利诺伊州的法官。他温文尔雅、思维缜密,外表看上去像是卫理公会的主教,但却是企业合并法律事务的资深专家。他笃信宗教,从不碰股票投资和赌博勾当,口碑为人称道。因此,盖兹放心地委托他完成明尼苏达铁矿公司的合并。

在接受这次委托后,加里开始接触摩根财团,进行明尼苏达铁矿公司的合并操作。这本是一次并不复杂的常规合并,在此过程中,摩根家族的首席律师史登松与加里频繁接触,产生了密切联系。到1898年4月,加里抓住机会,带着一整套钢铁行业整合的计划,面见了摩根。

这次,摩根对加里的印象很好,他和得力助手罗伯特·培根着手研究了这套方案。最后,摩根略带夸赞地告诉加里:"你这套详细计划很可行,独立、统一、低成本的钢铁公司,我们都希望能见到这样的托拉斯企业,值得去做!"

蒙受最有权势的资本家称许,即便是加里,也掩饰不住内心的喜悦。他笑了笑,推推鼻梁上的黑边眼镜。

摩根话锋一转:"不过,计划还是有需要补充完善的部分,比如说,白铁皮生意,你觉得怎么样?"

说完,摩根侧头吸了一口雪茄,喷出浓重的烟雾。加里盯着那团烟雾,笑容凝固了:"白铁皮……是那种薄的铁皮吗?"

加里不得不承认,姜还是老的辣,他确实没有深入了解过白铁皮这项产品。

摩根得意地说道:"我的朋友,相信我,盖兹确实是倒钩铁丝行业专家。但是,在未来的世界里,大厦、桥梁、舰船,需要各种各样的钢铁制品。在底特律,福特的汽车产业蒸蒸日上,而汽车可离不开白铁皮。到处都需要软铁制品的时代,马上就会到来了。"

这番话,让加里为之折服,他这才了解到摩根的厉害。眼前的老者看似年过花甲,但他对新生事物的关注、对商业信息的敏锐,乃至对社会发展方向的判断,远远超过了自己,更不用说约翰·盖兹那样的角色。

与加里会谈,让摩根下定决心。他相信,加里才是最优秀的向导,在加里提出的计划基础上,摩根打算再加上全美两百多家白铁皮企业,将之统一为前所未有的复合体。

这家筹备中的企业,将被命名为美国联邦钢铁公司,并成为老摩根杀入新高地的桥头堡。

联邦钢铁的奔流

1898年的夏季,美国东海岸到处都是炽热的阳光。加里和罗伯特·培根整天都待在摩根府邸的图书馆里,围绕联邦钢铁公司的成立制订细节。白天,一叠叠数据报表被佣人们搬进搬出,加里和培根时而埋头计算,时而热烈讨论,时而精疲力竭地瘫在真皮办公椅上,百无聊赖地看向天花板,似乎那里有最完美的答案。有时候,老摩根会请他们共进晚餐,雪亮的刀叉与精美的餐盘碰撞声中,3个人的声音经常从清晰变得低沉,逐渐无法听闻。

到9月份时,计划付诸实施。摩根通知盖兹,他打算收购伊利诺伊钢铁公司,然后将之和俄亥俄与宾州的罗兰钢铁公司、明尼苏达铁矿公司以及两条铁路的支配性股权合并,成立一家名为联邦钢铁的控股公司。为了稳住盖兹,摩根特意声明,联邦钢铁并不包括美国钢铁钢缆公司在内。

盖兹思来想去,觉得成为摩根家族的盟友绝不是什么坏事。作为收购的附加条件,盖兹多次向摩根提出,自己应该在新的联邦钢铁里担任重要职位,但摩根却总是顾左右而言他。

当收购事宜尘埃落定,盖兹再一次坐到了摩根的办公桌前。还没等他开口说话,摩根就按下了桌上的通话按钮:"请帮我叫加里先生进来。"

几分钟后,加里带着习以为常的刻板严肃表情,推门走了进来。

"你好,加里先生,哦不,应该称呼你为加里总裁了!"摩根靠在宽大的座椅背上，双手合十抱在胸前，眼神在盖兹脸上扫来扫去。

这个称呼让加里和盖兹都愣住了。摩根最喜欢这种戏剧化的效果，他哈哈大笑起来，猛抽两口雪茄说道："加里先生，盖兹先生，很抱歉我还没有来得及告知两位，前两天，联邦钢铁的股东会已经决定，任命加里先生为公司总裁。从现在起，我们就应该叫你总裁先生了！"

盖兹的脸上一阵变色，不知说什么。加里则既惊又喜地问道："摩根先生，我可真的没有准备好……"

摩根摆摆手："我认为你非常适合出任总裁一职，这是公司董事会的决定，请不要推辞了。我诚恳地建议你，立刻开始着手研究下一步战略，不要让我们大家失望。"

加里诚惶诚恐地接受了任命，盖兹则心事重重地离开了摩根府邸。他没想到，自己原本打算做摩根的"向导"，但却被加里抢走了风头。看着车外不断加速向后倒退的树丛，盖兹不得不承认，在识人用人上，自己和老摩根还差得很远。

几家欢乐几家愁。盖兹失意之时，正是加里得意之处。直到盖兹离开，他还是没有从突如其来的幸福震惊中回过神来。半晌，他才问道："摩根先生，联邦钢铁的董事会，你感觉应该怎么组织？"

摩根摸了摸硕大的脑袋，说道："上帝啊，我的总裁先生。您现在是联邦钢铁的头号人物，怎么组织董事会人选，是您的职权所在啊，我自然不好说话了。不过，我建议你千万不要忘记我们的朋友，约翰·盖兹先生！"

加里如梦初醒，为自己这个不够水平的问题感到不好意思，一直以来的严谨神色，被喜滋滋的笑容所取代。他很快走马上任，开始按照摩根的建议，选择董事会成员，任命执行委员会，挑选办公人员，决定薪资结构，直到放眼远眺联邦钢铁的未来图景。

加里并不清楚钢铁技术，后来甚至有人说，他从接受任命到去世，都没有亲眼看过炼钢高炉的内部构造。但摩根看重他的，本来就不是对技术的了解，而是他对法律和企业组织运作的熟悉程度。事实证明，加里随后的经营管理手段，和摩根的理念不谋而合。他们两人都坚信，对内加强管理、协调生产，对外制定合理的价格机制来参与竞争，能让联邦钢铁立于不败之地。随后，联邦钢铁应积极出击，利用一切合法手段不断吞并，如同洪流席卷整个美国钢铁行业。每一家被它看中的企业，都如汇入洪流的水珠，消失得无影无踪。

《纽约商报》对联邦钢铁成立之后的情形，如此形容道："（这家公司）拉开了世界有史以来为争夺支配权而进行的最大竞争之一的序幕。竞争的双方，是一个新的康采恩和卡内基利益集团，双方背后几乎都有无限的资金支持。"[1]

作为股东加入摩根阵营的银行家们，不得不保持谨慎的市场态度。由于铁路投资狂热引发的投资危机还历历在目，许多人对工业股票依然心有余悸。但当投资者看到合同上有"摩根"的名字，顿时将担心抛到脑后。他们确信联邦钢铁发行的证券，必然具有投资保证，绝不会辜负自己的期待。

由于缺乏合同的公开原始记录，今人已经难以追溯这家公司当年的融资过程细节。但从新闻报道和回忆录的片段中，还是可以摸索出摩根在其中扮演的重要角色。他将旗下部分钢铁企业的控股，兑换成价值 1 亿美元的联邦钢铁股票。同时，又组织了一个辛迪加，为合并行动提供 1400 万美元的即期现金。参加辛迪加的成员，也总共提供了 480 万美元现金，并保证在联邦钢铁股票公开发售期间提供其余部分。摩根银行则负责提供第二批 1 亿美元股票，供应给投资者，最先有资格购买的是联邦钢铁子公司持股人，其次才轮到公众投资人。

在成立初期，联邦钢铁股票的公众认购者，大部分依然是美国社会的精英阶层。直到将近 20 年后，才有大批中小投资者开始涉足该企

---

[1]（美）琼·施特劳斯（Jean Strouse）著；王同宽等译. 华尔街之子－摩根 [M]. 北京：华夏出版社, 2004.10.

业的投资圈。因为股票销售情况从始至终都很好,辛迪加根本就不需要提供承诺的现金部分。而当联邦钢铁在加里主持下,开始经营了一年之后,就偿付了优先股和普通股的红利。

联邦钢铁的成立背景得天独厚,而经营者则老成精明。这个企业如同出身华族的学子,蒙受了名师训导,迅速跻身于优秀者的行列。到1899年底,联邦钢铁的规模已经跃居全美第二,仅次于钢铁大王安德鲁·卡内基的产业。

安德鲁·卡内基那时已经65岁,他从青年时代就刻意剃短的胡须和头发,已变得苍白而稀疏。但这个倔强的小个子苏格兰老人,还是保持着充沛的斗志,用一种完全不同于俗世的眼光看待联邦钢铁。他甚至对人说:"我认为联邦钢铁是世界上迄今为止最大的股票证券制造商,但他们最终将在钢铁生产上惨败。"

卡内基在钢铁行业战场上戎马一生,几乎是攻无不克、战无不胜。但在世纪之交,他却作出了错误的判断。随后发生的事情将证明,他小觑了联邦钢铁,更没有看清这家企业背后,那位同样英雄暮年的摩根先生。

托拉斯绝响

从传统竞争时代走出来的卡内基，本能地认为摩根成立联邦钢铁公司，是为了和自己竞争。但他却没有看到托拉斯的辉煌时代已经到来，联邦钢铁公司之所以出现，并不是为了打败他，而是为了吃掉他。

伴随着19世纪的到来，美国历史上最大的兼并浪潮开始了。在电报、电话和交通发展的带动下，地方市场与国家市场融合交错，互相影响。由于美国取得了美西战争的胜利，商业重心也从扩大国内业务转向寻求全球市场。1897年，全美公司兼并数量不过69起，而到1899年，这个数字暴增到1200起。

随着兼并步伐的加快，工业托拉斯的形式开始流行。在托拉斯中，股票持有者能够将他们拥有的不同公司的股票，兑换成最高控股公司的股权信托证书，而这些不同公司就被股权信托联系成一个整体，称为"托拉斯"。尤其在新泽西州，还通过了法案，允许一家公司直接拥有另一家公司的股份，这里更获得了众多托拉斯公司的青睐。到1901年，新泽西州的托拉斯公司已控制了美国国内的诸多行业，包括制糖、制铅、威士忌、厚玻璃板、金属钉、冶金和煤炭等。

1900年，美国共和党赢得总统选举，威廉·麦金利总统赞成公司兼并，他没有设置任何障碍对托拉斯加以限制。于是，华尔街的银行家们在托拉斯行业发展中扮演了更重要的角色，他们总是以自己的信用来联系各方，从无到有、从小到大地组建托拉斯。摩根财团是他们的杰出代表。虽然公众对摩根有各式各样的看法，但却没有人怀疑过他的信用，因为他在生意上总是能信守诺言。同时，他生来讨厌自由竞争，认为只有大规模兼并才是消除行业问题的办法，这一态度贯穿在他日常言谈行为中。有一次，一家葡萄酒公司的经理只是抱怨工业技术上的问题，摩根就建议他应该把整个美国香槟行业都买下来，自然能解决问题，这让对方一时不知如何回答。

然而，卡内基对这些都并未察觉，或者说，他并不在乎了。于是，全国钢管公司和联邦钢铁公司之间的矛盾越来越大。

1900年，作为行业内第一把交椅，卡内基手下的高管想要发展钢管、钢丝这样的制成品经营，但摩根认为，这将导致钢铁行业内出现生产过剩和价格战的乱象，他对卡内基很不满意，认为这种主动挑起战火的行为，会让整个工业界更加混乱。

幸运的是，这场战火并未爆发。12月12日，摩根在曼哈顿大学俱乐部参加了欢迎查尔斯·施瓦布的宴会。施瓦布先生是卡内基从企业基层发掘的忠诚助手，他精明能干，擅长管理和经营。在这次宴会上，施瓦布主动接近摩根，描述了自己对未来钢铁托拉斯的设想。他用爽朗的声音描述说，这个托拉斯会包括钢铁生产和销售各个方面，从采矿到推销成品。在托拉斯中，企业和企业将会是一种高级协作的关系，通过彼此共享规模经济优势，降低产品价格，占领新兴的世界市场。施瓦布将这套体系描绘成整个国家产业发展的必然，一点儿也没有提到所有的托拉斯其实都是私营企业家的产业。

摩根对施瓦布的演讲内容赞不绝口，对这个年轻人也非常欣赏。宴会之后，他和施瓦布又密商了半小时。摩根的合伙人罗伯特·培根参加了这次协商，他后来回忆说："很显然，摩根看见了一片新天地。"[1]

摩根想到的很可能不止新天地。在那个夜晚，他可能想到了卡内基不久之前出版的一本名为《财富的福音》的自传。卡内基在这本书中，宣称自己不再会为赚取更多财富而活。人们都明白，他在奋斗了大半辈子后，已然萌生退意。

---

[1] 普林格尔著：《西奥多·罗斯福》（Thendore Roosevelt）。

第二天，一个新的计划开始形成。在 3 周内，摩根开始着手组织钢铁托拉斯。这个组织的核心成员包括摩根、罗伯特·培根和施瓦布。直到今天，人们都不清楚究竟是施瓦布建议由摩根牵头成立钢铁托拉斯，还是卡内基通过施瓦布向摩根伸出了橄榄枝，但事实是施瓦布很快找到机会，利用和卡内基打高尔夫球的时间，向老板试探是否愿意将公司卖给摩根。卡内基看着面前羽翼已丰的施瓦布，恍惚出现了当年那个尚有几分稚气的年轻人。他未置可否地笑了笑，从上衣兜里拿出一支自来水笔，在便签纸上写下"4.8 亿美金"。

这张便签纸很快被放到了摩根面前的书桌上。他看了看，然后用一种故作轻松的语气回答说："我接受这个价格。"

就这样，收购事宜几乎从一开始就接近成功了。不过，卡内基从高尔夫球场上下来后，心中多少有些不甘。他提出，签订合同的地点，必须在自己公司所在地的 51 大街，而不是由自己前往华尔街 23 号的摩根公司。最终，摩根让步了，前往 51 街签合同。

整个签约过程并不复杂，摩根签下了自己的名字，再看着卡内基签完后，他说："恭喜你，现在已经成为世界上最富有的人了。"

1901 年，摩根一手缔造了美国钢铁公司。这家新公司的资本是吓倒了华尔街的 14 亿美元，它是人类历史上第一家资本在 10 个亿美元以上的股份公司。为了进行妥善的管理，摩根组建了一个由 300 个成员组成的银行团发行股票；然后安排了股市专家詹姆斯·基恩来造市，这是为了避免如此之多的股票数量让股市饱和而价格下跌，被称为"华尔街银狐"的基恩同时买进卖出这支天量股票，结果价格稳步上升，交易额也巨大无比，华尔街的纽约证券交易所不得不宣布休市一天，为了让票据得以整理完成，赶上股票的交易速度。

这是工业和金融业在新世纪的完美结合，而许多人对此感到不安，甚至连《华尔街日报》也承认这一点。长期来看，美国钢铁公司在设想的道路上顺利前进，成为最好的钢铁公司，而那些购买了其股票的投资者，则因为信心而最终获得丰厚回报。但他们并未想到，这一雄浑的篇章，业已奏出摩根财团托拉斯路途上的绝响。

北方证券风波

1901年4月,在基本完成对美国钢铁公司的组建之后,摩根去巴黎旅行,用接近40万美元的价格买下了文艺复兴时期著名画家拉斐尔的《科罗娜圣母像》。随后,他前往艾克斯进行了休养。那是位于法国东南部山区的温泉疗养胜地,但这次度假注定不平静。

5月4日,周六,摩根和平常一样打开来自纽约的电报,随后愣住了:趁他不在国内,居然有竞争对手向家族控制的北太平洋铁路公司发动了袭击!

这家公司和摩根家族连接在一起已经有20年了。1880年,摩根曾经筹资4000万美元支持该铁路的最后建设,避免了其破产;1893年,他又再次注资挽救了这家公司。但此时,在爱德华·H·哈里曼的领导下,由铁路公司和银行家组成的联盟正打算在公开市场上收购北太平洋铁路一半以上的股票。

哈里曼名下控制着联合太平洋铁路公司,他破坏其他银行家的重组工作,进入了该公司的董事会,还成了执行委员会成员。他的确颇有手腕,将这条铁路变得生机勃勃,并和北太平洋铁路公司形成了直接的竞争关系。

哈里曼知道,想买走摩根的股票无异于虎口夺食。为了筹集到购买股票的巨额现金,他到处活动,找到了库恩-洛布公司、国家城市银行和威廉·洛克菲勒等人为其撑腰。应该承认,这些银行家之所以想要支持突袭摩根,很大原因来自摩根高高在上的傲慢态度,他甚至说过"美国所有的银行家都是我的办事员"。

当摩根4月份前往欧洲时,库恩-洛布公司的总裁希夫开始行动。摩根和他的合伙人却疏于防范,他们只拥有北太平洋公司不到一半的股票,因为之前没有人敢于购买价值1.55亿美元的铁路公司。但现在确实有人敢做这个梦了。

1901年4月份,北太平洋公司的股票价格从45美元攀升到最高96美元,希夫也会时常抛售股票压低价格,免得引起摩根财团的注意,到4月25日,价格涨到了105美元。经过分析,哈里曼认为,摩根本人不在纽约,而摩根财团关注着的是美国钢铁公司上市,北太平洋公司股票的上涨不会引发摩根集团的关注。更何况,当时美国总统麦金利希望连任,他在竞选活动中承诺华尔街财团会得到更多机会,投资者们正在推高纽约股市。到5月1日,北太平洋公司股票价格狂升到115美元。

此时,希夫找到了大北方铁路公司总裁希尔,希尔掌控着北太平洋铁路公司的股份。希夫想要说服希尔背叛摩根,为此他得意地透露,自己的集团已经获得北太平洋公司75万优先股中的42万,还有80万普通股中的37万股票。如果希尔也能加入进来,那么胜算就会更大。

希尔盘算了半天,决定把惊人的消息告诉摩根。他找了个借口摆脱希夫,然后立刻去华尔街23号和摩根财团商议,反击计划马上出炉:由于北太平洋公司的董事有权在1902年1月1日以后撤出优先股,起到决定性作用的是普通股,而希夫以及背后的哈里曼,恰恰疏忽了,他们没有控制到超过一半的普通股!

摩根很快发电指示:"立即购买15万股的北太平洋公司普通股!"这时是周六的傍晚。

5月6日周一,证券交易所重新开始营业,看起来新的一周似乎没有什么不同,但接下来发生的事情将载入华尔街史册。大批摩根集团的经纪人开始涌入纽约和伦敦的股票交易所,购买所有能买到的北太平洋铁路公司股票。到了周四,华尔街历史上的"蓝色星期四"出现了,北太平洋股票价格跳到了一个高得离谱的数字——每股 1000 美元!

无论是中小投机商,还是散户,已经全部被吓到冷静,他们中的许多人在此期间抛售了其他的股票来套现,转买"北太平洋"股票,导致所有股票价格都在下跌。而对该股票做空[1]的一方已经损失了大量财富,因为他们以为当周二价格停留在 146 美元时会掉头下行!

如果不马上平息这一切,纽约的股市会被毁掉,千家万户都会因破产而家毁人亡!于是,对立的两方在纽约商议,决定不交割已购买的股票,用每股 150 美元的价格将股票抛售出去。

在"蓝色星期四"这天,摩根已经转道巴黎来到伦敦,在那里,他指挥下属悄无声息地继续购买普通股。到 5 月 18 日,摩根家族控制了 42 万股股票,超过了一半的普通股,对北太平洋铁路的控制得以实现。

为了找个借口下台,希夫给摩根写了很长的反思信件,他解释说,自己并没有什么对摩根财团不利的念头,而是为了保护哈里曼的正当利益。摩根对此不屑一顾,他根本就没有回信,这条铁路花费了摩根将近 20 年的心血,他没有想到居然差一点儿就落到了别人的手上。

直到 7 月初,摩根才回到纽约,他着手创设新的北太平洋公司董事会,成员包括股票大战的交战双方,其中有哈里曼和支持他的威廉·洛克菲勒,也有忠诚于摩根的希尔,摩根解释说,这是为了表明彼此之间并没有任何敌意。而且摩根认为,将原本的竞争对手放在一块是有益的,新联盟也将提供更好、更稳定的交通运输服务,并确保美国的经济利益。

到 11 月份,"北方证券公司"宣布成立,公司总资产达到 4 亿美元,摩根认为,如此庞大的规模才能保持稳定,不会被谁在一夜之内偷走控制权。这个庞大的公司将在新泽西州注册,持有 97% 的"北太平洋"

---

[1] 做空,是指对未来行情做出下跌预期,从而买入"看跌合约"。具体操作为通过向券商"借"来股票卖出,待行情跌后买进归还券商,从而获取差价利润。其交易行为特点为先卖后买。

股票和75%的"大北方"股票。

就这样,在摩根的协调下,垄断所产生的利益取代了股市上风波诡谲的竞争,原本的敌人握手言欢了,摩根、威廉·洛克菲勒、希尔和哈里曼这些金融和铁路巨头们共同掌握了世界上最庞大的铁路联合体。

这次突如其来的挑战,被摩根粉碎了,但新挑战依然会出现,组建钢铁托拉斯、平息金融风暴、打造巨型的铁路联合企业,等等,在许多人看来都引起了国家不安和社会失衡,很快会有人站出来,成为摩根更难对付的挑战者。

让海风吹拂而过

　　长久以来，摩根家族的金融生意都集中在辽阔的欧美大陆上。但这毕竟是一个传说中有着海盗祖先亨利·摩根的家族，也可能是摩根感到自己应在暮年有新的挑战，他将兴趣点转向了美国东方的大西洋上。

　　1901年，在美国钢铁公司盛大的成立仪式上，有人提问："摩根先生，今天，铁路和钢铁行业都已经被您主导，纳入到统一高效的管理体制中。那么，您认为航运业是否最终也应如此呢？"

　　摩根毫不掩饰地说："我认为应该是这样的。"一语既出，满座皆惊，但人们细细回味，又觉得事情这样走下去似乎也顺理成章。

　　此时，大西洋航运业的局面，与当初美国铁路业的混乱几乎如出一辙。到处都是船和船队，到处都有航运公司，每一家公司都敢于采用低价竞争和恶意路线的方式去打压对手，造成了行业整体乱象。

　　国际形势也需要航运市场有所变化。德国正从军事和经济两方面挑战着英国人的海上优势，而美国人则认为他们有理由分享更多的移民客运市场利润，毕竟越来越多变富起来的美国人，热衷于享受豪华的大西洋穿越旅行。很快，美国有人开始呼吁，应由曾经"治理"了铁路的摩根财团出面，对大西洋航运业进行整顿。如果有这样的资本巨鳄来操作，航运业的市场就能获得有效规范，不仅整个行业能变得更有条理，其他相关行业也能得到更高效的运输服务，最终对整个经济发展都极为有利。

1900年7月，一些与航运公司有关的银行家前来拜访摩根，他们建议摩根创立一家大型联合造船公司。面对这样的劝说，摩根婉言谢绝了："我认为，目前并不是进军造船厂最恰当的时机。"但到了年底，摩根看到造船业创造了很高的利润，他改变了想法。

摩根很清楚外界对自己寄托了怎样的期望，但他更有自己对未来格局的设想。他认为，自己的财团已经掌控了美国的铁路，如果能进一步掌控大西洋航运，那么就能有效掌控从美国西海岸到东海岸再穿越大西洋直达欧洲的交通网络，控制半个地球的交通线。

如此伟大的计划，吸引了摩根与其合伙人的兴趣。很快，一项关于新船队的计划成型了，摩根需要一个具备高效产能的造船厂，一个拥有一定管理和运营经验的轮船公司，作为他吞并其他航运产业的起跑线。

经过多轮次筛选，摩根将目标锁定在英国的贝尔法斯特造船厂和白星轮船公司。贝尔法斯特造船厂当时由哈兰特·沃尔夫经营，他很看好摩根进入航运业，双方经过并不复杂的谈判，就完成了收购交易。但当摩根面对白星轮船公司时，情况就没有那么简单了。当时，英国白星轮船公司的总裁是布鲁斯·伊斯梅，他的父亲参与创建了白星轮船公司，伊斯梅对这家公司很有感情，不愿意将这家代表英国航运荣耀的公司轻易卖给美国人。

伊斯梅不愿接受，摩根自有其办法。他不断提高收购价格，最终给白星轮船公司的股东们开出10倍于当年分红的收购价格，没有人能拒绝如此之高的开价，白星轮船公司最终被纳入摩根组建的托拉斯中。同时参加托斯拉的公司还包括摩根原有的国际航运公司、大西洋运输公司，以及英国的莱兰航运公司和多米宁航运公司。新公司打算筹集资金1.7亿美元，其中普通股和优先股各占6000万美元，现金5000万美元。摩根还为此聘请了专业管理团队，其中也包括给他造成各种麻烦的伊斯梅。

这个新的航运托拉斯，很快引发了政界人士的关注。在其刚成立时，英国内阁大臣们就达成一致看法，表示应该阻止美国人抢夺原本"属于"英国的大西洋航线。摩根的合伙人们建议说，虽然组建航运托拉斯已成为定局，但还是应找到机会，与英国朝野那些反对者充分沟通。

摩根并没有立刻访问英国，相反，他在 1901 年底到了德国。虽然托拉斯组建顺利，但摩根很清楚，想要真正垄断北大西洋航线，不仅需要自己代表美国商业力量，还要拉拢盟友加入。因此，他决定再将德国商业界也拉进战团，确保航运托拉斯的成功。

在德国，摩根和德国航运霸主——汉堡航运公司的实际控制人艾伯特·鲍林达成协议，承诺双方瓜分北大西洋的航运业务。按照协议，摩根如果没有得到德国人的同意，就不能将业务延伸到德国的任何一个港口中。德国人则保证，不会将航运业务拓展到英国和比利时。此外，双方还达成协议，共同出资收购了荷兰-美国航运公司。

这次合作规模庞大、协议内容复杂，引起了德国皇帝威廉二世的注意。鲍林为了解释清楚，专门前往柏林面见威廉二世，汇报了交易的实际情况。这让威廉二世逐渐放下心来，感到摩根财团确实是德国可以信赖的支持者和合作者。随后不久，在鲍林的运作下，威廉二世登上了"海盗号"，和摩根在甲板上散步，长时间的沟通后，威廉国王同意了摩根的计划。

1902 年 5 月，万事俱备，摩根来到伦敦，与当时的大不列颠帝国政府殖民大臣约瑟夫·张伯伦共进晚餐。数年之前，摩根就认识了张伯伦一家，他们的住所距离王子门街道不远。张伯伦身材瘦削，衣着考究，时常戴着传统样式的单片眼镜，在衣领处还插上一朵新鲜的兰花，给人以儒雅的感觉。但当他初次正式会见摩根时，还是表现出强烈的不满。他认为，英国的航运商被摩根"腐化"了，居然不顾国家利益，选择出卖商业利益。而且，摩根居然还同英国的敌人德国人进行合作，通过谈判达成了独立的协议。

摩根努力安抚张伯伦的情绪，答应他在 50 年之内，不会将属于英方的船舶转让给任何第三方。为了表达诚意，摩根还表示本人愿意同反对者进行会谈。

"那不够,"张伯伦声音冰冷,"帝国政府已经在谋划,提前买下白星航运公司最好的那些船。"

言下之意,摩根即便能组建起托拉斯,也得不到最好的资产。

摩根叹了口气,提醒张伯伦说,如果真的是那样,那自己就会出价高于他的 40% 来购买这些船。而这会让新的托拉斯得到更多投资,去建造更好的船队。此外,托拉斯也可以从德国、荷兰那里买到船只,白星航运是不是带着足够船只进入托拉斯,并没有太多实际意义。

张伯伦没想到摩根针锋相对,一时间语塞了。

摩根话语柔和地说道:"先生们,从目前来看,英美两国还没有建立正式的政治经济联盟关系。如果想要加强两国之间的理解,我认为,应该先创建一个利益共同体。"

张伯伦面无表情,不知道究竟有没有受到影响。摩根继续说:"如果英国政府真的去购买白星航运的船只,就说明对美国政府和商业界怀有敌意。这会迫使我国采取一切必要手段进行自我保护。"

在场所有人都愣住了。摩根即使富可敌国,但毕竟并不代表美国官方,他这番话是否代表美国政府的真实意思,谁也无法判断。

这场晚宴在尴尬的气氛中结束了。第二天开始,摩根察觉到令自己很不舒服的事实——无论他到哪里,几乎所有的英国人都对他态度不佳,视若无睹,显然将他看成了全民公敌。而在此之前,摩根还认为自己为英国的造船厂、航运公司带来了生机,他应该得到起码的礼遇。

但摩根家族的血液是桀骜不驯的。在德国,摩根可以耐心地和威廉二世交谈,因为他感觉自己得到了尊重。而当英国人越是对他冷漠,他越是决定不惜一切打破英国的航运霸权,无论他们怎样仇视自己,摩根都不再加以考虑。

1902 年 5 月,新的航运托拉斯成立了。在合伙人和杰克·摩根的劝说下,摩根同意不采用过于美国化的名字,避免刺痛英国政府和民间的脆弱心态。6 月初,他为这个公司取名为"国际商业航运公司",简称 IMM 公司。不久之后,在摩根软硬兼施的手段下,英国政府最终还是承认了现实,这年 10 月,英国议会正式通过了与摩根财团之间的协议。

摩根亲手逐一扫清了所有障碍,摩根名下的航运王国,开始在大西洋上紧锣密鼓地开疆拓土。在 20 世纪到来的时间里,大西洋上已经有超过五分之一的航运业务,被摩根财团牢固控制着。如果再加上摩根财团之前所成立的多个托拉斯,这个家族达到了如日中天的顶峰,有人因此说,摩根的权力,在某些方面甚至超过了美国总统,因为在很多事情上,即便连国会和法院,对他也没有任何真正的影响。

这时的很多经典美国式笑话,也证明了摩根家族的地位。有一则笑话是这样说的:

> 主日学校老师问:"小约翰,你来回答,谁创造了世界?"
>
> 小约翰:"是上帝在公元前 4004 年创造了世界。但是重新组织世界的,是 1901 年的 J.P. 摩根。"

第十章

终曲再造辉煌

  恐慌尚未完全过去,但危机被消弭了。摩根专程到华盛顿,向财政部长科特柳和罗斯福总统表达谢意,感谢他们帮助了银行。在历次恐慌和危机中,美国的金融机构都是各自为战。但这一次,他们在摩根的带领下,将股份集中起来,支持问题最大的信托公司,尽可能地清算资产,形成了坚固的防波堤。

  美国人不会忘记,在1907年的那个秋天,美国金融界无疑是将摩根当成了救世主,成为扮演中央银行的一个人。

麦金利轰然倒下

世间万物的盛极而衰,都存在其转折点。但转折点出现的时候,并不会立刻被人们意识到,总要等到若干年后,才能在恍然大悟中得到确认。如果要为摩根的人生和事业发展,找到这种意味深长的转折点,那应该是1901年9月6日发生的事情。

当天下午傍晚时分,摩根在办公室戴好帽子、拿起手杖,习惯性地翻了翻桌子上的账本,结束了一天的工作。他悠然自得地走出华尔街23号,向哈德逊河的码头走去,在那里停靠着他的"海盗号"游艇,他已经习惯于从船上的晚餐开始美好的休息时光。

但今天,摩根走出办公室,就感觉气氛有些微妙。公司的文员都在伏案工作,少数人行色匆匆。那些原本熟悉的下属,都不由自主地将眼神投向自己。

还没等他明白过来是怎么回事,一群记者突然涌入公司大门,每个人都手持自来水笔和速记本,还有人高高举起硕大的照相机。

尽管摩根早已不是第一次遭遇类似情形,但他还是有点儿莫名其妙,因为这群记者的数量着实不寻常。

"先生们,"摩根摊开手,无奈地表示,"起码,你们要让我知道发生了什么事情。"

一个年轻的记者头也不抬地问道:"麦金利总统中午被刺,摩根先生您是否知道?您对这件事如何看待?"

摩根曾经面对过无数刁钻古怪的问题，他也深知这就是新闻界赖以生存的职业技巧。尽管脾气刚硬，但对能敷衍了事的问题，他近年来也不乏虚与委蛇的能力。但这次的问题，着实吓住了这位老人。

"啊？上帝，是吗，真的吗？这太让人难过了，我太难过了，实在是，太难过了……"

这是公众第一次看到摩根也会有不知所措到语无伦次的时刻。出乎意料的记者们反倒不知该如何继续提问了。

随后，摩根急匆匆地丢下了那群记者，直接走回了自己的办公室。他掩上房门，立刻将外套脱下来扔在地上，随后又松开衬衣领扣，颓然地倒在沙发中，眼睛直愣愣地盯住地毯的花纹，仿佛那里有着自己想要追寻的答案。

半晌，有文员走了进来，向他汇报说，总统按照预定日程，抵达布法罗参加泛美博览会。上午，他出席了在博览会音乐厅的盛大招待会。一名叫利昂·乔尔戈斯的波兰裔无政府主义者，利用和总统握手的机会，向总统开了两枪。

"总统现在怎么样？"摩根用低沉的声音问道。

"据公司当地机构负责人发来的电报说，医生取出了总统胸部的子弹，但是布法罗医疗条件很差，他们找不到射进总统腹部的子弹。已经暂时缝合了伤口……"

摩根摇了摇脑袋，发出一声叹气，示意文员可以走了。房间里顿时安静下来，窗外，纽约的天空正被夜色笼罩。摩根不由得想起麦金利执政以来的事情。

威廉·麦金利，1843年生于俄亥俄州的奈尔斯。27岁后进入政坛，凭借出色的能力、极具吸引力的个性和敏捷的才思，吸引了共和党人的注意，逐渐成为该党重要代言人。南北战争结束后，麦金利退伍，先进入法律界，此后又进入政界。多年努力后，他终于在1891年成为俄亥俄州州长，并在1897年入主白宫。

麦金利执政期间，展现了强硬本色。他对外发动了美西战争，通过这场战争，美国如同一只猛兽，向世界展示出其獠牙。对内，麦金利提高关税、稳定货币，全力提升美国经济发展速度。更重要的是，摩根财团是麦金利竞选总统最大的支持者，麦金利也顺理成章地在白宫为摩根带来大量支持。

摩根曾经在共和党集会会议上，游说金本位政策的重要性，他也曾在"海盗号"上招待麦金利的好友——俄亥俄州银行家、共和党全国委员会主席马克·汉纳，共同磋商如何为麦金利的竞选活动出资。此外，在麦金利竞选过程中，华尔街23号也挂满了支持他的旗帜。作为回报，当麦金利成为总统后，最先明确的就是金本位制度的法律地位，随后又用实际行动表明了对托拉斯的支持。由于麦金利的上任，1890年出台的《谢尔曼反托拉斯法》，仅仅遏制了洛克菲勒家族的标准石油公司，没有从根本上解决问题，也没有产生具体的推动效力。也正是在麦金利的庇护下，上百家托拉斯企业和联邦政府玩着老鼠戏猫的大型游戏，它们依然在用不同名义和手段进行对中小企业的并购。根据后人统计，从1895年到1904年的10年间，纽约股票市场的上市公司数量减少了三分之一，这意味着竞争行为渐渐消失了，大型托拉斯开始随心所欲地操纵市场，它们将能按照自己的意愿组织生产规模、确定商品价格。

这些，正是摩根所愿意看到的。对他来说，托拉斯不仅是一种生产经营的方式，也不只是个人事业成功的途径保障，更是他对国家经济发展规划的理念信仰。从这个角度来说，威廉·麦金利简直是他知道的最好的美国总统。

摩根如此看，但全美民众并不这样看。人们普遍担心，如果麦金利对垄断的扩大趋势不作出任何限制，所有商品的生产最终都会被集中到一两家巨头手上，到那时，商品的价格将会上涨到令人望而却步的程度，社会财富的分配不均，也会达到令人难以容忍的地步。美国建国之初所确立的自由资本主义经济基础，将会被垄断资本主义全部吞噬。而麦金利在位时，不断扩大的社会贫富悬殊，也激化着普通民众和政商之间的矛盾。摩根悲哀地想到，或许，这也是他遇刺的原因之一吧。

摩根就这样颓然地坐在自己的办公桌前，直到夜幕降临……

9月14日，麦金利总统逝世。在其执政期间，始终支持摩根的商业帝国；但他猝然而去后，副总统西奥多·罗斯福成为了白宫的新主人。当时，罗斯福只有43岁，是美国有史以来最年轻的总统，他小时候患有哮喘，但却坚持磨砺出坚强的身体和性格，他的家族历史足以自豪，自己还是爱国者、美国将军、学者、猎手、作家、改革家和花花公子，也是"不喜欢华尔街"的人。

随着西奥多·罗斯福的上台，摩根延续了50年的好运气似乎终于用完了。他和整个家族、财团，都面临着有史以来最大的敌人。

麻烦的对手——罗斯福

麦金利遇刺时,刚刚成功连选连任不久。他的突然遇刺,让全世界为之震惊,尤其让摩根痛心疾首。他知道,失去了麦金利这棵精心栽培的大树,摩根家族也就失去了对国家政策的重要影响力。这倒并不是因为西奥多·罗斯福与摩根家有什么嫌隙,而是罗斯福的政治倾向实在太明显了。

如果单纯就家族关系而言,罗斯福家族和摩根家族早有渊源。当年,老罗斯福和吉诺斯·摩根曾经共同发起建设美国国家博物馆,彼此认可对方的敬业精神,有着不错的交情。但他们没有想到,下一辈之间不仅没有维系这种祥和安宁的气氛,反而演化出一场白宫与华尔街的战争。

在历届美国总统中,西奥多·罗斯福绝对是充满传奇色彩的一位。他幼年多病,为了锻炼身体,他努力学习拳击、骑马、游泳、射击等。1876年,他进入哈佛大学,此时已体格健壮、知识广博,最后以优异的成绩毕业。1880年,他和妻子举行婚礼,但与摩根相似的是,妻子在生完孩子不久即撒手人寰。罗斯福在异常痛苦中努力工作,最终走出了人生的阴霾,并走上政坛。

1898年美西战争中,罗斯福成为美国骑兵团团长,他在古巴亲冒矢石,奋勇作战,很快成为全国闻名的战斗英雄。由于能文能武的传奇光环,他一回国就被共和党人提名为纽约州长并竞选成功。在位期间,他政绩卓越,深受纽约民众的好评。1900年,罗斯福因此被提名为副总统竞选候选人,并顺利当选。

早在西奥多·罗斯福担任副总统前，他就对垄断资本的翻江倒海颇有看法。罗斯福并非"仇富"，他也认可麦金利对美国经济复苏的贡献，但出于维系社会平衡的角度，他认为那些上下其手的垄断资本家，必须受到政府的监管、舆论的影响，时刻处于国家的控制之下，而不能任其野蛮生长。当他成为总统后，更是以迅雷不及掩耳之势，推行反托拉斯政策。

对罗斯福的态度，摩根并非毫无准备。在麦金利总统去世后不久，他就组织了一场金融家秘密会议。为了避人耳目，他特地将重要的行业伙伴邀请到"海盗号"游艇，并严加保护。这场会议的内容究竟如何，后人已无从知晓，但会议结束后，摩根代表金融界发表了共同声明，他说："显而易见的是，目前我国的金融局势非常稳定。我们认为，并无必要对任何一方面重新进行调整。作为美国的银行家，我们将会集体讨论如何应对总统遇刺这一事件，我们也会竭尽全力，确保不再发生任何新的意外。"

在外界看来，摩根这些华尔街金融家似乎对未来的局势充满信心，但现实情况远没有如此乐观。在表面的风平浪静之下，巨大的激流漩涡正在生成，摩根所能做的，也只是通过这些方式尽量遮掩即将掀起的风浪。

罗斯福就任总统后，摩根财团开始发起试探。摩根派出他的重要助手乔治·帕金斯，在罗伯特·培根的介绍下，拜访了白宫，想要借此摸清罗斯福的政策动向。罗斯福直言不讳地说，自己要进行大刀阔斧的改革。当帕金斯离开后，罗斯福对别人说，他觉得这些人"就像律师在为一个打不赢的官司而拼命争辩"。

1902年2月，罗斯福突然发难。他宣布，联邦政府将会根据谢尔曼法案，对北方证券公司进行非法遏制行业发展问题的调查。

这记重拳把摩根财团打蒙了，谁也没想到白宫会如此迅速地动手，摩根随即出发，前往华盛顿，希望和总统进行理论。罗斯福记录了这次理论的过程。

摩根想知道，政府在宣布决定前，为什么不事先给他发出警告。

罗斯福说："事先对华尔街警告，我们恰恰不愿意做这件事。"

摩根只好继续说："如果我们做错了什么事情，请派遣您的人（指司法部长诺克斯）和我的人谈，他们会进行很好地修正。"

罗斯福冷冷地说："我们不打算那样做。"

诺克斯也补充："我们不想修正错误，我们只打算终止它们。"

摩根只好问："您打算对我手下的其他公司进行攻击吗？"

罗斯福说道："当然不会，除非又发现它们做了我们认为错误的事情。"

会谈简直无法进行下去，最终不欢而散。摩根离开之后，罗斯福对司法部长说："他一定将我看成强大的竞争对手，他会以为我打算毁掉他的所有企业，或者和他达成协议，皆大欢喜并相安无事。"而当摩根回到华尔街23号后，他恼怒地给罗斯福写了一封信，用语颇为不礼貌，冷静的助手劝停了他，信没有发出去。

其实，两个伟大人物都坚信自己在维护美国的长远利益，罗斯福总统希望将经济置于政府有利的管理之下，美国才能稳定发展；而摩根认为，只有强力垄断才能带来经济的强大运行。

然而，在当时，美国没有什么人支持摩根。从工人、农场主到小商贩、中产阶层，纷纷表示支持美国总统整治这些大企业。1904年3月14日，美国最高法院以5票赞成、4票反对的结果，判定北方证券公司属于限制贸易的非法企业联合，必须解散。在麦金利执政期间，看起来已经销声匿迹的《谢尔曼反托拉斯法案》，在罗斯福总统执政期间，突然焕发了新生。

判决下来的时候，杰克正在纽约，他写信告诉财团的人说："所有的先生只关心财产分配，我想很快就会有清算方案出炉了。"果然，3月22日，北方证券公司被拆分，西北部的铁路业重新回到混战时代：哈里曼控制联合太平洋和伊利诺伊中心铁路公司，希尔－摩根集团则控制北太平洋、大北方和伯灵顿铁路公司。这是美国国家历史上第一次大规模企业合并浪潮的告终。

这是摩根家族第一次在美国联邦政府面前遭遇重大打击，从那时起，普通民众将罗斯福看成能对抗资本大鳄的英雄。但实际上，这两个人之间的关系并没有那么简单。除了人们热衷于谈论的对抗之外，他们也有多次合作。

1902 年，美国多个无烟煤矿的矿工举行罢工。这些煤矿公司都归铁路公司所有，其中包括雷丁、伊利等铁路公司，也包括与摩根财团关系密切的一些公司。1900 年，这些公司慑于工人斗争的压力，为他们增加了 10% 的工资，摩根也在其中斡旋处理。此时，他们对新爆发的罢工完全不加理会，并筹划要动用暴力手段进行应对。

1902 年 10 月 11 日，按罗斯福的指示，陆军部长伊莱休·鲁特登上"海盗三号"游船，向摩根传递了总统的意见。总统希望摩根能支持联邦政府，建立一个仲裁委员会，对罢工问题予以协调解决。摩根认为总统的想法是正确的，他也喜欢通过谈判来恢复秩序。于是他和鲁特约见了主要的铁路公司总裁。由于摩根立场相对中立，他反而表现得更倾向于工人，但他又无法像外界传言的那样，能够完全控制每一家铁路公司的代表。于是他接连几天进行商量调解，最终给出一个各方都能接受的意见：请工人代表在董事会上占一席位，保留矿工们提高的 10% 工资，但不承认工会。

罢工事件完美解决了。这一次，罗斯福真诚地写信给摩根说："如果没有你在其中穿针引线，我真的无法想象这次罢工怎么会迅速解决，如果拖而不决，后果简直难以想象。"[1]

罗斯福和摩根的合作默契，不止体现在这次事件中。即便是在托拉斯和垄断的话题上，双方也并非死对头。罗斯福认为，托拉斯这种企业联合形式，是资本经济发展过程中自然而然形成的，与其堵死这条大

---

[1] 普林格尔著：《西奥多·罗斯福》（Thendore Roosevelt）。

河的奔腾，不如垒起堤坝，规范它的方向。罗斯福同样不喜欢那种落后的个体经济，他也知道这种经济形式发展会带来各种混乱，罗斯福和摩根一样，都希望能提振美国经济的规模和竞争力，以便更好地主导世界。双方的分歧在于，罗斯福认为，托拉斯可以有，但必须要在政府强力监管之下。但摩根信奉传统的"绅士银行家"法则，他认为商人之间的信任、荣誉和协议，以及必要的法律手段，就能发挥应有的监督作用，无须政府的大范围介入。

这样的矛盾在罗斯福和摩根终身延续着，但时而显现，时而隐藏。罗斯福的第二个任期从1905年3月开始。从那时开始，总统将托拉斯分成有益的和有害的两种区别对待，并尽量找到平衡点。例如，摩根组建了"国际商业航运公司"，其中包括英美的多家海运公司，对此罗斯福表示赞成——海运行业建立托拉斯对于美国经济有巨大帮助。

之后的一两年中，摩根开始萌发退意。家族生意此时发展得很好，他将杰克召回了美国，伦敦的J.S.摩根公司也越来越年轻化，摩根每周只需要工作几个小时，接近70岁的他已经老了，的确想退休了。

华尔街筋疲力尽

反托拉斯浪潮不断袭来,老年的摩根将大部分时间投入到其他事务中。他经常离开华尔街23号,也不回家,而是住在度假别墅里,偶尔向公司发号施令。此时,全社会都知道老摩根夫妇不和,夫妻之间几乎已经没有共同语言和生活。范妮此时已年老多病,只能戴着助听器生活。而老摩根活力依旧,继续保持着他对女性的双重标准:在公司里,他不希望看见女性;离开事业舞台,他又追逐着女性并从中寻找乐趣。

摩根认为,生活需要谨慎,但并不意味着必须遵守道德规则。1902年,美国钢铁公司的总裁施瓦布,在亨利·罗斯柴尔德男爵的推荐下,来到欧洲"赌城"蒙特卡洛,在那里通宵达旦地玩轮盘。退休的安德鲁·卡内基,因为自身的道德观念而看不上施瓦布的行径,他写信给摩根,痛斥施瓦布。结果,摩根反过来劝说施瓦布不必在意,应该继续玩个痛快。施瓦布回到纽约后,带着少许不安的心情来见摩根,申辩说自己并没有"躲在门后面做什么丑事",摩根哈哈一笑,说:"不然要门干嘛?"显然,在私生活上,摩根并没有他对事业所秉持的那种道德观念,他很大程度地抱有及时行乐的态度。有一次,他坦诚地说出了以下观点:"办一件事,通常需要有两个理由,一个是好理由,一个是真理由。"[1]

---

[1] 约瑟夫森著:《强盗领主》(Robber Barons)。

尽管老夫妻之间关系漠然，但摩根依然注重家庭氛围。1904年，摩根为儿子杰克全家买下一幢豪华住宅，位于麦迪逊大街与37街交汇处，几乎和自己的宅邸一模一样。这幢房子宽敞高大，有45间屋子，仅盥洗室就有12间。1905年，他们拆除了中间的一幢房子，将之开辟成为花园，父子成为邻居，直到摩根去世。

老摩根本以为这种颐养天年的生活可以不断延续下去，但相关想法就像肥皂泡一样，很快破灭了。1907年，华尔街在金融危机的崩溃浪潮前即将筋疲力尽。

这场金融危机的根源有很多，但直接原因还在于银行。20世纪初，美国的大部分银行都不允许经营信托业务，但他们却引导客户到信托公司去开户接受服务。同时，银行利用法律上的漏洞，支付高额利率，以股票和债券为抵押，贷出巨款。到1907年10月，纽约银行贷款的一半，其担保物都属于证券，再加上信托公司并没有像商业银行那样的高额现金储备，整个贷款系统失去了必要的稳定性。

当这种原本就不安定的系统，碰到害群之马时，危机就如同酝酿在天边的暴风雨一样，随时倾盆而至。

1907年秋天，有很多投机者错误地估计了市场形势，想要按照惯例在市场上赚一笔。

在这群投机者中，有一家商务信托公司，其合伙人是海因策、摩尔斯和托马斯。这家公司的经营模式几乎不为人知，华尔街只知道他们吸收存款，用来在证券市场上进行投机，赚取差价。其中最主要的操盘手是海因策，他经常利用不稳定的局势，在铜产品市场上进行控制和操纵。

从当年10月开始，海因策就不断拉高联合铜业公司的股票，引发了其他投机者的恐慌。10月12日开始，联合铜业公司股票价格下跌，14日，价格又戏剧性暴涨。这时，海因策一伙人认为自己控制了市场，于是挂牌售出自己持有的联合铜业股票，以实现盈利。出售时间，就定在10月15日下午。

但是，海因策他们高兴得太早了。由于粗心大意，他们对联合铜业的流通股票数量估计错误。在 10 月 16 日之后，联合铜业的股票价格并没有因为前一天的出售而下跌，到下午两点半，其他跟风出售股票的人，全部来到结算台前进行交割。这导致海因策他们不得不继续出售手中股票，获得现金，以交给前来领钱的散户们。联合铜业股票价格也因此暴跌，两天之内，他们的公司就陷入了破产境地。

为了避免彻底失败，海因策他们求助于纽约清算银行联合会。但是，这家协会不过是个松散的协会组织，主要为各个银行之间日常票据结算进行服务，并没有任何中央银行的职能。

海因策的错误，体现出美国银行体系在那时存在的严重缺陷。当时，美国法律规定，银行必须将吸收存款的 25% 作为储备金，其他 75% 可以用于投资。而对于追求低风险的银行，他们不仅会依法依规留出储备金，还会再用 25% 的存款比例，购买美国政府债券等投资。类似投资有政府担保，收益稳定而且随时能兑换，即便大量买卖，价格也不会发生剧烈波动。这样，就能降低银行的风险，有足够现金来应对客户。

然而，纽约州的金融立法者并没有观察到银行经营的现实选择。他们虽然允许信托公司与银行竞争，但却没有作出应有限制。这意味着纽约的信托公司不需要保持储备金。于是，大量像海因策这样的投机者纷纷开办信托公司，开出了比银行更好的利息条件来招揽客户。

面对海因策等人的求助，纽约清算银行联合会建议他们辞职。于是，相关人等全部离开了金融界，联合会一本正经地表示，这些人涉及的公司和银行经营状况良好，如果再有什么问题，清算银行界会出面解决。

周五这天，金融风波对外看起来是平息了，但华尔街的银行家们还是坐在一起讨论问题的发展情况。在座所有人都清楚，海因策这些人只是点燃了引信，他们的辞职能缓解市场一时恐慌，只要再有一丁点儿风吹草动，就会有更多关于信托公司的挤兑事件发生。由于信托公司和银行之间有着千丝万缕的复杂联系，整个金融体系都很可能会因为下一次挤兑而崩塌。

有人提出，应该将正在外地的摩根先生请回来，还有人给乔治·帕金斯等其他合伙人施加压力，想要通过他们联系摩根。

摩根在哪里？华尔街的所有人都想知道。其实，他此时正在弗吉尼亚州的里士满参加新教圣公会大会，电报正像雪片一样朝他飞去。

摩根很早就知道了事情的起因，他一开始并不愿意赶回纽约。因为他认为，如果他放下里士满的宗教会议不管，急匆匆回到华尔街，报纸记者们会将原来并不严重的事情渲染成泼天大祸，反而会加重问题的严重程度。然而，到了周四即 10 月 16 日，他收到来自心腹的加急电报，说问题确实很严重：根据调查，纽约信誉最好的信托公司即尼古博科公司，也卷入了海因策等人的投机事件。

老摩根稍一思忖，就从脑海中检索出这家公司的背景。这家公司的总裁是查尔斯·巴里，他成立的尼古博科公司资金雄厚，从账面上看经营得似乎不错，只不过有相当大的一笔资金用于长期放款项目。当然，其他很多银行也有类似的问题，仅摩根知道的，就有美国信托公司、林肯信托公司，等等。

"尼古博科、尼古博科……"周五，摩根嘟囔着，独自在房间坐到很晚，有人看到他不停地走到阳台上抽烟。但是，第二天周六一大早，他在饭桌上显得很开心，甚至哼着歌。没有人听得懂他到底唱了什么歌，后来人们才知道，摩根只是想让公众舆论看到，自己并没有慌。

请摩根拯救美国

这天吃完早饭，摩根在里士满火车站同每个人道别，钻进了私人火车车厢。他在上车前和里士满的大主教说："我在纽约的朋友碰到了麻烦，不知道该怎么办，我也不知道，但我必须要回去。"

一上车，他的脸色就沉重起来。路上，他对陪同自己的女儿路易莎说，无法按照原计划送她回科雷斯顿的家了。因为周一上午，华尔街必然陷入混乱，他只能去纽约，而且不能住到自己的宅邸，必须找个旅馆住下来。因为到那时，去找自己的人一定多如牛毛。

路易莎建议父亲不如住到她在纽约的房子，再让自己的丈夫萨特利和佣人从科雷斯顿过来照料他。白天时，可以直接去图书馆办公。摩根同意了。

周日上午，摩根重返纽约。他并未像以往那样，先到圣乔治大教堂去。不知道是紧张得忘记了，还是金融危机的定时炸弹正滴滴作响，他改变了自己的行程规律。

摩根悄然来到麦迪逊大街的摩根图书馆。现在，这座图书馆已大为扩建，不仅存放着他的收藏品，更是属于他一个人的指挥部。在他抵达几分钟后，合伙人就把现有情况向他作了汇报。但是，由于这些信息没有经过必要的整理（也确实来不及整理），摩根听得如坠雾中。最后他发现，在整个华尔街，没人弄清楚到底发生了什么样的问题，事情到底会如何发展。他只能坐在壁炉面前，无奈地抽雪茄，听合伙人们一个接一个地叙述，自己什么也不说。

到中饭时，所有合伙人都汇报完毕，去忙公务了。摩根让人端来牌桌和两副纸牌，他开始一个人玩纸牌游戏。他慢吞吞地洗牌、抽烟、算牌、出牌，任何人也不敢惊动他，连屋外仆人走动的姿势都变得小心翼翼。人们都知道，到目前为止，摩根还是不清楚这次挤兑事件会延伸到华尔街多深的层次，他看似在玩牌，实际上是在思考如何保住自己的公司、保住华尔街，甚至是保住美国经济。

整个下午，摩根就坐在图书馆里思考。一些记者开始聚集到这里，保安将他们拦在门外，不愿意透露任何信息。记者们只能从进进出出的来客表情上，窥测事态进展。

天色将晚，周一即将到来。摩根已经凭借丰富的经验，判断出自己的公司在这场风波中是安全的。他自己的银行没有超额负债，也不会被卷入到挤兑浪潮中。但是，即将到来的全国性金融危机，会导致证券市场的全面下跌，使得公司的股票和其他证券蒙受巨大损失。为了破解美国金融体系的整体弊病并加以纠正，他需要作出努力。

第二天上午 8 点，华尔街开市在即。摩根准时出现在餐厅，他最重要的合伙人帕金斯在那里等候。摩根和他商量后决定，今天首先要挑选一个头脑精准、反应敏捷的人，对今后几天各家银行的统计数据进行详细可靠地分析。只有抓住每家银行的基本情况加以了解，才能作出正确的决策——由摩根决定去挽救哪些银行、放弃哪些银行。

当两个人谈话时，摩根的女婿萨特利做完了记录，然后根据他们的要求去通知相关人等。他一个接一个地打电话，邀请了重要人物前来开会，其中包括摩根银行的托马斯·乔伊斯、美国钢铁公司的理查德·特林布尔、第一国立银行的亨利·戴维森和银行家信托公司的本杰明·斯特朗……这些都是摩根非常看好的年轻金融家。这些人都会在摩根公司的办公室待命，并由帕金斯加以部署。摩根则去图书馆坐镇指挥，他需要到那里会见诸多前来拜见的银行家。

与此同时，华尔街已陷入了一片混乱。在上一周铜矿股票挤兑风潮的余声中，有人传出了摩根财团和古根海姆财团将要联合开采阿拉斯加新铜矿的消息,很多人据此认为,铜价将会下跌。因此,这一天刚开市,美国联合铜业公司的股票就开始暴跌。

果不其然,美国联合铜业公司的股票暴跌,率先引爆的就是尼克博科信托公司。这家公司事先囤积了大量联合铜业公司的股票,并在这一天上午损失惨重。这个消息引发了投机者的恐慌,大家都知道,信托公司不会存什么现金,每个人都害怕自己放进尼克博科信托公司的钱有去无回。于是,开始有人陆续到信托公司门前挤兑现金。紧接着,更多其他信托公司的普通投资者就像集体中邪一样,前往各自信托机构提款。

一场席卷全纽约所有信托公司的挤兑狂潮,至此已无可避免。

周二上午,尼克博科公司的18000名储户闻风而动。这家公司设立在34大街和第五大道的总部办事处前,排起了长龙般的队伍,一眼望不到头。在建筑物里,摩根派去查账的本杰明·戴维森和本杰明·斯特朗,无法不注意到窗外队伍里的人,其中很多人他们都认识,而那些人脸上惊恐万状的表情,也让他们此生难忘。

正是在这一天,摩根决定放弃无可救药的尼克博科公司。他说:"我不能老当每个人的替罪羊,该收手就得收手。"当天下午,公司宣布破产。公司创始人查尔斯·巴里此后始终要求见摩根,但被拒绝了,于是巴里选择了开枪自杀,随后自杀的还有不少银行储户。

这并不代表摩根冷血无情,因为一场金融灾难正如同熊熊烈火吞噬着国家的财富,摩根也只能尽力而为。对于那些具有挽救可能的公司和人群,摩根选择了全力帮忙。周二晚上,他带领银行家团队,与美国财政部长乔治·科特柳见面,科特柳保证联邦政府会参与合作。次日,他就将2500万美元的政府基金,交给了摩根银行管理。这次基金管理权力的转移,在美国历史上还是第一次,也间接说明西奥多·罗斯福在此时选择了相信摩根的才华。

尼克博科的破产并不是金融恐慌的结束,而仅仅是开始。美国信托公司成为下一家发生挤兑的金融机构。10月23日,周三,这家公司门前也排起了长队,储户们惊慌失措地等待取款。但这一天,因为太过劳累,摩根感冒了,连女婿萨特利叫他起床都起不来。萨特利只好赶紧请来医生,为摩根用了药。

摩根服药完毕,吃了早饭,再喝一杯浓咖啡,强打精神对付新的工作。他先在图书馆会见了银行家们,然后到了公司办公室。11时,美国信托公司的总裁奥克利·索恩求见,请他无论如何伸出援手。他颓丧地说,如果无法得到救助,自己的公司就难以应付挤兑。摩根听完他的话,随即说道:"你现在可以拿你的债权,到我的银行支一笔贷款,我马上和同事们安排这笔款项。"索恩感激地告退了。其实,早在周一,摩根就已经通过银行家们了解过美国信托公司的财务情况,他心中早有预期安排,甚至连索恩会在今天来求助也预料到了。

重建金融秩序

周三中午,摩根将纽约所有信托公司的总裁召集而来,他厌烦了一个个去接待他们。在这个临时组建的"群"里,摩根端坐在书桌后,总裁们大气也不敢喘一声,等候着他发布"旨意"。

"先生们,我建议你们组成一个协会,以共同应付目前整个行业所遇到的危机。"半晌,摩根蹦出来这么一句话。

总裁们非常高兴地接受了摩根的建议。

到下午时,正在美国信托公司内调研情况的斯特朗汇报说,自己从昨晚就在这家公司的地下室分析财务情况,一直干到今天凌晨4时,结果证明摩根的分析完全正确。从账面上看,这家公司的盈利会被冲销,资产兑现也比较慢,但公司整体没有其他问题。

这个汇报坚定了摩根帮助该公司的想法。就在此时,索恩又打来紧急求助电话,说公司的现金只剩下120万,而且兑出的速度正越来越快。如果照目前形势发展下去,公司坚持不到下午3点,就会关门宣布破产。摩根让他冷静下来,立刻带着债券到自己的公司来。

下午1时半,美国信托公司的现金只剩下80万。索恩带上公司的一队人,抬着装有公司债券的箱子和皮包,声势浩大地走进了摩根银行的大门。摩根同他一起清点带来的债券,并安排其他银行家回去准备提供给他们的贷款。

债券很快清点完毕,摩根给索恩开出单子,让他去提款。将近300万美元现金很快从保险箱转移到了美国信托公司的金库里,在这笔钱到来之时，这家公司的现金库存一度逼近18万。即便如此，还是不够用于兑付，摩根直到晚上还在筹钱，他召集了信托公司首脑会议，要求所有信托公司必须为该公司掏出1000万捐款。

摩根的话就是命令。当天晚上，他就筹集到了820多万现金，剩下的部分，他要求第一国立银行、花旗银行和汉诺威国立银行凑齐，再借贷给美国信托公司。

周四，经过所有人的努力，绝大部分信托公司的危机终于平息了。摩根的威名传遍纽约，当他开着自己那辆画有白马的布鲁厄姆汽车去华尔街，不断有人喊着他的名字，追在车身后奔跑，人们大喊着："看啊，那老头就是摩根先生！"

然而，一波未平一波又起，信托公司的恐慌蔓延到了证券市场。这天午饭时间刚过，纽约股票证券交易所的总裁找到了摩根说，这天股票市场的交易情况很不好，大部分股票交易数据都很难看，这样下去只会加大恐慌。总裁说，自己打算早点儿关门收市，避免这种情况发生。

摩根紧盯着他的双眼说："不，你绝对不能在下午3点前关门，早一分钟都不行。"

总裁无奈地摊手耸肩："摩根先生，有些股票的价格已经下跌了10个点，还是没有买单。这是因为投资者根本就没有钱，连投机者都没有。"

摩根冷冷地说道："资金问题我来解决，但是你必须要坚持开市到3点。"

说着，摩根立刻打电话，叫来了附近几家银行的总裁。这些人又一次莫名其妙地来到他的图书馆。

"先生们，如果在15分钟内，我拿不到2500万美元来支持股票市场。那么，至少50家股票经纪公司和金融机构，就有倒闭的可能。请大家帮忙！"摩根言简意赅地说出意图。

短短的沉默后，花旗银行的总裁斯蒂尔曼首先表示，自己可以提供500万美元贷款，解决市场流动性问题。随后，一家又一家银行的总裁站起身来，承诺能够提供的数字。当这个短暂的会议结束时，摩根总共筹到了2700万美元贷款。这些钱将以优惠10%的利息，通过摩根银行，向证券市场贷款。

当纽约股票证券交易所的总裁和摩根派出的代表来到交易大厅，向人们宣布这笔贷款时，免于破产之灾的人们冲上前来，不由分说地将代表抛起来、接住、再抛起来，以至于他的外套都给扯掉了。看起来，股市得救了，交易量逐渐放大，直到3点收盘。

股市阴影的消除只是摩根重建金融规则的第一步。当天晚上，他还是在图书馆里不断会见银行人士，那些等候他"召见"的银行家则聚集在图书馆打听，讨论如何协调制定计划，保持整个清算银行界的运行秩序。截至目前，摩根都是在用个人威信和公司信誉担保，从各处不断调动现金救火，但纽约银行界整体拥有的现金已越来越少，摩根正在向西部的银行发出求援信，请求他们同意将存放在纽约各家银行的储备金借出。

此时，纽约城中并不缺少现金。许多保险箱都租出去了，里面存放着一箱箱现金，但这些现金并不属于银行。还有很多人干脆选择将钱藏在家中，在摩根看来，只要他们不愿意将钱存进银行，就说明这场金融恐慌远远没有过去。

周五，摩根面对的还是类似情形。他派出去的金融专家组不断从一家银行跑到另一家银行，查看银行的经营情况。到下午，摩根拿到了准确数字，需要再筹措1500万现金来支撑股票市场，确保交易正常进行。虽然摩根最终只能拿到1300万，但证券交易所感激地表示，这个数字也够了。

这一天，摩根奔走于银行和股票交易所之间，他如此风风火火，俨然不像年过七旬的老人。他的外套扣子全敞开着，右手紧捏一叠白纸，在街上飞快行走。他嘴里叼着长雪茄，走起路来两眼盯着前方，两臂快速摆动，对路人视若无物——他是在全身心考虑自己应该做的事情。

路上的大多数人都认识他，会主动给他让路；也有人在考虑自己的事情没有让路，他就会改变方向继续往前走。这个老人一路上不改变自己的速度，仿佛整条街只有他一个人；在他身上，人们看到的是权力和意志的融合。

周五晚上终于到来了，事态逐渐趋于平稳。美国信托公司、纽约股票交易所和其他有困难的金融机构，已经在摩根和他的同行们的帮助下逐渐安稳。财政部长科特柳向罗斯福进行汇报，由罗斯福发表谈话，帮助公众恢复信心，同时，萨特利也利用自己在新闻界的关系，组建了专门的委员会，对相关新闻进行"有选择"的报道。

10月26日，周六。摩根得到伦敦的回电，称价值300万美元的黄金即将登船运往纽约，摩根立即将消息通知了新闻界。到周一，纽约城又出现一次资金紧缺，需要3000万元的现金，支付各行业企业需要开支的工资和其他付款，摩根随即组织各银行，利用相互的抵押票据，换取了现金和贷款。

到周末，整个纽约金融界的大火被扑灭了。虽然经常还会蹿起一两处小火苗，但在摩根协调的各方联合努力下，一切都朝着平稳方向发展，股票市场的交易量得到恢复，最危险的美国信托公司和林肯信托公司得到救助，全社会对金融的信心恢复了。

恐慌尚未完全过去，但危机被消弭了。摩根专程到华盛顿，向财政部长科特柳和罗斯福总统表达谢意，感谢他们帮助了银行。在历次恐慌和危机中，美国的金融机构都是各自为战。但这一次，他们在摩根的带领下，将股份集中起来，支持问题最大的信托公司，尽可能地清算资产，形成了坚固的防波堤。

美国人不会忘记，在1907年的那个秋天，美国金融界无疑是将摩根当成了救世主，成为扮演中央银行的一个人。

但摩根并不是天使，他在这两周所忙碌的一切，最终要用一笔巨大的交易来获得回报。

第十一章

英雄终见黄昏

下葬的那一天,伦敦威斯敏斯特大教堂举行了悼念仪式,而大洋彼岸的纽约证券交易所关门停业,无论是称颂还是批评过摩根的人,此刻都真心承认,旧的时代正式结束,新的时代即将到来。

在回顾摩根的一生后,《华尔街日报》评述说:"正如拿破仑、俾斯麦等伟人那样,摩根这样的人之后,将不会再有如此伟大的人物。最后一个'泰坦'死去了,华尔街的'朱庇特'魂归奥林匹斯山。今后,金融街再也看不到这样一位影响广泛的人了。"

"灭火英雄"与"趁火打劫"

人类历史有许多故事传说，它们通常有两个版本：A 版本塑造了伟岸的英雄，而 B 版本中，英雄成了小人。摩根于 1907 年秋季的表现，被后人代代传述，也同样呈现出如此迥然不同的差异。

在摩根性格和行事风格中，存在着明显矛盾的特征。首先，他属于唯利是图的银行家，生意的盈亏是他最关心的。其次，他喜欢享受，追逐声色犬马，将大笔金钱花费在艺术品和奢侈品中。最后，他又笃信宗教，是虔诚的基督徒，天性中充满了自我牺牲、拯救别人的冲动。

在这次金融恐慌中，摩根首先考虑的是本公司利益，在确保公司安全无虞的情况下，他意识到如果任由局面糜烂，最终会影响到自己。因此，他的"救世主"情结主导了整整两周的救援行动，让他不顾疲劳，昼夜作战，最终扭转了局势。

然而，一旦摩根拥有了十足把握能解决危机时，那个精明、自利乃至跋扈的银行家，就又重新回到了人们的视野。

1907 年 10 月末，金融恐慌逐渐走向尾声，摩根需要帮助的公司集中在 3 家：美国信托公司、林肯信托公司以及穆尔施莱公司。穆尔施莱公司是一家股票经纪公司，将他们列入名单，缘于摩根对自身利益的考虑。

穆尔施莱公司的总裁格兰特·施莱，是第一国立银行总裁乔治·贝克尔的姐夫，同时也是田纳西煤铁公司的大股东。他和其他人，通过穆尔施莱公司购买了田纳西公司股份进行投机。然而，由于金融恐慌的影响，穆尔施莱公司出现欠款，他们即将支付一笔 2500 万元借款。如果施莱这伙人无法偿还借款，就需要将所有田纳西公司的股票抛出，从而换取足够的现金。这样，田纳西公司的股票势必暴跌，导致股市再次受到波及。如果他们不抛出，那么穆尔施莱公司会陷入破产，同样引发新的金融动荡。

不管是出于私人情感，还是出于维系宝贵的稳定局面，摩根都认为自己有必要再次出手稳定局面。当然，这些理由只是他所说的"好理由"，而真正的理由，在于他看中了田纳西煤铁公司。

摩根很快将拯救计划提交给穆尔施莱公司。他建议，由他掌控的美国钢铁公司买入穆尔施莱公司所掌握的田纳西公司股票。这样，就避免了这些股票公开抛售到证券市场上而影响股价，反而会因为美国钢铁公司的购买，引发股市散户的抢购。这样一来，股票价格不仅不会下跌，还可能上涨，所有人都会获利更多。

摩根故意隐瞒了事实，那就是美国钢铁公司才是最大赢家。因为他们一旦吃掉这些股票，就能轻而易举地兼并这家公司。世人皆知，田纳西煤铁公司在田纳西、阿拉巴马、佐治亚三个州，拥有产量巨大的铁矿和铁砂，一旦这些都落入美国钢铁公司名下，摩根财团的实力也会随之极大增长。

罗斯福上台后，对企业兼并行为进行严格限制。如果在平时，他会通过各种司法、经济和政治手段，绝不能容忍美国钢铁公司这样的托拉斯再行扩张。但摩根现在是拯救了华尔街乃至美国金融的英雄，更何况，罗斯福不敢用既定政策和现实风险去对赌。因此，此时更是兼并的好时机。

1907 年 11 月 2 日，周六，距穆尔施莱公司还款还有两天。摩根邀请纽约各清算银行协会银行的高管们到图书馆东厅待命，穆尔施莱公司的代表和美国信托公司、林肯信托公司的代表，则在西厅不安地等待。摩根自己和美国钢铁公司的杰奇·加里等人，在图书管理员的办公室里，讨论兼并计划。其间，摩根还需要不断听取其他助手的汇报。

通过调查，摩根认为穆尔施莱公司的财务情况没有大问题，仅仅是周一还款的压力过大。消息传到东厅，银行家们紧张起来，在过去两周内，他们已经借出上百万美元，今晚，摩根又要求他们借款，他们多少有些顾虑。因为他们必须为不断的借款负责，以面对董事会和监管机构。

摩根很清楚他们的想法。当他来到东厅时，他首先告诉所有人，今晚，出于安全起见，图书馆的大门已落锁。他拍了拍自己西装内马甲的口袋："钥匙，就在我这里，没有我的同意，任何人都不可能溜走哦。"

说着，老头子笑嘻嘻地扫视过每个人的面孔，然后转身离开了。这些平日里理性、谨慎、骄傲的银行家，此刻变得面面相觑。随后，当他们听摩根公司的人说，今晚要凑齐2500万美元的救助款时，面面相觑变成了议论纷纷。有人抱怨这会加重责任，也有人说这将导致银行风险加大，摩根公司的人逐一向他们解释，介绍股票市场可能面对的问题和穆尔施莱公司的情况，增加他们的信任感。

与此同时，摩根则询问贝克和斯蒂尔曼，是否愿意共同筹资600万，买下穆尔施莱公司的田纳西公司股票，然后再转手卖给美国钢铁公司。

作为施莱的亲戚，贝克毫不犹豫地答应了，但斯蒂尔曼却犹豫了片刻，他确认了穆尔施莱公司的情况，但摩根信心满满，两个人最终都答应了。

在确定主心骨之后，摩根立刻赶到东厅，银行家们基本接受了，但信托公司中还有不少人满腹狐疑。看到他来，大家的第一反应是闭上了嘴。

摩根没有说什么，他拿出一份文件，放在宽大的橡木桌上。人们看见文件上，根据各家情况，已列出了每个银行和信托公司需要借出的金额。

"先生们，你们要做的就是在这份文件上签名。请开始吧！"摩根用命令的口吻说道。

回答他的是沉默，并没有人站起来。于是摩根走到这群人中资历最老者面前，他是一家银行的总裁。摩根拍拍他的肩膀，将文件递给他，说道："签名的地方在这里。"随后，他又从自己口袋中掏出金笔："这是笔。"

这个人就像中了魔咒那样，带着些许紧张签下了自己的名字。随后，他把纸和金笔递给了身边的另一个人。

毫无疑问，当晚签字的人中间，有很多人内心都是不愿顺从接受的。但摩根巨大的气场压制了所有反对意见，导致没有一个人敢带头出来推翻他的意见。而且，摩根毕竟在上一周刚刚解决了金融界的恐慌问题，从情理上，大家也无法拒绝这个要求。

很多人可能都是忍受着困意写下自己名字的。因为当摩根让人打开图书馆大门时，时钟已然指向星期日早晨的 4 点 45 分。摩根精神奕奕地和所有人致意晚安。

这天上午，摩根和美国钢铁公司尤其关注罗斯福总统对收购田纳西煤铁公司的态度。经过商议，大家决定要在开始并购之前，将问题了解清楚。于是，杰奇·加里和亨利·弗里克被摩根派为代表，连夜去往华盛顿，争取见到总统。星期一，他们果然见到了总统，经过苦心沟通，罗斯福表态说，自己根本没有觉得这样做有什么不好，"对国家而言，这件事越早解决越好"。

消息在股市开盘前 5 分钟，传到了摩根耳中，收购稳步推进了。5 分钟后，华尔街股票交易所的钟声敲响了，田纳西煤铁公司股票成为了资金流入的热门，大笔资金源源不断地汇入了穆尔施莱公司的账户中，随后又被转往美国钢铁公司……

后来，有人严厉批评摩根，说他利用金融恐慌要挟总统，以低廉价格吞并了田纳西煤铁公司这样的优质企业。但摩根对此不屑一顾，他甚至根本没有打算隐瞒自己的获利动机：作为一个银行家，无论是拯救个人、公司，还是拯救国家经济，他都需要获得"佣金"。田纳西煤铁公司，就是美国为他支付的报酬。

影子央行

在摩根看来,大多数人都是平庸、懒惰而需要保护的。他们追逐眼前利益,时常浑浑噩噩,只有在危机出现时才会互相倾轧着逃命。这些人并不"坏",也不"讨厌",但是"全无用处"。想要保护他们的利益,不能靠纸面上的文字法律和世俗道德,而是要靠一个强有力且公平公正的国王。摩根希望自己成为这样的国王。

1907年,金融恐慌如同在最后关头被扑灭的大火,熊熊燃烧的火焰仅吞灭了极少数的信托公司,使美国人付出的代价降到最低。从小市民到企业家,全社会几乎很快忘记了这次风波,重新回转到各自的世界中。但以摩根为代表的金融界精英,意识到这次危机所揭露的深刻矛盾,并着手准备预防机制。

摩根认为,这次金融恐慌中,自己费尽力气,调动了所有能调动的资源拯救市场,但还是没有保护所有人。虽然其中确实有不少人死于自己的贪婪,但大部分人都属于被殃及的池鱼,他们不应该失去个人的工作和生活。

如何避免类似的悲剧再次发生?摩根时常和那些头脑清楚的银行家交流,也和联邦政府的官员共同探讨。最终他意识到,这种几乎每10年就会固定爆发一次的金融危机,正是美国传统落后的银行机制造成的。在建国初期,元勋们担心国家的经济命脉会被金融寡头们所控制,上百年来从没有组建过一家真正的中央银行,这导致美国金融市场缺乏中心化的协调机制，如同没有圆点的网，只要某个点上发生断裂，整张网就会全面破损。

摩根很清楚，自己已年过七旬，不可能再经受得起下一次金融危机。他强调，美国必须建立一家正式的中央银行。然而，这个意见被当时的政府忽视了。

当金融危机过去后，联邦政府和国会议员中的许多人开始冒出来，他们抓住摩根收购了田纳西公司这一事实，将金融恐慌强调为银行家的阴谋。他们说，摩根和他的同伙，很可能就是这场危机的制造者，并根本不愿听取建立中央银行的看法。

摩根已经很老了，他变得越来越爱回忆往事，此时，他回想起父亲生前的话语："金融的命脉以及未来，应掌握在金融家们的手中。"他决定，既然政府不能主导建立中央银行，那就让金融家们来主导吧。

摩根很快找到了与他密切合作的第一国立银行总裁贝克尔和花旗银行总裁斯蒂尔曼，作为华尔街银行界三巨头，他们达成了合作协议。此时，已经无人能够动摇他们成立"影子中央银行"的决心。

合作协议的具体内容如下：

首先，这三家银行相互持股，结成同盟。摩根是第一国立银行最大的外部持股人，而杰克·摩根则进入花旗银行董事会。同样，这两家银行的许多大股东也成为了摩根银行的董事会成员。通过这种联合，摩根的王国不断渗透进其他中小银行，华尔街上的大多数银行，都加入了"影子中央银行"。

其次，摩根开始将兼并矛头指向信托公司。正是这群投机者联盟，制造出1907年的金融恐慌，摩根决定将这些"麻烦制造者"控制起来。他挥舞起股权信托的大棒，以最大债主的资格，要求股东们将股权委托给自己，由此不断扩大自己的控制范围。通过一系列兼并，摩根财团成了最大的信托投资机构。

除此之外，摩根还购买了公平人寿保险公司的大多数股票，这样一来，华尔街上的银行、信托公司和保险公司，全部成为一体，受到以摩根为首的"三巨头"控制。这种全新的金融托拉斯无形中掌控了华尔街和美国的经济。

此后，摩根财团成了美国实际上的央行。这种局面直到 1910 年后，才开始改变。

1910 年 11 月，一辆神秘的专列从纽约开往佐治亚州的杰基尔岛。

这辆专列上的每一个乘客都大名鼎鼎，其中有美国财政部助理部长安德鲁，有国民城市银行总裁弗兰克·范德利普，有库恩－洛布银行的合伙人保罗·沃波格（罗斯柴尔德家族代理人），当然还有摩根公司的人包括亨利·戴维森（摩根的合伙人）、本杰明·斯特朗（摩根的私人会计师）和查尔斯·诺顿（兼任纽约第一国家银行总裁）等人。

当范德利普回忆起这次旅行时，也感到有些费解，他说，人们接到指示，在列车上不能称姓，只能称名字；行动时要分开，在专列上不能一起共进晚餐……

这些富可敌国的银行家隐姓埋名地穿越了数百英里，终于来到了目的地，杰基尔岛上有个"猎鸭俱乐部"，那是摩根财团的会所，他们分头住了进去。当然，这座俱乐部此时早就被清理一空，服务人员也接到通知，不许称呼客人的姓氏，在俱乐部 50 英里之内安保森严，尤其注意可能出现的记者。

之所以如此谨慎，原因只有一个，因为在岛上，这些人将要讨论的是未来的联邦储备法案，如果消息走漏，民意反对下，法案就算再天衣无缝也不可能被国会通过。好在由于准备顺利，诸事皆宜，两周之后，《奥尔德里奇法案》出台，这个法案明确美国将建立由私人银行即摩根财团主导的中央银行。

为了避免引起误解，中央银行的名字被故意忽略了，用的名字叫联邦储备银行，突出其"国家性"；美联储拥有一切中央银行的职能，但其中却没有任何政府股份；管理上，总统来任命美联储的董事会成员，但事实上，总统任命的依据是联邦咨询委员会，而这个委员会中金融界成员的名单又由 12 家联邦储备银行董事来决定……

经过如此周密的行动，摩根的遗产中又多了宝贵的"联邦储备系统"。1914年11月，联邦储备系统开始运行，摩根家族主导该系统的事实真相，公众们完全没有看出来。这无疑减轻了家族面对的不少政治和舆论压力。虽然12家地方储备银行是受到华盛顿的联邦储备委员会监管的，但官僚们并不懂金融。因此，纽约储备银行的地位就迅速凸显，顺理成章地变成和欧洲各国中央银行与外汇市场来往的最重要角色，担任纽联储银行行长的正是摩根的亲信斯特朗。1907年金融恐慌时，他还只是摩根派到各家信托公司调研账目的代理人，由于在那场战役中表现突出，他在摩根财团的拔擢下，成为华尔街冉冉升起的明星。

最开始接到这个任命的时候，斯特朗还非常不情愿，开会之前，他也被蒙在鼓里，认为联邦储备体系是要限制摩根财团等私人银行的。但亨利·戴维森陪着他去了一趟乡下，在那里过了个周末，他就迅速接受了这样的任命，其中过程自然值得品味。后来，摩根公司又把他派到英格兰银行学习，将他变得更加"英美化"，纽约储备银行由此简直成为了摩根公司的影子，而摩根公司也被看作第"13"家而且是最重要的一家联邦储备银行。

换汤不换药，摩根玩的这一招堪称绝妙，金融权力表面上易手到政府手中，其实依然保留在华尔街23号组建的联盟内。和呼吁改革的人意见相反，美国金融界在1913年以后，依然是摩根家族说了算。在斯特朗的领导下，美联储成功地扮演着央行角色，直到10余年后他猝然去世，美联储才会面对大萧条的新考验。

泰坦尼克号之殇

1907年之后,摩根逐渐消失在公众眼前。人们似乎忘记了他曾作出的贡献,忘记了他连续两周、身患重感冒,却一天工作19个小时,每天抽20只雪茄。忘记了在会议期间,私人医生不时给他的喉咙里喷药水,忘记了他在通宵的紧急会议上睡着了,别人只好从他松开的手指之间,拿开那已经烧到桌面的雪茄。人们看到的是摩根财团的"巧取豪夺",不断利用金融危机,将田纳西煤铁公司这样的优质资源装进自己的口袋。

从1903年到1912年,美国的杂志报纸上总共刊登了2000多篇揭露丑闻的文章,其中大部分是关于华尔街和钢铁行业的,这两方面都和摩根家族有密切联系,再加上摩根在保险行业也有很多股份,丑闻写作者还得忙于曝光他对保险公司的控制。

丑闻体现着美国社会大众此时的觉醒,他们努力追求政治公平和经济民主。摩根对此却没有了解,也不愿去了解,他信奉上一个时代推行的王霸之道,所谓的强者并不会去聆听和考虑民间的声音,他们只愿意认同强者的力量,犹如传说中的泰坦巨人,凭借双臂来主宰整个世界的平衡,依靠内心的道德观和信念作出好坏的评价,他们惯于用特别的天赋之力推动时代的车轮,而不是平衡多方的利益和意志来折冲樽俎。

1907年以后,摩根唯一关心的大事,就是和参议员纳尔逊·艾德里奇探讨并起草新的法案《艾德里奇—弗里兰法案》,该法案后来成为美联储系统运作的基础。除此之外,摩根基本不再插手家族业务,杰克将逐步成长为首席合伙人,而他身边也开始有了新的左膀右臂,包括亨利·戴维斯、查尔斯·斯蒂尔、汤姆·拉蒙特,还有威廉姆·波特、托马斯·莱蒙特、德怀特·莫洛、本·斯特朗和约翰·戴维森……这些"家臣"精明能干、相当稳重,摩根选定他们辅佐杰克·摩根,是希望有足够稳定的力量,完成新老交接。

当然,权力交接也不可能一帆风顺。摩根一直重用的帕金斯在1910年离开了银行,走的时候带走了550万美元的股份,那全都是在摩根集团里获得的财富,他是被迫离开的,因为他对杰克的能力并不信任,反而认为自己有资格也有能力掌管这家企业。因此,他的出走也就成为摩根的唯一选择。

为了顺利完成接班,摩根还对伦敦的摩根公司进行了部署。吉诺斯·摩根在遗嘱中规定,这家银行只能在摩根手上使用他的名字,而摩根死后必须换名称。摩根对儿子杰克这样说:"如果不给公司搞个新名称,我死后你们就会有大问题,所以我提议,从今年开始改名叫摩根建富公司,然后让家族的J.P.摩根公司成为合伙人,并占用100万美元的资本。"[1]

摩根建富在1910年的新年诞生,尽管第二合伙人特迪·格伦费尔的名字让公司有了英国的感觉,但最主要的资本依然是美国的,只不过这个新公司中,J.P.摩根公司代替摩根成为了合伙人。除此之外,摩根家族继续掌控着费城德雷克塞尔－摩根公司。这样,摩根家族依然是同行中最有统治力的财团。

摩根作了足够的安排,可安享晚年似乎注定受阻。他的名字很快就要和人类海运史上最著名的惨剧,永远联系在一起。

当时,国际商业海运公司面前,出现了有力的商业对手——卡纳

---

[1] 皮尔庞特·摩根图书馆,《小J.P.摩根回忆录》,第11页。

德公司,这家公司得到了英国政府的补贴,建造出两艘快速豪华轮船。一时间,大西洋的客运业务流量被其吸引。为此,国际商业海运公司决定让下属的白星航运公司制造一对巨型轮船来抗衡,分别命名为"泰坦尼克号"和"奥林匹亚号"。为了迎接两艘船的到来,公司甚至游说纽约港的董事会,要求他们把哈德逊码头改建延长。

1911年5月1日,摩根来到贝尔法斯特,在那里参加了泰坦尼克号的命名仪式,在船上的B层甲板上,为其安排了私人舱位。当时,他还决定在第二年的4月份参加处女航,但后来由于在法国的游玩延长,而取消了计划。虽然如此,泰坦尼克号上还是为他保留了专门的豪华舱室。后来,詹姆斯·卡梅隆在电影《泰坦尼克号》上,为女主角露丝设置的舱室,正是原定给摩根的那一间。

1912年4月10日,泰坦尼克号从南安普顿港鸣笛起航,驶向纽约。那一天,整个码头上挤满了乘客、来送行的家属、行李搬运工和海关检查员,场面如同盛大的节日。当巨大的船体缓缓离开码头时,附近的所有船只,都向这艘海上巨人鸣笛致敬。然而,谁也没想到,只是在4天之后,这艘巨大的邮轮就沉没在冰冷的北大西洋,死亡人数高达1500多人。

"泰坦尼克"的意思是"巨人"。今天,我们无从知晓,当年为这艘船取名为"巨人",是否涵盖对摩根在世界金融界地位予以致敬的意味。但有一点是肯定的,"巨人"即便并非不朽,起码应能辉煌多年,更不至于将本应隆重庆祝的首航式,变为跨国哀悼的终场曲。"泰坦尼克号"沉没的消息传来时,摩根正在法国南部的温泉疗养胜地疗养。当他听闻这一消息时震惊无比,差点儿整个人栽倒进温泉。稍微平静之后,他立即向纽约发急电询问:"惊悉传言泰坦尼克号轮船触冰山,但无详细报道。看在上帝的份上,希望这不是真的。"

但最后一点儿希望也破灭了。在75岁大寿即将到来之前,摩根接到了电报,获得了纽约方面对整件事情的确认。随后,他似乎突然消失了,欧洲的记者们最终在一座偏远的法国古堡里找到了"躲"起来的摩根,他看上去黯然憔悴、判若两人,只是说道:"想一想那些被淹没的生命,那些可怕的死亡!"[1]

"泰坦尼克号"的遇难者有1500多人,对于整个航运托拉斯而言,这都是巨大的灾难。摩根本人大受指责,报纸上详细报道了他奢华的私人舱室,以此证明他们只是为了吸引客运量而并不重视安全。这艘巨轮的沉没成为整个航运托拉斯命运的转折点,1914年,杰克·摩根将会让这家公司直接宣布破产。不仅如此,"泰坦尼克号"的沉没,仿佛也成为不祥的征兆,它向所有人默示,没有任何"泰坦",能在自然和社会规律面前永垂不朽。

---

[1] 韦德著:《泰坦尼克号》(Titanic)。

最后的听证会

"泰坦尼克号"逐渐被淡忘,但麻烦并没有结束,政府的调查再次开始。新的总统塔夫脱执政之后,实行更加严厉的反托拉斯措施,美国钢铁公司对田纳西煤铁公司的合并又一次成了众矢之的。从1912年秋开始,摩根频繁被卷入到国会发起的调查中,新闻界也频繁"爆料",说他在收买罗斯福总统和议员时花钱很大方,就像普通人买火腿三明治一样,但其实这些事纯属子虚乌有。

1912年12月,摩根再次被调查委员会叫到华盛顿,其他金融家根本不去参加听证会,例如威廉·洛克菲勒就装病装傻,表示没办法去华盛顿,但摩根并不会这样,他坚信自己奉公守法,愿意面对政府。

原本,他打算独自前往华盛顿的,后来他忽然改变主意,带了儿子杰克、女儿路易莎、两个合伙人,外加律师团,在整整16个人的簇拥下,去往华盛顿。

这天,正是周三下午2时,天气温和。摩根就像一个深居简出的明星,出现在华盛顿国会山。他从大型的高篷轿车中走出来,顺着国会山台阶拾级而上。女儿路易莎紧跟在他的身边,在晚年,她照顾着父亲的生活起居。儿子杰克·摩根紧跟在后面。再后面,则是摩根在华尔街年轻有为的合伙人,分别是托马斯·拉蒙特和亨利·戴维森,日后他们将辅佐杰克·摩根执掌新一代摩根帝国的权杖。再往后,则是庞大的律师团队。

摩根身穿天鹅绒领的暗扣长大衣,挂着锥形的红木拐杖。他灰白的胡须向下垂着，头发稀疏，也已全白。他的眉毛变得很长，向下弯曲着。最让人侧目注视的，是他著名的大鼻子，因为酒渣鼻的缘故，他的鼻子形状已经走样了。当然，没有人愿意注视摩根太长时间，曾经有摄影师这样说："和摩根的目光对接，就像朝着行驶过来的高速列车车灯看一样。"

看到那些前来围观的人，摩根冷冷地对女儿说道："这些家伙是来看我出洋相的。"他大概忘记了，自己本可以不来出洋相。

虽然年老体衰行动迟缓，但在听证会开始后，摩根毫无老态，他言辞犀利、思维敏捷，勇敢地捍卫商业荣誉和家族声望。他的对面是狡猾的询问对手——塞缪尔·昂特迈耶，他并不仇富，这种富裕律师本身就是典型的中产阶层，他在询问时老练地不动声色。相比之下，摩根并不自然，带着情绪化，即使如此，昂特迈耶也是没有占到上风。

下面这段对话就颇具代表性——

> 昂特迈耶：难道发放商业信贷的基础不是对方的金钱或财产？
> 摩根：不，先生，最基础的是人格。
> 昂特迈耶：金钱和财产在其次？
> 摩根：金钱和其他任何因素都在其次，金钱买不到它……如果是我不信赖的人，即使拿基督教世界的所有债权来作担保，都无法从我这里拿走一分钱。

这些话堪称名言警句，但作为听证会的回答是平淡而缺乏说服力的，这个老人不耐烦而固执，根本就不想多做解释说明。

调查主要围绕摩根财团的金融垄断进行。相关委员会认为，摩根银行、纽约第一花旗银行、花旗银行、银行家信托公司和保证信托公司等企业，均由摩根家族控制，它们拥有全美341个主要银行、信托公司、保险公司、交通、产业及商业和公共事业企业的董事位置。委员会认为，这种控制和垄断，很大程度地破坏了美国经济的正常竞争。

但是，调查最终并没有什么结果，委员会只是号称发现了所谓的利益共同体，这个共同体包括6家银行，统一向主要公司和各个国家政府发行证券，J.P. 摩根公司就是其中之首。

在这次会议推动下，1913年12月，威尔逊总统签署了《联邦储备法案》，想让整个国家的企业都摆脱摩根银行。但此后摩根家族采取巧妙行动，和新的联邦储备银行形成同盟，在此后20年继续占有金融系统的实际权力。

这次听证会让老摩根感受到了时代巨轮的压力，仿佛整个美国都要从自己身体上碾过去，他不理解为什么自己终生都在为推动美国繁荣而努力，现在却不断被政府和公众问责。他只好说："现在是一切生意都必须进行公开的时候了。"[1] 到1913年，他甚至告诉来访者说："请代我转告威尔逊先生，如果在什么时候，他觉得我的影响或者我的资金对国家有用，那就完全由他支配吧。"

这种"随时准备上交给国家"的觉悟，此前从未在摩根财团任何人身上体现出来，除了摩根，也不会有谁将态度表明得如此直白。当他说这些话的时候，其内心体验况味是复杂的。他自然清楚，没有美国联邦政府、各州政府多年如一日的"配合"与"孕育"，就不会有摩根家族的今天，更不会有雄踞世界前列的摩根财团。但与此同时，他也骄傲地认为，摩根这个姓氏，对于美国经济发展和社会进步，甚至对于每个普通人所获得的稳定工作，都有特别的意义。他原本以为，这两点会让他如同"泰坦"那样，被载入史册，成为与拿破仑、华盛顿、林肯那样享受美誉的英雄。但是，随着时代的推进，托拉斯、垄断化、金融资本家这些名词，起码是在表面上和形式上，要被扔进历史的角落，在文质彬彬满口堂皇的议员和官员口中，成为张扬社会公平正义而需要

---

[1] 辛顿、迈耶和罗德著：《论摩根银行》（Comments about the Morgan Bank）。

打击和抑制的对象。在美国普通人所翘首期待的新时代里,巨富将被看成一种原罪,金融将被讽刺为吞噬民脂民膏的手段。摩根来自19世纪的镀金时代,他无法理解如此巨大的变化,就像少年时的他,也曾无法理解那些女子中学学生的情绪变化。

可悲的是,现在的他垂老无力,皮肤松弛,容颜不再。他身边倒是再也不缺活泼可爱的女性,但他即使用尽财富,也无力追赶社会思潮的变化了。

终其一生,摩根都想要证明自己的英雄主义,证明家族的伟大与荣耀。在这条证明之路上,他选择跟随父亲,选择努力奋进,选择巧取豪夺,选择用各种理由为自我和他人洗脑,选择用一切合法的手段文过饰非。

他是成功的,那上亿美元的资产,就是他留给所有人的确凿证据。但当摩根以近80的高龄,步履蹒跚地走上国会山高耸的台阶,站在威严的听证席上,接受远比他年轻的官员的质问,接受全社会舆论的抨击时,他又是否真的确信这种成功?

摩根没有给人们更多探索答案的空间,他甚至不愿意人们去了解真相。他相信命运,但抱怨公众对其的"巨大误解"。他经常目露凶光,在记者面前挥舞手杖。

1911年,他仿佛有所感应,将30年来和吉诺斯·摩根的许多通信记录付之一炬,销毁了19世纪后期英美两国金融方面最重要的记录。此后,他总是沉默着,在自己的"黑色图书馆"里出没,任凭床上的彩色玻璃和厚重帷幔,抵挡外界的嘈杂变化。

现在,他很快就要带着满足与遗憾,离开他亲手创造的金融帝国,离开这个多姿多彩又五味杂陈的资本世界。

魂归欧陆

1912年12月，在出席听证会后，摩根重新修订了他的遗嘱。1913年1月7日，他在麦迪逊大街219号宅邸，同妻子道别，一如既往地乘船越过大西洋，前往非洲和欧洲旅行。这一次，他首先在意大利的那不勒斯港登陆，逗留数天后又继续旅行，到达埃及港口亚历山大。

埃及是摩根非常心仪的旅游国度，他也花费了大量时间和金钱在埃及文物的搜集上。但这一次，他感到诸多不顺。他嫌弃这次乘坐的游艇太慢，负责这次旅行的公司连忙派来技师，检查游艇有什么问题。他又觉得大厨、男仆的服务能力不行，公司不得不从开罗专门挑选了新服务人员。即便如此，摩根一路上还是在不停地抱怨发火，让周围人不知所措。

抵达目的地卢克索之后，摩根感到很疲惫，一度待在船上不愿意上岸。最终，他还是到达了自己以前提议建立的"探险之家"俱乐部。可是，他在午宴上致谢之后，已累得需要找个房间躺下休息。虽然之前有其他计划，但他抵达阿斯旺之后，就启程返回了开罗。

路上，摩根罹患严重的神经衰弱症。在过去的一个月中，他始终被断续发作的焦虑症折磨，终于导致出现了严重的偏执症和自杀幻想症。他的随从报告说，摩根先生觉得自己快要死了，觉得有人要陷害自己，觉得埃及有人要害他。同时，他也担心自己会从窗户上跳出去，或者是从甲板上落入河中。他因为种种妄想和噩梦，无法进食。有时，他还感到剧烈的心绞痛，服药之后疼痛才能消失。

在镇静药的帮助下，摩根强撑精神，回到了开罗。在医生看来，他经历了"华盛顿那场严重的紧张之后"，患上类似病症并不奇怪。此时，摩根仿佛有所预感，觉得自己可能不久于人世。他向纽约发了电报，说自己虽然希望杰克尽快过来，但杰克来了，金融界势必会引起不安。因此，他决定让杰克留在纽约，而是让女婿萨特利带着摩根家的私人医生赶来。

摩根在开罗经过了医生诊断，似乎有所好转，也有了些力气。于是众人将他送到意大利，从那不勒斯坐专列到达罗马。到了那里之后，他感觉又好了点儿，甚至又能乘车兜风了。不过，他并不去餐厅用餐，即便在自己的房间里也吃得很少。3月中旬，他想要回美国，"海盗号"也准备前往意大利去接他。因为萨特利向他保证，"无论什么时候回到祖国，在他以后的生活中，他都绝对不会再被传唤到证人席上，只要医生开个证明就足以避免了"。这些话让摩根感到释然。

但是，杰克·摩根并不愿意父亲回国，他担心父亲一回去就将遇到新的传讯，因为还有各种旗下公司垄断案的诉讼在等待着他，而无情的调查委员会也可能会提出各种问题。所以，杰克建议父亲最好留在罗马，可以根据体力想做什么就做什么。

的确，摩根对周围的新事物还是很有兴趣的。他提出要去参观罗马的美国学院，他也捐了不少钱给这所学院。但当他到达那里时，他只能让人用椅子抬上楼。

到月底，摩根已经无法继续正常谈话了，他拒绝再进食，并重新陷入抑郁和精神错乱的边缘。他情绪低落时还是和蔼可亲的，但当他"错乱"时，他就会坚持说，意大利国王会阻止自己离开这里，还抱怨有人总是在监视和命令他。健康时的摩根，总是习惯于发号施令，要求别人坚决执行，但现在，他已经变得如同幼童般依赖别人。尤其当病情发作时，他经常出现幻觉，这让他感到恐惧，陪同看护者也为之心碎。

摩根放弃了从前喜欢做的任何事，他连单人纸牌游戏也不愿意玩了。大多数时间里，他都是躺在靠近火炉的沙发上吸雪茄。

3月23日是复活节，摩根提出想要去当地教堂做礼拜，人们同意了。但是，这次外出让他的情绪再次崩溃了，人们带着他提前回到酒店房间，并为他准备了黑暗的房间彻底休息，配备了24小时的护理人员。这样，摩根的行动自由和娱乐活动的权利被剥夺了，当然，即便他有这样的自由权利，也无济于事了。

在清醒的时候，摩根提出希望能回到家族在伦敦王子门街的宅邸去，那是他父亲刚到伦敦时的房子。这样，他就可以落叶归根。为此，一艘汽艇和一辆专列一起待命，准备在3月31日那天启程出发离开罗马。

但天不遂人愿。就在3月30日的后半夜，摩根因心跳加快而醒来，他浑身发热，体温骤然升高。他躺在病榻上，发音模糊地说起自己在哈特福德和维卫上学的日子。人们听见的最后一句话，是他对女婿萨特利留下的遗言，他用手指着头顶上方，然后说道："我要坚持。"[1] 随后，他就昏了过去，此后再也没有醒来。

1912年3月31日中午时分，摩根，全世界金融界的王者，离开了这个世界。

摩根去世的消息传回美国，华尔街为之震惊悲痛，报纸上连篇累牍的批评文章消失了，取而代之的是对他一生的致敬和回顾。在消息公布后的12小时内，3698份唁电如潮水般从全世界各个城市涌来，致电者包括国王、教皇、银行家、企业家和收藏家。一直以来，只有皇室主要成员和大国首脑的逝世，才能同时获得来自社会名流、宗教领袖、商业经营者和普通百姓的关注和哀悼，可见摩根在人们心目中的地位。

随后，人们惊讶地发现，这位全美金融界的大亨、政府的隐形财政部，居然只有6830万美元的个人财产，而其中一半还只是在纽约和

---

[1] 萨特利著：《J·皮尔庞特·摩根》（J·Pierpont Morgan）。

费城银行的股权，艺术收藏品的价值总计也占了5000万美元。这样的数字根本比不上洛克菲勒、卡内基、福特这些大亨，甚至比不上声名狼藉的杰伊·古尔德。不少人对这个数字产生了怀疑，甚至有人觉得摩根太"可怜"。他一生的朋友和对手安德鲁·卡内基在听说这个遗产数字后，物伤其类地说道："难以想象，他居然算不上一个真正的有钱人。"确实，虽然摩根战胜过许多对手，但比起他们的个人财产，他显然是数字上的输家。然而，他在历史上所创造的辉煌成就，却远在这些人之上。

摩根的遗嘱也很快被公布了，他把财产留给妻子和子女，此外也没有忘记他的私人服务员，图书馆管理员、医生、航海官和仆人都得到了不少的金钱馈赠。另一项遗嘱规定更令人称奇，他给他的J.P.摩根公司和摩根建富公司每位员工发放了额外的一笔全年工资，并将1000万美元捐给了慈善机构。

按照摩根的遗嘱，他的葬礼仪式内容和吉诺斯的完全相同。除此之外，葬礼在纽约圣乔治教堂举行，不要演说，也不要人吊丧，只要黑人歌手亨利·巴雷的独唱。

下葬的那一天，伦敦威斯敏斯特大教堂举行了悼念仪式，而大洋彼岸的纽约证券交易所关门停业，无论是称颂还是批评过摩根的人，此刻都真心承认，旧的时代正式结束，新的时代即将到来。

在回顾摩根的一生后，《华尔街日报》评述说："正如拿破仑、俾斯麦等伟人那样，摩根这样的人之后，将不会再有如此伟大的人物。最后一个'泰坦'死去了，华尔街的'朱庇特'魂归奥林匹斯山。今后，金融街再也看不到这样一位影响广泛的人了。"

附录

大事记

1837年4月17日	约翰·摩根出生于美国康涅狄格州哈特福德城。
1852年	罹患风湿病，父亲将他送到亚速尔群岛疗养。
1854年	中学毕业，举家迁往伦敦，父亲又将他送到了瑞士日内瓦的希利学院。
1856年	进入德国的下萨克森州哥廷根大学读书。
1857年	纽约华尔街爆发经济恐慌。摩根完成学业，回到美国，进入邓肯－舍尔曼公司工作。
1859年	代表邓肯－舍尔曼公司到外地进货，坚持己见做成咖啡生意，赚到第一桶金。
1861年10月7日	与阿米莉亚·特斯奇斯（咪咪）结婚；三个月后妻子病故。
1862年	正式离开邓肯－舍尔曼公司，成立J.P.摩根商行，在纽约代理乔治·皮博迪公司的业务。
1862年夏	利用美国南北战争时机，进行枪支贸易，并从中得利。
同年10月	囤积黄金投机出售，获取了丰厚的利润。并为美国发售国债。

1864 年	与查尔斯·达布尼合伙,成立达布尼-摩根公司。
1865 年	第二次婚姻。
1869 年	赢得萨斯科哈那铁路争夺战。
1871 年	达布尼退休,德雷克塞尔-摩根公司成立。同年,代理家族为法国发售国债生意。
1879 年	取得纽约中央铁路控股权。
1880 年	召集全美主要铁路公司商议联盟计划未果。
1882 年	购买"海盗号"。
1885 年	解决西岸铁路之争。
1888 年	开始收藏艺术品。
1890 年	父亲吉诺斯·摩根去世。
1892 年	撮合爱迪生通用电力公司与汤姆逊-休士顿电力公司,合并为通用电力公司。
1895 年	J.P.摩根公司成立,并保留了美国金本位制度。
1898 年	购买和承销墨西哥、西班牙、英国政府的国债。
1901 年	收购卡内基钢铁公司,成立美国钢铁公司。
1902 年	平息北方证券公司风波。同年,成立航运托拉斯。
1907 年	力挽狂澜,解决金融恐慌。
1912 年	出席国会听证会,力求证明自己并未利用托拉斯操纵市场。
1913 年 3 月 31 日	在身体宿疾和外界压力的打击下,于法国去世。

名言录

1. 政府和法律没法儿做的事，让钱来做。

2. 个人的信用是财产，公众的荣誉是保障金。

3. 金钱买不到人格。对于一个没有品格的人，他就是拥有天下所有的股票，也无法从我这里借到一分钱。

4. 我们生在这么闭塞的小社会，不要期望太高，也不要抛弃希望，实际体验外面的世界，借着书本让自己更有智慧。

5. 如果你想提高经营水平，唯一的途径就是读书，从书中寻找智慧来提高自己。

6. 如果你想成为一个善谈的人，要先从学会做一个善于倾听的人开始。

7. 在你和客户握手之前，必须尽可能地事先了解对方。

8. 服务是企业的生命，只有良好的服务才能使企业更有竞争力。同时，你也必须与原料供应商方面维持良好的关系。

9. 这个世界上，新的东西并不多，我总认为人的一生大部分都在重复。

10. 缓解压力简单而有效的方法，就是你把其他人的性格，特别是你以为比较理想的特质写下来，每天去读，去研究自己想成为的那种人。

11. 成功人士所必须具备的条件，虽以学识为首位，但礼数是绝不容忽视的。它的重要性仅次于学识，而企业界的人大部分却只具备前者。

12.激励自己和别人的重要方法就是"暗示""自我暗示"和"暗示别人"。

13.有人认为，领导者生来就具有领导能力，这样的情形的确有很多，可是你要记住，利用学习而成为领导者的人绝不在少数。

14.为了让散漫而不负责任的员工好好工作，老板必须以身作则、默默奋斗直到老死。

15.企业家必须具有伟大的想象力。对于任何事件，他都能找出答案。在他的字典里没有不能解决的问题，也没有不能实现的事业。

16.成功的企业家都是具备一定的冒险精神的，但在分析新计划的危险性时，他们会呈现出超乎常人的智慧。

17.诚实的人总会有好报，也许短时间看不到，但最终因品质建立的价值才是无法估量的。

参考书目

1. 大森实著. 金融寡头 摩根传[M]. 长春：时代文艺出版社, 2002.01.
2. R. 彻诺（Ron Chernow）著；公涵译. 银行业王朝的衰落 19-20世纪摩根、罗斯柴尔德、华伯格银行家族兴衰史[M]. 成都：西南财经大学出版社, 2004.05.
3. 琼·施特劳斯（Jean Strouse）著；王同宽等译. 华尔街之子-摩根[M]. 北京：华夏出版社, 2004.10.
4. 袁朝晖著. 摩根帝国[M]. 北京：经济日报出版社, 2010.02.
5. 李咏著. 华尔街的拿破仑 摩根传奇[M]. 北京：中国经济出版社, 2011.04.
6.（英）斯蒂芬尼·巴尔切夫斯基著；马尚，任爱凡等译. 泰坦尼克[M]. 北京：经济科学出版社, 2012.04.
7. 丹·罗滕伯格著；王天美等译. 谁打造了摩根 史上最低调的华尔街精神领袖[M]. 北京：机械工业出版社, 2012.06.
8. 方向苹著. 华尔街的拿破仑 摩根家族传[M]. 北京：中国华侨出版社, 2014.08.
9. 埃德蒙·莫里斯著；匡吉等译；张稚平校订. 美国崛起的舵手 西奥多·罗斯福[M]. 广州：新世纪出版社, 2015.09.
10. 埃德蒙·莫里斯著；匡吉等译；张稚平校订. 美国崛起的舵手

西奥多·罗斯福[M]. 广州：新世纪出版社，2015.09.

11. 罗恩·彻诺著. 摩根财团 美国一代银行王朝和现代金融业的崛起 1838-1990[M]. 上海：文汇出版社，2017.07.

12. 杰瑞·马克汉姆. 美国金融史 第2卷 从J.P.摩根到机构投资者 1900-1970[M]. 北京：中国金融出版社，2018.05.

13. 约翰·S.戈登著；祁斌编译. 伟大的博弈 华尔街金融帝国的崛起（1653-2019）3版[M]. 北京：中信出版社，2019.02.

14. 陈润著. 摩根家族传[M]. 武汉：华中科技大学出版社，2019.03.